Combattre
la dépression

LEONARDO TAVARES

Combattre la dépression

COMBATTRE LA DÉPRESSION
© Copyright 2023 - Leonardo Tavares

Ce titre peut être acheté en grande quantité à des fins commerciales ou éducatives.

Pour plus d'informations, veuillez envoyer un e-mail à realleotavares@gmail.com.

Le contenu de ce livre ne peut être reproduit, dupliqué ou transmis sans l'autorisation écrite directe de l'auteur ou de l'éditeur.

En aucun cas, l'éditeur, ou l'auteur, ne pourra être tenu pour responsable de tout dommage, réparation ou perte monétaire dus aux informations contenues dans ce livre. Que ce soit directement ou indirectement. Vous êtes responsable de vos propres choix, actions et résultats.

Avis juridique:

Ce livre est protégé par le droit d'auteur. Ce livre est uniquement destiné à un usage personnel. Vous ne pouvez pas modifier, distribuer, vendre, utiliser, citer ou paraphraser une partie ou le contenu de ce livre sans consentement de l'auteur ou de l'éditeur.

Avis de non-responsabilité:

Veuillez noter que les informations contenues dans ce document sont uniquement destinées à des fins éducatives et de divertissement. Tous les efforts ont été déployés pour présenter des informations précises, actualisées, fiables et complètes. Aucune garantie d'aucune sorte n'est déclarée ou implicite. Le lecteur reconnait que l'auteur ne s'engage pas à donner des conseils juridiques, financiers, médicaux ou professionnels. Le contenu de ce livre provient de diverses sources. Veuillez consulter un professionnel agréé avant d'essayer les techniques décrites dans ce livre.

En lisant ce document, le lecteur accepte qu'en aucun cas l'auteur ne soit responsable des pertes, directes ou indirectes, encourues suite à l'utilisation des informations contenues dans ce document, y compris, mais sans s'y limiter, - les erreurs, omissions ou inexactitudes.

Première impression 2023

Que ces mots puissent être une étreinte chaleureuse,
Un réconfort pour votre âme tourmentée,
Qu'ils puissent apporter la certitude
Que l'obscurité de la dépression
Peut être surmontée avec courage.

Il n'y a pas de défaite permanente
Car la connexion que nous partageons avec notre propre être
Surpasse les ombres, transcende les défis,
Et devient un puits éternel d'apprentissage et de croissance.

Que votre douleur puisse se transformer en résilience,
Et que les expériences puissent devenir un trésor,
Que vos larmes puissent être essuyées par l'auto-compassion,
Et que la lumière puisse éclairer le chemin
De ceux qui cherchent la guérison.

Ce livre est un hommage
À tous ceux qui ont déjà fait face à la dépression,
Et à tous ceux qui affrontent la lutte contre la souffrance,
Puissent-ils y trouver refuge, accueil et inspiration.

Et que, même dans les heures les plus sombres,
Nous puissions trouver force et détermination
Pour avancer, pour honorer le présent,
Les leçons apprises et pour vivre nos vies
Avec amour-propre, gratitude et courage.

SOMMAIRE

Prologue 11

1. Introduction 13

La profondeur de la dépression: Compréhension des symptômes et impacts sur la vie quotidienne 13

Déconstruire la stigmatisation: L'importance de dialoguer sur la dépression et de chercher de l'aide 14

2. Acceptation et connaissance de soi 16

Reconnaître la dépression: Admettre le besoin de changement et de croissance 16

Explorer vos émotions: Identifier les schémas négatifs et les déclencheurs 17

Pratiquer l'auto-compassion: Cultiver une relation positive avec soi-même 19

3. Construire une mentalité positive 23

Transformer les schémas de pensée négative: Défier les distorsions cognitives 23

Créer des affirmations puissantes: Façonner des croyances positives sur soi et sur le monde 28

La force de la pensée positive: Explorer les avantages d'une mentalité optimiste ... 35

4. Cultiver des relations saine 46

Le rôle du soutien social: La puissance des relations positives 46

Communiquer vos besoins: Établir des limites et exprimer vos sentiments 55

Construire un cercle de soutien: Identifier les personnes qui vous encouragent et vous nourrissent 65

5. Prende soin du corps et de l'esprit 78

Le lien esprit-corps: Prendre soin de soi sur le plan physique et bien-être émotionnel 78

Exercice et endorphines: Un duo puissant 82

Alimentation nutritive: Nourrir le corps et l'esprit 88

6. Gestion du stress et de lanxiété 95

La relation entre dépression, stress et anxiété 95

Techniques de relaxation: Méditation, respiration profonde et autres approches 101

Pratiquer régulièrement l'auto-soin: Intégrer des rituels de soulagement du stress 108

7. Établissement d'objectifs et trouver un but 119
Définir des objectifs atteignables: Comment établir des étapes réalistes vers la guérison 119
Découvrir votre but: Explorer les intérêts et passions personnels 126
Le pouvoir de la gratitude: Reconnaître les bénédictions au milieu de l'adversité 133

8. Adoption de nouvelles possibilités 142
Déconstruire l'autocritique: Démystifier les normes qui nuisent à l'estime de soi 142
Construire une image positive de soi: Pratiques pour renforcer la confiance en soi 154
Acceptation du corps: Cultiver l'amour-propre indépendamment des apparences 162

9. Résilience et adversité 171
Comprendre la résilience: Surmonter les défis et en sortir plus fort 171
Transformer les adversités en croissance: Apprentissage des moments difficiles .. 180
Construction de la résilience émotionnelle: Stratégies pour mieux faire face aux revers 187

10. L'importance du bien-être personel 200
Définition du bien-être global 200
Incorporer la routine de l'autosoins 212
Éviter l'épuisement 222

11. Trouver du sens et de la joie dans le quotidien 233
Pratiquer la pleine conscience: Cultiver le bonheur dans le moment présent 233
Cherchant des activités plaisantes: Redécouvrir des intérêts qui apportent de la joie 241
Créer un environnement positif: s'entourer d'éléments inspirant la positivité 250

12. La quête de l'autoréflexion 261
Surmonter les rechutes: Stratégies pour faire face aux moments difficiles sans abandonner 261
Le voyage continu: Comprendre que la croissance personnelle est un processus constant 272

13. Chercher de laide professionnelle..284
Reconnaître quand une aide professionnelle est nécessaire........................ 284
Approches thérapeutiques efficaces... 298
Travailler en partenariat avec un thérapeute... 311

14. Construire um avenir brillant...332
Visualiser un futur positif: Établissement d'objectifs à long terme........... 332
Partager votre histoire: Comment votre parcours peut inspirer et aider les autres339

Conclusion...351
À propos de l'auteur..351
Sources 352

PROLOGUE

"Combattre la Dépression" est né de la compréhension profonde de l'importance d'aborder un sujet qui affecte d'innombrables vies dans le monde. La dépression, avec ses ombres sombres et ses défis complexes, est une bataille que beaucoup affrontent à un moment de leur vie, c'est un parcours difficile qui peut mener à la surmonte et à la croissance personnelle.

Naviguer dans les eaux tumultueuses de la dépression n'est pas une tâche facile. Elle peut nous entraîner dans un cycle de tristesse, de désespoir et d'isolement, nous éloignant de la joie et de la vitalité que nous méritons. Cependant, ce livre est né de la croyance inébranlable que l'espoir est une lumière qui ne s'éteint jamais, même dans les nuits les plus sombres.

Ici, vous trouverez une approche complète pour affronter la dépression. De la compréhension de ses origines à l'exploration de techniques pratiques, notre parcours ensemble nous mènera à travers les chemins qui peuvent conduire à la guérison. Des premiers signes à la renaissance d'une nouvelle perspective, chaque chapitre a été méticuleusement créé pour fournir des informations précieuses, de l'inspiration et du soutien.

Tout au long des pages de ce livre, nous plongerons dans des stratégies d'auto-soins, dans le pouvoir des relations interpersonnelles et dans la recherche d'aide professionnelle. Nous explorerons des approches thérapeutiques et des techniques qui peuvent aider à inverser le cycle de négativité et à renforcer l'esprit. De plus, nous rappellerons l'importance de partager nos histoires, non seulement comme un acte de guérison personnelle, mais aussi comme un moyen d'offrir de l'espoir et des conseils à ceux qui rencontrent des défis similaires.

"Combattre la Dépression" n'est pas seulement un livre ; c'est un voyage partagé entre l'auteur et le lecteur, entre ceux qui luttent et ceux qui s'unissent pour soutenir. Il est façonné par l'expérience humaine, par les hauts et les bas, et par la quête incessante de la lumière au bout du tunnel.

Que ce livre soit une source de réconfort et d'inspiration pour vous. Qu'il vous donne le pouvoir de combattre la dépression avec courage, d'apprendre des obstacles et d'embrasser chaque nouveau jour comme une opportunité pour un nouveau départ. Que vous trouviez dans les mots écrits ici non seulement de la connaissance, mais aussi un sentiment d'appartenance et d'espoir.

Que vous débutiez votre parcours de surmonte ou que vous soyez déjà en chemin, sachez que vous n'êtes pas seul. L'acte de combattre la dépression est un témoignage de votre force intérieure, et la quête du bonheur intérieur est une bataille qui vaut la peine d'être menée. Ce livre est un guide qui marche à vos côtés, vous rappelant que la guérison est possible et que la lumière prévaut toujours sur l'obscurité.

Avec espoir et gratitude,

Leonardo Tavares

1

INTRODUCTION

Même dans les ténèbres les plus profondes,
la lumière de l'espoir brille toujours en nous.

Bienvenue au début d'un voyage visant à éclairer l'obscurité de la dépression et à vous guider vers la redécouverte du bonheur intérieur. La dépression est une condition qui touche des millions de personnes dans le monde entier, mais reste souvent enfermée dans l'ombre du stigmate et de la mécompréhension. Dans ce chapitre introductif, nous entreprendrons une exploration approfondie de la dépression, plongeant dans ses nuances, ses défis et ses opportunités de croissance personnelle.

La profondeur de la dépression: Compréhension des symptômes et impacts sur la vie quotidienne

La dépression est bien plus qu'un moment passager de tristesse. C'est une condition complexe qui plonge profondément dans l'esprit, le corps et les émotions d'un individu. Les manifestations de la dépression peuvent varier, mais beaucoup luttent contre une tristesse accablante, une apathie envers des activités autrefois aimées et un sentiment persistant de désespoir. Une fatigue débilitante semble aspirer l'énergie vitale, et la concentration devient une tâche ardue, tandis que des décisions triviales semblent être des poids insupportables.

Reconnaître que la dépression ne choisit pas ses cibles en fonction de l'âge, du sexe, de la classe sociale ou de l'origine est crucial. Elle ne discrimine pas et peut toucher n'importe qui, indépendamment de sa situation. L'impact de la dépression ne se limite pas au plan émotionnel ; elle imprègne tous les aspects de la vie quotidienne. Les routines autrefois familières s'effondrent, les responsabilités quotidiennes deviennent écrasantes et la vivacité de la vie s'estompe, laissant derrière elle un paysage de cendres.

À mesure que la dépression s'enracine, elle apporte souvent avec elle un sentiment d'isolement. Une personne peut se sentir seule dans sa lutte, isolée de ses amis, de sa famille et même d'elle-même. Cette solitude est exacerbée par le fait que la douleur émotionnelle reste souvent invisible, inaudible aux yeux extérieurs. Il est vital d'internaliser que la dépression n'est pas un signe de faiblesse ou de manque de volonté. C'est une véritable bataille intérieure qui demande compréhension, patience et, surtout, soutien.

C'est une invitation à l'empathie et à la compréhension mutuelle. Un rappel que, même lorsque le fardeau semble insupportable, il existe des chemins qui peuvent alléger le poids. Le chemin pour surmonter la dépression commence par la compréhension de ses contours et de ses défis. Cela facilite non seulement la recherche de solutions, mais crée également un espace où la guérison peut s'épanouir.

Déconstruire la stigmatisation: L'importance de dialoguer sur la dépression et de chercher de l'aide

Bien que la dépression soit une réalité rencontrée par beaucoup, un stigmate persiste autour de cette condition. Ce stigmate est généré par l'ignorance et le réflexe de blâmer ceux qui souffrent de dépression, comme s'il s'agissait d'un choix conscient. Cependant, il est essentiel de comprendre que la dépression est une condition médicale valable, influencée par une complexe interaction de facteurs génétiques, neurochimiques, environnementaux et psychologiques.

La première étape pour surmonter la stigmatisation est de sensibiliser. La société doit comprendre que la dépression n'est pas un signe de fragilité personnelle, mais plutôt une bataille qui nécessite compassion et empathie. La guérison de la dépression ne se déroule pas de manière linéaire, tout comme c'est le cas pour n'importe quelle maladie. Elle nécessite un traitement continu et un soutien ininterrompu. Le soutien apporté par la famille, les amis et les professionnels de la santé est vital dans le parcours vers la guérison.

Parler ouvertement de la dépression est l'un des moyens les plus efficaces pour briser la stigmatisation. En partageant leurs expériences, les personnes mettent en lumière non seulement la prévalence de la condition, mais permettent également à d'autres de se sentir moins seuls dans leurs propres combats. C'est dans l'acte de partager des histoires que l'empathie fleurit et que la compréhension prend de l'ampleur, car les individus réalisent qu'ils ne sont pas seuls dans leurs sentiments.

Chercher de l'aide est un acte courageux, bien que souvent difficile. La honte associée à la dépression peut être un obstacle pour obtenir le soutien nécessaire. Cependant, il est crucial de se rappeler que chercher de l'aide ne signifie pas de la faiblesse. Des professionnels tels que les thérapeutes, les psychologues et les psychiatres sont disponibles pour offrir des conseils spécialisés et aider à élaborer des stratégies pour faire face à la dépression. Demander de l'aide quand c'est nécessaire est un signe de force, une démonstration que vous reconnaissez que vous n'avez pas besoin de parcourir ce chemin seul.

Prenez conscience que, malgré les défis que la lutte contre la dépression peut présenter, la lumière au bout du tunnel est accessible à tous. Comprendre la nature de la dépression, déconstruire le stigmate qui lui est associé et chercher de l'aide sont les premières étapes puissantes vers une existence plus complète et significative.

2
ACCEPTATION ET CONNAISSANCE DE SOI

La première étape pour surmonter la dépression est de comprendre les racines de l'obscurité à laquelle nous sommes confrontés.

Le voyage pour surmonter la dépression commence par l'acceptation et la profonde connaissance de soi. Dans ce chapitre, nous plongerons profondément dans un processus de reconnaissance, d'exploration et de culti-vation de la compassion envers soi-même. En comprenant vos émotions, vos schémas négatifs et vos déclencheurs, vous serez sur la voie de vous libérer des chaînes de la dépression et d'embrasser une vie plus riche et significative.

Reconnaître la dépression: Admettre le besoin de changement et de croissance

La première étape vers la guérison de la dépression est la courageuse reconnaissance de sa présence dans votre vie. Ce moment marque un tournant crucial où vous décidez de faire face en toute honnêteté à vos émotions et à vos pensées. La décision de reconnaître le besoin de changement et de croissance équivaut à ouvrir une porte vers une transformation intérieure, permettant à la lumière de pénétrer dans les zones sombres de votre parcours.

Reconnaître la dépression est un puissant acte d'autonomisation de soi. Cela ne doit pas être confondu avec l'acceptation de la dépression comme faisant partie intégrante et inaltérable de votre identité. Au contraire, reconnaître la dépression signifie admettre que vous faites face à un défi légitime. C'est une affirmation courageuse que vous êtes prêt à affronter vos sentiments, à faire face aux adversités et à rechercher des voies vers la guérison.

Souvent, la négation de la dépression peut prolonger la souffrance. Ignorer ou minimiser sa présence peut entraîner un cycle de détresse et vous éloigner de la possibilité de chercher de l'aide et un traitement. L'acceptation, en revanche, marque un point de départ vers la guérison. Elle symbolise le moment où vous décidez de ne plus lutter contre votre réalité, mais de l'embrasser comme une partie transitoire de votre parcours. Cette attitude ne réduit pas seulement le poids émotionnel, mais ouvre également la voie à la croissance, au changement et à l'espoir.

Accepter la dépression n'est pas se rendre à elle. C'est un acte de courage qui vous place aux commandes de votre propre chemin vers la guérison. En acceptant, vous vous libérez de la prison de la honte et du déni, vous permettant d'avancer vers l'autotransformation. Au lieu de vous cacher derrière des masques et des remparts défensifs, vous émergez en tant que personne prête à affronter la douleur, à explorer des alternatives et à marcher sur le chemin d'une vie plus saine et plus équilibrée.

Le processus de reconnaissance n'est pas linéaire et peut comporter des hauts et des bas. Des moments de résistance et de doute peuvent survenir, mais en maintenant l'engagement à affronter votre vérité, vous semez les graines d'un avenir plus éclairé. Reconnaître la dépression est un acte d'affirmation de soi et une étape vitale vers votre bien-être. Embrasser ce parcours avec un cœur ouvert est la première étape vers une transformation profonde et la redécouverte de la vitalité qui réside en vous.

Explorer vos émotions: Identifier les schémas négatifs et les déclencheurs

La connaissance de soi se révèle être un outil indispensable dans la lutte contre la dépression. Ce processus commence par l'exploration courageuse de vos émotions et de vos pensées. Réservez du temps à la réflexion sur vos réactions émotionnelles quotidiennes. Observez attentivement les moments où des sentiments de tristesse, d'anxiété ou de désespoir émergent. Il est essentiel de repérer les schémas récurrents et d'identifier également les situations spécifiques qui déclenchent ces émotions.

En vous lançant dans ce voyage d'auto-exploration, vous commencez à réaliser que vos émotions ne sont pas des entités aléatoires, mais des réponses complexes à divers stimuli. Identifier les schémas négatifs est une étape essentielle. Ces schémas peuvent se manifester sous forme d'autocritique incessante, de préoccupations excessives ou de pensées autodestructrices qui sapent votre estime de soi et votre bien-être. En mettant en lumière ces schémas, vous les extrayez du subconscient et permettez qu'ils soient remis en question et contestés. Cela ouvre la porte à la substitution de ces schémas préjudiciables par des pensées plus saines et constructives.

L'exploration des déclencheurs est une autre étape cruciale de ce processus. Ces déclencheurs peuvent être des événements, des situations ou des pensées qui déclenchent une réponse émotionnelle intense. Ils varient d'une personne à l'autre, mais peuvent inclure des situations de stress, des problèmes financiers, des conflits interpersonnels, des changements soudains, voire des souvenirs douloureux du passé. Identifier ces déclencheurs permet non seulement de comprendre ce qui se cache derrière vos réactions émotionnelles, mais vous donne également un meilleur contrôle sur celles-ci.

La prise de conscience des déclencheurs offre l'opportunité de se préparer émotionnellement à affronter ces situations. Elle peut vous permettre de développer des stratégies pour faire face aux défis de manière plus efficace et plus saine, réduisant ainsi l'impact négatif qu'ils peuvent avoir sur votre bien-être.

L'exploration de vos émotions et de vos schémas émotionnels est un voyage de découverte de soi continu. Elle révèle non seulement la complexité de votre psyché, mais fournit également les outils pour transformer des schémas préjudiciables en pensées et réactions plus positives. N'oubliez pas que vous êtes aux commandes de ce processus, et le chemin de l'auto-exploration est une étape puissante vers l'atteinte d'un meilleur équilibre émotionnel et mental. En identifiant ces schémas négatifs et ces déclencheurs, vous vous donnez les moyens d'entreprendre un voyage de croissance et d'autotransformation, qui sont essentiels pour la guérison de la dépression.

Pratiquer l'auto-compassion: Cultiver une relation positive avec soi-même

L'auto-compassion émerge comme un outil exceptionnellement puissant pour adoucir les aspérités de la dépression. Souvent, ceux qui font face à cette condition se retrouvent submergés dans une tempête d'autocritique et de sentiments d'inadéquation. Ces schémas peuvent alimenter la spirale descendante de la dépression, intensifiant la souffrance émotionnelle. Cultiver l'auto-compassion revient essentiellement à apprendre à se traiter avec la même gentillesse et compréhension que vous offririez à un ami cher.

La pratique de l'auto-compassion se compose de trois composantes intrinsèques, chacune jouant un rôle crucial dans la cultivation d'une relation positive avec soi-même:

Auto-acceptation

Le principe fondamental de l'auto-acceptation est de s'embrasser inconditionnellement tel que vous êtes en ce moment. Cela n'implique pas d'ignorer vos imperfections ou de nier les défis que vous rencontrez. Au contraire, l'auto-acceptation reconnaît que vous êtes une créature complexe, un mélange de qualités admirables et de limites. En vous voyant à travers cette lentille de compréhension, vous commencez à vous traiter avec la même gentillesse et compassion que vous offririez volontiers à un ami traversant des difficultés.

L'auto-acceptation est un acte profond d'amour de soi. Cela signifie que vous refusez d'être votre propre critique impitoyable et, au lieu de cela, vous devenez un allié compatissant. Accepter vos défauts et vos faiblesses n'est pas une invitation à la stagnation, mais plutôt à la croissance et à l'évolution. Vous reconnaissez qu'il est naturel de faire des erreurs et que chaque défi est une opportunité d'apprendre et de grandir.

En adoptant l'auto-acceptation, vous désamorcez les pièges de l'autocritique et de la négativité interne qui peuvent aggraver la dépression. Vous commencez à vous voir comme une œuvre en cours, digne de compassion et de soins. Cela contribue non seulement à un environnement mental plus sain, mais sert également de base solide pour la construction d'une estime de soi durable.

Humanité partagée

Reconnaître l'humanité partagée est une étape cruciale dans la quête de l'auto-compassion. Cela signifie intérioriser que la douleur et la souffrance font partie de l'expérience humaine, et que vous n'êtes pas seul dans vos luttes. Beaucoup, à un moment donné, font face à des défis similaires et partagent des batailles internes comparables.

Cette compréhension apporte avec elle un profond sentiment de connexion. En reconnaissant que d'autres personnes vivent aussi la souffrance, vous vous éloignez de l'isolement que la dépression impose souvent. Vous réalisez que vous n'êtes pas seul dans votre voyage et que vous n'avez pas à porter le fardeau tout seul. Cette compréhension nourrit un sentiment d'empathie non seulement envers vous-même, mais aussi envers les autres, créant un sentiment de communauté émotionnelle.

La pleine conscience

La pratique de la pleine conscience, également appelée mindfulness, joue un rôle crucial dans l'auto-compassion. Elle implique l'art de vivre pleinement dans le moment présent, en se détachant des chaînes de la négativité qui sont souvent ancrées dans le passé ou projetées dans le futur. La pleine conscience vous donne la permission d'expérimenter chaque instant sans jugements critiques.

En cultivant la pleine conscience, vous apprenez à interrompre les schémas de pensées négatives qui alimentent souvent la dépression. Cela se produit parce que vous entraînez votre esprit à reconnaître et à relâcher les pensées négatives au fur et à mesure qu'elles surviennent. Au lieu d'être emporté par une spirale de pensées autodestructrices, vous devenez capable d'observer ces pensées sans vous identifier à elles. Cela vous donne la liberté de choisir consciemment comment réagir.

La pleine conscience est un outil puissant pour interrompre le cycle de pensées négatives qui peuvent aggraver la dépression. Elle vous permet de vous engager avec le moment présent avec plus de clarté et d'objectivité. En pratiquant la pleine conscience, vous créez de l'espace pour que l'auto-compassion fleurisse, vous offrant ainsi l'occasion de vous traiter avec gentillesse et respect, quelles que soient les circonstances.

L'auto-compassion n'est pas une excuse pour la complaisance ou la stagnation. Au contraire, c'est un appel à prendre soin de soi de manière saine et constructive. Cela implique d'embrasser vos faiblesses et vos insécurités avec compassion, tout en continuant à chercher la croissance et le progrès. Il s'agit d'apporter un sentiment de bonté et d'amour-propre à votre parcours, en vous nourrissant avec le même type de soin que vous offririez volontiers à quelqu'un que vous appréciez.

En pratiquant l'auto-compassion, vous construisez un socle solide pour affronter la dépression. Vous redéfinissez la façon dont vous vous reliez à vous-même, favorisant la guérison émotionnelle et l'estime de soi.

Rappelez-vous que cette pratique n'est pas une marche d'un seul jour, mais un habitude qui grandit avec le temps. En nourrissant l'auto-compassion, vous découvrirez qu'elle devient un phare de lumière dans les ombres de la dépression, vous guidant vers une relation avec vous-même plus saine et aimante.

Dans ce chapitre, vous avez entamé un processus de profonde connaissance de soi. Vous avez reconnu la dépression, exploré vos émotions et vos schémas négatifs, et commencé à pratiquer l'auto-compassion. Ces étapes sont fondamentales pour votre expérience vers la guérison. Continuez à suivre ce chemin avec courage et confiance, car la découverte de soi est la clé pour révéler la véritable force qui réside en vous. Soyez conscient que l'acceptation et la connaissance de soi sont les bases sur lesquelles vous construirez un avenir plus lumineux et plein d'espoir.

3

CONSTRUIRE UNE MENTALITÉ POSITIVE

L'esprit positif ne nie pas l'existence des défis, mais choisit d'y faire face avec espoir et résilience.

La construction d'une mentalité positive est un outil essentiel dans le parcours pour surmonter la dépression. Dans ce chapitre, nous explorerons des stratégies et des pratiques qui vous aideront à transformer les schémas de pensée négative, à créer des affirmations puissantes et à comprendre les avantages d'une mentalité optimiste. Grâce à ces techniques, vous pouvez cultiver une vision plus lumineuse de vous-même et du monde, renforcer votre résilience émotionnelle et ouvrir la voie à la guérison.

Transformer les schémas de pensée négative: Défier les distorsions cognitives

Les pensées négatives peuvent s'enraciner rapidement dans l'esprit, nourrissant la tristesse et le désespoir qui caractérisent la dépression. Souvent, ces pensées sont façonnées par des distorsions cognitives, qui sont des schémas déformés de traitement de l'information qui affectent notre interprétation de la réalité. Reconnaître et défier ces distorsions est le point de départ pour construire une mentalité plus positive et saine.

Lecture de l'esprit

La lecture de l'esprit est un schéma de pensée dans lequel nous présumons que nous savons ce que les autres pensent, souvent de manière négative. Cette tendance peut découler de notre propre insécurité et anxiété, nous conduisant à interpréter de manière déformée les comportements et les paroles des autres. Cependant, la vérité est que l'esprit humain est incroyablement complexe et nos suppositions peuvent être inexactes.

Lorsque nous nous permettons de croire que nous savons ce que pensent les autres sans preuves claires, nous risquons de créer des malentendus et des conflits inutiles. Au lieu de céder à cette trappe cognitive, il est important de rechercher une communication claire et ouverte. Si vous vous trouvez en train de présumer des intentions négatives, faites un effort pour parler directement à la personne concernée. Demandez-lui ce qu'elle pense et ressent, et soyez prêt à écouter ses perspectives.

Rappelez-vous que, tout comme vous, les autres ont aussi leurs propres préoccupations, insécurités et pensées complexes. La pratique de l'empathie et de la communication efficace peut contribuer à dissiper les malentendus et à établir des relations plus saines et significatives.

Catastrophisme

Le catastrophisme est un schéma de pensée où nous avons tendance à exagérer les problèmes et à anticiper le pire scénario possible. Cela peut conduire à une amplification du stress et de l'anxiété, aggravant les sentiments de désespoir. Reconnaître que les situations peuvent être gérées et que tout n'est pas aussi terrible qu'il n'y paraît est crucial pour cultiver une mentalité plus positive.

Lorsque vous êtes confronté à un événement difficile, faites un effort conscient pour évaluer objectivement la probabilité réelle qu'un résultat négatif extrême se produise. Demandez-vous si vos inquiétudes sont fondées sur des faits concrets ou si elles sont amplifiées par votre esprit. Souvent, notre imagination exagère les scénarios négatifs, et en apportant un peu de rationalité au processus de pensée, vous pouvez réduire l'intensité de l'anxiété.

Pratiquer le calme et la résilience face aux défis est également fondamental pour faire face à la tendance au catastrophisme. En développant la capacité de maintenir la sérénité sous pression, vous serez mieux équipé pour faire face aux défis sans tomber dans la spirale des pensées négatives et exagérées.

Pensée en noir et blanc

La pensée en noir et blanc est un piège cognitif dans lequel nous voyons les choses de manière extrêmement binaire, soit totalement bonnes soit totalement mauvaises, sans reconnaître les nuances entre ces extrêmes. Ce schéma de pensée simpliste peut conduire à des interprétations déformées de la réalité et à une amplification de la négativité.

La vie est pleine de complexités et de subtilités, et de nombreuses situations ne peuvent pas être facilement catégorisées comme "tout ou rien". Pour cultiver une mentalité plus positive, il est important de vous entraîner à reconnaître les nuances intermédiaires et les aspects positifs dans toutes les situations. Lorsque vous êtes confronté à un événement, considérez les différentes dimensions et nuances impliquées. Gardez à l'esprit que la plupart des situations ne sont pas purement bonnes ou mauvaises, mais un mélange des deux, et c'est dans cette zone intermédiaire que nous trouvons souvent des opportunités de croissance et d'apprentissage.

Filtrage mental

Le filtrage mental est un schéma de pensée dans lequel nous nous concentrons exclusivement sur les aspects négatifs d'une situation, ignorant tout élément positif qui peut être présent. Cette habitude peut renforcer la négativité et le sentiment de désespoir. Pour développer une mentalité plus positive, il est essentiel de vous défier à voir l'image complète.

Lorsque vous êtes confronté à une situation difficile, faites un effort conscient pour identifier tout élément positif, même s'il est petit. Il peut s'agir d'une leçon apprise, d'une opportunité de croissance ou d'un moment de connexion avec quelqu'un. Reconnaître ces éléments positifs aide à équilibrer votre perspective et à éviter de tomber dans le piège de ne se concentrer que sur le négatif.

Rappelez-vous qu'il n'est pas nécessaire de nier l'existence de défis ou de difficultés. Au lieu de cela, il s'agit de développer une vision plus équilibrée qui prend en compte à la fois les aspects positifs et négatifs d'une situation. Cet ajustement de perspective peut contribuer à une mentalité plus optimiste et résiliente.

Généralisation

La généralisation est un schéma de pensée dans lequel nous tirons des conclusions larges basées sur une seule expérience négative. Cela peut conduire à une vision déformée de la réalité et limiter notre capacité à voir l'individualité de chaque situation. Cultiver une mentalité positive implique de reconnaître l'unicité de chaque expérience.

Lorsque vous êtes confronté à une expérience négative, évitez de tirer des conclusions hâtives ou d'appliquer cette expérience à tous les domaines de votre vie. Chaque situation est influencée par une variété de facteurs et mérite d'être évaluée individuellement. Pratiquez l'analyse critique et interrogez-vous pour savoir si l'expérience en question est représentative d'un schéma plus large ou d'une situation unique.

Développer cette capacité d'évaluation soignée aide à éviter de voir tout à travers un prisme négatif. En reconnaissant l'unicité de chaque expérience, vous serez mieux préparé à aborder les défis avec un esprit ouvert et réceptif.

Personnalisation

La personnalisation est un schéma de pensée dans lequel nous nous attribuons la responsabilité d'événements externes qui sont hors de notre contrôle. Cela peut entraîner une culpabilité injustifiée et augmenter les sentiments d'inadéquation. Cultiver une mentalité positive nécessite la capacité de distinguer ce que vous pouvez et ne pouvez pas contrôler.

Lorsque vous êtes confronté à un événement externe négatif, prenez une pause pour évaluer si vous avez réellement joué un rôle significatif dans la situation. Prenez conscience que tout n'est pas de votre faute et que de nombreux facteurs échappent à votre contrôle direct. Pratiquez l'auto-compassion en vous permettant de reconnaître quand vous assumez une responsabilité excessive et en vous rappelant que vous êtes simplement un individu dans un monde complexe.

Apprendre à différencier ce que vous pouvez influencer de ce qui est au-delà de votre sphère de contrôle est une partie essentielle du développement d'une mentalité positive et saine. Cela vous permet de rediriger votre énergie vers les domaines où vous pouvez faire la différence, tout en libérant le fardeau injuste de prendre la responsabilité de tout.

Défier ces distorsions cognitives est un processus qui nécessite une auto-conscience constante et de la pratique. Lorsque vous êtes confronté à une pensée négative, prenez du recul et examinez-la de manière critique. Remettez en question la validité de ces schémas déformés et cherchez des preuves objectives qui soutiennent ou réfutent ces pensées. Avec le temps, cette pratique vous permettra de changer votre approche des défis, renforçant votre capacité à voir les choses de manière plus équilibrée et réaliste.

Créer des affirmations puissantes: Façonner des croyances positives sur soi et sur le monde

Les affirmations sont des déclarations positives que vous pouvez utiliser pour reprogrammer votre esprit et façonner des croyances plus positives sur vous-même et sur le monde qui vous entoure. Elles fonctionnent comme un outil puissant pour combattre les pensées négatives automatiques. En répétant régulièrement les affirmations, vous entraînez votre esprit à intérioriser ces croyances positives.

Soyez spécifique

Lorsqu'il s'agit de créer des affirmations, la spécificité et la pertinence sont essentielles pour orienter votre mentalité positive dans la bonne direction. Au lieu d'utiliser des affirmations génériques telles que "Je suis assez bon", il est très bénéfique de développer des affirmations ciblées et alignées sur vos objectifs et défis spécifiques. La raison en est simple: les affirmations génériques peuvent ne pas avoir l'impact désiré car elles ne sont pas directement liées aux aspects de votre vie que vous souhaitez transformer.

En créant des affirmations spécifiques et détaillées, vous donnez à votre esprit un plan clair de ce que vous voulez accomplir et comment vous voulez évoluer. Par exemple, si vous travaillez pour progresser dans votre carrière, l'affirmation "Je progresse constamment et en toute confiance dans ma carrière, reconnaissant mes compétences et saisissant de nouvelles opportunités à chaque étape" est beaucoup plus efficace qu'une affirmation générique sur l'estime de soi.

La spécificité vous permet également de visualiser le processus et les résultats souhaités de manière plus claire. Lorsque vous vous engagez avec des affirmations spécifiques, vous créez une base solide pour vos efforts et intentions. Cela vous aide non seulement à stimuler votre mentalité positive, mais aussi à orienter vos actions au quotidien. Vous devenez plus conscient des choix que vous faites et des opportunités qui peuvent être alignées sur vos affirmations.

De plus, des affirmations spécifiques vous permettent de suivre votre progression de manière plus tangible. Vous pouvez mesurer votre croissance en fonction des objectifs énoncés dans les affirmations. Cela crée un sentiment d'accomplissement à mesure que vous voyez vos affirmations devenir réalité, ce qui renforce encore davantage votre mentalité positive.

Présent et positif

Lorsqu'il s'agit de créer des affirmations puissantes, la façon dont vous les formulez est cruciale pour leur efficacité. Deux caractéristiques importantes à considérer sont l'expression au temps présent et la positivité des affirmations. Ces éléments façonnent non seulement votre mentalité, mais influent directement sur la façon dont votre esprit interprète et réagit à ces affirmations.

Expression au temps présent: En formulant des affirmations au temps présent, vous envoyez un message direct à votre esprit que ces croyances positives font déjà partie intégrante de votre réalité. C'est vital car votre esprit est plus réceptif aux informations présentées comme des faits actuels. Au lieu de dire "Je vais surmonter mes difficultés", vous affirmez: "Je fais face à mes défis de manière résiliente et constructive, trouvant des solutions et grandissant à chaque étape". Ce changement de temps verbal crée un sentiment de certitude et de confiance, orientant votre mentalité vers un état où les croyances positives sont en action dans le présent.

Positivité dans les affirmations: La positivité des affirmations est tout aussi significative. Lorsque vous formulez des affirmations de manière positive, vous concentrez votre attention sur ce que vous souhaitez accomplir, plutôt que sur les obstacles que vous souhaitez éviter. Les affirmations positives orientent votre esprit vers les solutions, la croissance et le succès. Elles remplacent les récits négatifs qui peuvent être présents dans votre esprit par des récits de progrès et de réalisations. Ces affirmations influent non seulement sur votre mentalité, mais aussi sur votre motivation, vos actions et vos résultats.

Pour illustrer, pensez à la différence entre dire "Je ne me sentirai plus jamais in sécurisé" et affirmer "Je cultive une confiance intérieure solide et je crois en mes capacités". La seconde affirmation est positive, directe et au temps présent. Elle vous place dans un état d'esprit où la confiance est déjà en train de se développer, tandis que la première affirmation se concentre toujours sur l'insécurité.

Croyez aux affirmations

Quand il s'agit de créer et d'utiliser des affirmations puissantes, la croyance est la clé du succès. Choisir des affirmations qui résonnent profondément en vous est essentiel pour qu'elles aient un impact positif sur votre mentalité. Cette croyance est l'un des piliers qui soutiennent le pouvoir des affirmations à influencer vos croyances et vos comportements.

Commencez par des croyances authentiques: Lorsque vous choisissez des affirmations, il est crucial de commencer par des déclarations que vous pouvez vraiment croire. Commencer par des affirmations qui sont en accord avec votre réalité actuelle et que vous percevez comme réalistes est une étape essentielle. Ces affirmations servent de base solide pour construire votre confiance et pour internaliser progressivement des croyances positives sur vous-même et vos possibilités.

Par exemple, si vous travaillez sur la construction de la confiance en soi, au lieu de commencer par une affirmation très large comme "Je suis totalement confiant dans toutes les situations", commencez par quelque chose de plus spécifique et atteignable, comme "Je deviens plus confiant chaque jour et je suis ouvert à de nouvelles expériences".

Croissance progressive et authenticité: À mesure que vous expérimentez des succès et des progrès dans votre parcours de croissance personnelle, vous pouvez élargir la portée de vos affirmations pour inclure des objectifs plus audacieux. Cependant, il est important de s'assurer que ces affirmations restent authentiques et réalistes pour vous. Il n'est pas nécessaire de se précipiter dans des affirmations que vous ne croyez pas profondément, car cela peut miner l'efficacité de la pratique.

Rappelez-vous que les affirmations sont comme des graines plantées dans votre esprit. Le processus de les arroser constamment par la répétition et la croyance authentique est ce qui leur permet de grandir et de s'enraciner. Tout comme une plante a besoin de temps pour s'enraciner et grandir, vos affirmations ont besoin de constance et de dévouement pour façonner progressivement vos schémas de pensée et votre perception du monde.

Croire aux affirmations n'est pas simplement un acte de répéter des mots ; c'est un acte de cultiver une nouvelle mentalité. C'est choisir consciemment de diriger votre attention vers des croyances qui vous habilitent et vous motivent. Avec la pratique et le temps, ces affirmations peuvent devenir une partie authentique de la façon dont vous vous percevez et percevez le monde, favorisant une mentalité positive et transformative.

Répétez régulièrement

Intégrer les affirmations dans votre routine quotidienne par le biais d'une répétition régulière est un élément essentiel pour qu'elles aient un impact durable sur votre mentalité. La répétition constante est comme arroser une plante - elle nourrit et renforce vos croyances positives, leur permettant de grandir et de s'enraciner dans votre esprit.

Créez une habitude quotidienne: Tout comme toute autre compétence que vous souhaitez développer, la pratique constante est la clé du succès. Réservez un moment spécifique dans votre routine quotidienne pour répéter vos affirmations. Beaucoup de gens trouvent utile d'intégrer cette pratique dès le matin, au réveil, ou le soir, avant de se coucher, lorsque l'esprit est plus réceptif.

En créant une habitude quotidienne de répéter vos affirmations, vous envoyez un signal clair à votre cerveau que ces croyances sont importantes et méritent votre attention. Avec le temps, cette pratique deviendra une partie naturelle de votre routine, tout comme se brosser les dents ou faire de l'exercice.

Internalisation progressive: La répétition constante des affirmations aide à internaliser ces croyances positives dans votre esprit. Au début, il peut sembler que vous ne faites que répéter des mots, mais avec le temps, ces mots commencent à prendre du sens et de la force. Plus vous répétez une affirmation, plus elle devient partie intégrante de votre récit interne.

À mesure que vos affirmations s'enracinent davantage, elles commencent à rivaliser avec les schémas de pensée négatifs qui avaient l'habitude de dominer votre esprit. Cette substitution graduelle des schémas négatifs par les positifs est un processus puissant qui peut avoir un impact positif sur votre perspective, vos émotions et vos actions.

La constance est la clé: La clé pour récolter les avantages des affirmations réside dans la constance. N'attendez pas des résultats instantanés ; au lieu de cela, cultivez la patience et continuez à répéter vos affirmations régulièrement. Tout comme vous ne vous attendez pas à ce qu'une plante pousse du jour au lendemain, comprenez que le changement dans votre mentalité nécessite également du temps et de l'engagement.

À mesure que vous répétez vos affirmations au fil du temps, vous construisez une base solide de croyances positives qui peuvent avoir un impact profond sur votre image de vous-même, votre confiance et votre perspective globale. Gardez à l'esprit que le pouvoir des affirmations réside dans la répétition constante et la croyance authentique en ce que vous affirmez. Avec de la patience et de la pratique, vous renforcez progressivement une mentalité plus positive et saine.

Visualisez

Ajouter une dimension visuelle à vos affirmations peut intensifier considérablement leur impact. La visualisation est une technique puissante qui vous permet de plonger profondément dans l'expérience que vos affirmations décrivent, les rendant plus vives et réalistes dans votre esprit. En combinant les mots avec des images mentales, vous créez une connexion plus profonde entre vos croyances positives et votre expérience personnelle.

Créer un scénario mental: Tout en répétant vos affirmations, fermez les yeux et permettez-vous de créer un scénario mental illustrant l'affirmation en action. Par exemple, si votre affirmation est "Je fais face à mes défis de manière résiliente et constructive", imaginez-vous devant un défi, vous sentant confiant et déterminé. Visualisez la situation se déroulant de manière positive, avec vous trouvant des solutions et surmontant les obstacles.

Détails et sensations: En visualisant, concentrez-vous sur les détails. Imaginez les couleurs, les visages des personnes impliquées, les sons autour de vous et même les sensations physiques. Plus votre visualisation est vivante, plus elle se connectera profondément avec votre esprit subconscient. Ressentez les émotions qui accompagnent la réalisation de l'affirmation - la joie, la confiance, la satisfaction.

Rendre les affirmations tangibles: La visualisation rend les affirmations plus tangibles et concrètes. En incorporant des éléments visuels et sensoriels, vous donnez vie aux mots. Cela peut rendre l'expérience des affirmations plus excitante et motivante. En visualisant, vous activez les zones du cerveau liées à l'imagination et à l'émotion, renforçant ainsi la connexion entre les croyances positives et vos expériences internes.

Un puissant exercice d'auto-suggestion: La combinaison d'affirmations et de visualisation est une forme d'auto-suggestion, où vous entraînez votre esprit à accepter et à internaliser des croyances positives. L'esprit subconscient ne fait pas la différence entre la réalité et l'imagination vivide, ce qui signifie que la visualisation peut influencer positivement votre perception de vous-même et du monde qui vous entoure.

Pratique et constance: Tout comme la répétition des affirmations, la visualisation nécessite également de la pratique et de la constance. Plus vous vous engagez dans cet exercice, plus votre visualisation devient naturelle et puissante. Avec le temps, la visualisation peut devenir un outil que vous pouvez utiliser non seulement en répétant vos affirmations, mais aussi dans d'autres domaines de votre vie pour renforcer votre mentalité positive et favoriser votre croissance personnelle.

Adaptez-vous

La pratique de créer et de répéter des affirmations n'est pas statique ; elle évolue avec vous. À mesure que vous grandissez, apprenez et faites face à de nouvelles expériences, vos affirmations peuvent également changer pour refléter vos circonstances et vos objectifs actuels. L'adaptabilité des affirmations est essentielle pour s'assurer qu'elles restent pertinentes et impactantes dans votre parcours de croissance personnelle.

L'importance de la mise à jour: Lorsque vous atteignez des objectifs ou surmontez des défis, c'est peut-être l'occasion de mettre à jour vos affirmations. Cela reflète votre progression et contribue à maintenir vos croyances en phase avec vos réalisations. Par exemple, si votre affirmation précédente était "Je travaille à renforcer ma confiance en moi", après avoir gagné cette confiance en vous, vous pourriez l'ajuster à "Je suis confiant et sûr de moi dans toutes les situations".

S'adapter à de nouveaux défis: De la même manière, lorsque vous êtes confronté à de nouveaux défis, vos affirmations peuvent être ajustées pour les relever. Si vous entrez dans une nouvelle phase de votre vie, comme un nouvel emploi ou une relation, vos affirmations peuvent inclure des éléments pertinents pour cette nouvelle étape. Cela renforce non seulement votre mentalité positive, mais offre également un soutien émotionnel pendant des transitions importantes.

Révision et réflexion: La révision régulière de vos affirmations est une occasion de réfléchir à votre progrès et d'aligner vos croyances sur vos expériences actuelles. En révisant vos affirmations, considérez si elles résonnent toujours en vous et si elles sont en accord avec vos objectifs et vos valeurs actuels. Cette révision peut également vous aider à identifier les domaines où vous souhaitez plus de croissance et de concentration.

Flexibilité et croissance continue: L'adaptabilité des affirmations reflète votre flexibilité et votre ouverture à une croissance continue. C'est un rappel que vous êtes en constante évolution et que vos croyances peuvent s'élargir pour embrasser de nouvelles réalisations et expériences. N'ayez pas peur d'ajuster vos affirmations selon les besoins ; cela montre que vous vous engagez dans votre développement personnel et que vous êtes prêt à relever de nouveaux défis avec une mentalité positive et adaptable.

Les affirmations ne sont pas simplement des mots vides; ce sont des déclarations puissantes qui peuvent influencer positivement votre image de vous-même et votre perspective. En les répétant régulièrement, vous façonnez progressivement votre mentalité pour embrasser la positivité et vous éloigner des schémas de pensée négative.

La force de la pensée positive: Explorer les avantages d'une mentalité optimiste

Une mentalité positive n'est pas seulement une attitude, mais plutôt un mode de vie qui peut avoir un impact profond sur votre santé mentale et émotionnelle. Adopter une mentalité optimiste peut apporter de nombreux avantages à votre parcours de guérison de la dépression:

Résilience

La résilience est une qualité vitale qui nous permet de faire face et de surmonter les adversités de la vie avec confiance et détermination. Avoir une mentalité positive joue un rôle essentiel dans la cultivation de cette résilience. Lorsque vous adoptez une approche optimiste face aux défis, vous renforcez votre capacité à faire face aux difficultés de manière efficace. Voici comment une mentalité positive nourrit votre résilience:

Changement de perspective: Une mentalité positive change la façon dont vous percevez les défis. Au lieu de les considérer comme des obstacles insurmontables, vous les voyez comme des opportunités de croissance et d'apprentissage. Cela modifie la dynamique émotionnelle, vous permettant de faire face aux difficultés avec moins de peur et d'anxiété.

Adoption de stratégies constructives: En abordant les défis avec optimisme, vous êtes plus enclin à adopter des stratégies constructives pour les surmonter. Au lieu de vous sentir vaincu, vous cherchez des solutions et des moyens de surmonter les obstacles. Cela peut inclure chercher du soutien, définir des objectifs clairs ou diviser les défis en étapes gérables.

Résistance à l'abandon: Une mentalité positive renforce également votre détermination et votre résistance. Vous êtes plus enclin à persister même face aux difficultés. La croyance que vous êtes capable de surmonter les obstacles vous donne la motivation nécessaire pour continuer à essayer, même lorsque les choses semblent difficiles.

Croissance personnelle: Faire face aux défis avec optimisme conduit souvent à une croissance personnelle significative. Les expériences difficiles peuvent se transformer en précieuses leçons et occasions de découverte de soi. En surmontant les défis, votre confiance en vous et votre estime de soi augmentent également.

Faire face à l'incertitude: La résilience est particulièrement importante lorsqu'il s'agit de faire face à l'incertitude. Une mentalité positive vous permet de vous adapter aux changements et aux défis inattendus plus facilement. Vous êtes plus enclin à accepter que la vie est pleine de hauts et de bas et que vous avez la capacité de les traverser.

En fin de compte, la résilience ne signifie pas que vous n'aurez jamais de difficultés, mais plutôt que vous possédez les outils et la mentalité nécessaires pour les affronter. La mentalité positive est comme un bouclier émotionnel qui vous protège et vous donne le pouvoir de faire face aux adversités avec plus de confiance, de courage et de détermination. En cultivant une mentalité optimiste, vous investissez dans votre bien-être émotionnel et vous construisez une base solide pour une vie plus résiliente et gratifiante.

Réduction du stress

Le stress et l'anxiété sont des réactions naturelles du corps face à des situations difficiles, mais lorsque ces émotions deviennent chroniques, elles peuvent nuire considérablement à la santé mentale et émotionnelle. Une mentalité optimiste joue un rôle important dans la réduction du stress, vous permettant d'aborder les situations avec plus d'équilibre et de résilience. Voici comment la mentalité optimiste contribue à la réduction du stress:

Focalisation sur les solutions: Une mentalité optimiste dirige votre attention vers les solutions et les possibilités, au lieu de rester bloqué dans la rumination des problèmes. Lorsque vous vous concentrez sur la recherche de moyens de résoudre un défi, vous diminuez naturellement la tendance à trop vous inquiéter des aspects négatifs. Cela contribue à réduire l'anxiété et le sentiment d'être submergé.

Lâcher prise du perfectionnisme: La pensée négative est souvent liée à des normes strictes de perfectionnisme. Une mentalité optimiste vous permet de lâcher prise de ces attentes irréalistes et d'accepter que la vie est pleine d'imperfections. Cela contribue à soulager la pression sur vous-même et à réduire le stress lié à la quête constante de la perfection.

Résilience émotionnelle accrue: En adoptant une mentalité optimiste, vous renforcez votre résilience émotionnelle. Cela signifie que vous êtes mieux équipé pour faire face aux émotions négatives qui surviennent en réponse au stress. Au lieu d'être submergé par l'anxiété, vous développez la capacité de gérer vos émotions de manière saine et constructive.

Focalisation sur le présent: La mentalité optimiste encourage souvent à se concentrer sur le moment présent. Cela signifie que vous êtes moins enclin à vous inquiéter du passé ou du futur, qui sont des sources courantes de stress. En étant présent dans l'instant actuel, vous réduisez l'anxiété causée par la préoccupation pour les événements passés ou futurs.

Amélioration de la santé émotionnelle: En réduisant le stress et l'anxiété, une mentalité optimiste contribue à un équilibre émotionnel accru. Les pensées positives libèrent des neurotransmetteurs et des endorphines qui favorisent le bien-être et la détente. Cela crée un cycle positif où la mentalité optimiste contribue à la santé émotionnelle, renforçant ainsi la mentalité positive.

La réduction du stress par le biais d'une mentalité optimiste ne signifie pas que vous n'aurez jamais à faire face à des situations difficiles. Au lieu de cela, vous développez des outils mentaux et émotionnels pour faire face à ces situations de manière plus efficace et saine. Cultiver la positivité n'est pas seulement bénéfique pour la santé mentale, mais c'est aussi un investissement dans la qualité de vie générale, vous permettant de traverser les difficultés avec plus de calme et de confiance.

Confiance en soi

La confiance en soi est la base sur laquelle nous construisons nos réalisations et faisons face aux défis de la vie. Une mentalité positive a un impact significatif sur la promotion de la confiance en soi, car elle façonne notre perception de nous-mêmes et de nos capacités. Voici comment la pensée positive alimente la confiance en soi:

Croyance en ses propres compétences: La pensée positive aide à créer une solide croyance en vos propres compétences. À mesure que vous pratiquez une mentalité optimiste, vous commencez à internaliser l'idée que vous êtes capable de relever les défis et de surmonter les obstacles. Cette croyance se traduit par une plus grande confiance en vos compétences, renforçant ainsi votre confiance en vous.

Affronter les défis: Lorsque vous abordez les défis avec une mentalité positive, vous cultivez la capacité de les affronter de manière résiliente et déterminée. À mesure que vous réussissez à surmonter les défis, votre confiance en vous augmente. Chaque victoire renforce l'idée que vous avez ce qu'il faut pour faire face aux situations difficiles.

Acceptation des erreurs: Une mentalité positive est également liée à l'acceptation des erreurs comme des opportunités d'apprentissage. Au lieu de considérer les erreurs comme des échecs définitifs, vous les percevez comme faisant naturellement partie du processus de croissance. Cette approche bienveillante envers les erreurs contribue à renforcer la confiance en soi, car vous n'êtes pas ébranlé par les revers.

Image de soi positive: La pensée positive influence également la façon dont vous vous percevez. Une mentalité optimiste contribue à construire une image de soi plus positive, où vous reconnaissez vos qualités et réalisations. Ce sentiment d'estime de soi est un composant vital de la confiance en soi, car vous vous sentez digne et capable.

Détermination et persévérance: Une mentalité positive alimente la détermination et la persévérance. Lorsque vous abordez les défis avec optimisme, vous êtes plus enclin à persévérer même lorsque les choses deviennent difficiles. Cette persévérance constante, nourrie par la pensée positive, renforce votre confiance en vous, car vous vous prouvez que vous pouvez surmonter les difficultés.

Impact sur les relations: La confiance en soi influence vos relations avec les autres. Lorsque vous émanez de la confiance en vous, les autres ont tendance à réagir de manière plus positive, créant ainsi un cycle d'interaction positif. Des relations plus saines et des interactions positives contribuent à renforcer votre confiance en soi.

La confiance en soi n'est pas un trait statique, mais plutôt une qualité qui peut être cultivée et renforcée au fil du temps. La pensée positive joue un rôle fondamental dans ce processus, en fournissant la mentalité et les croyances nécessaires pour construire une confiance en soi solide. En adoptant une vision positive de vous-même et de vos capacités, vous pavez la voie pour faire face aux défis avec confiance et atteindre vos objectifs avec détermination.

Relations plus saines

Une mentalité optimiste n'est pas seulement bénéfique pour votre bien-être individuel, elle a également un impact positif significatif sur vos relations interpersonnelles. En adoptant une vision positive du monde et des personnes qui vous entourent, vous créez une base solide pour construire et entretenir des relations plus saines et gratifiantes. Voici comment une mentalité optimiste influence positivement vos relations:

Compréhension et empathie: Une mentalité optimiste est généralement associée à la volonté de donner aux gens le bénéfice du doute. Vous êtes plus enclin à interpréter les actions et les paroles des autres de manière positive, plutôt que d'attribuer des intentions négatives. Cela entraîne une meilleure compréhension et empathie, vous permettant de vous mettre à la place des autres et de comprendre leurs perspectives.

Communication constructive: En adoptant une vision optimiste, vous êtes plus enclin à communiquer de manière constructive et positive. Cela crée un environnement de dialogue sain et ouvert, où les discussions sont plus susceptibles d'être productives plutôt que conflictuelles. Votre mentalité positive inspire également les autres à communiquer de manière similaire, favorisant un cycle positif d'interactions.

Cultiver des relations positives: Une mentalité optimiste contribue à cultiver des relations plus positives. Vous êtes plus enclin à chercher le bien chez les autres et à valoriser leurs points forts. Cela contribue à créer des relations basées sur l'appréciation mutuelle, la confiance et le respect. Des relations positives enrichissent votre vie émotionnelle et contribuent à un sentiment d'appartenance.

Influence sur la perception: Votre mentalité positive influence également la perception que les autres ont de vous. Les personnes ayant une vision optimiste sont généralement perçues comme agréables, inspirantes et motivantes. Cela peut attirer des personnes partageant des valeurs similaires et cherchant des interactions positives, ce qui contribue à la formation de relations plus saines.

Atténuation des conflits: Une mentalité optimiste contribue à atténuer les conflits. Lorsque vous abordez les conflits dans l'intention de trouver des solutions et avec une approche positive, vous créez un environnement où les divergences peuvent être résolues de manière plus paisible et constructive. Cela évite les escalades inutiles et maintient l'harmonie dans les relations.

Inspirer des changements positifs: Votre mentalité optimiste peut également inspirer les autres à adopter une perspective plus positive. En montrant comment la mentalité optimiste peut mener à une vie plus gratifiante et à des relations plus saines, vous pouvez influencer positivement ceux qui vous entourent, créant un cycle de positivité et de croissance mutuelle.

En adoptant une mentalité optimiste, vous améliorez non seulement votre propre vie, mais vous contribuez également à la création d'un environnement social plus sain et enrichissant. Vos relations bénéficieront de votre approche positive, vous permettant de tisser des liens plus profonds, significatifs et renforçants avec les personnes qui vous entourent.

Santé émotionnelle

La relation entre la pensée positive et la santé émotionnelle est profonde et puissante. La façon dont vous pensez et interprétez les situations qui vous entourent peut avoir un impact direct sur vos émotions et sur la façon dont vous vous sentez intérieurement. Voici comment la pensée positive influence et bénéficie de votre santé émotionnelle:

Libération de neurotransmetteurs: La pensée positive a la capacité de stimuler la libération de neurotransmetteurs importants, tels que les endorphines et la sérotonine. Les endorphines sont connues sous le nom "d'hormones du bonheur" en raison de la sensation d'euphorie et de bien-être qu'elles induisent. La sérotonine est essentielle pour réguler l'humeur et favoriser un état émotionnel équilibré. Les pensées optimistes déclenchent la libération de ces neurotransmetteurs, offrant ainsi un élan positif à vos émotions.

Réduction du stress et de l'anxiété: La pensée positive est également liée à la réduction du stress et de l'anxiété. En se concentrant sur les solutions et les possibilités, vous diminuez la tendance à vous inquiéter excessivement pour les problèmes. Cela vous libère du cycle de rumination négative, vous permettant de faire face aux situations de manière plus calme et équilibrée. L'attitude optimiste aide également à réduire la libération des hormones du stress, contribuant ainsi à un état émotionnel plus paisible.

Renforcement de la résilience émotionnelle: La résilience émotionnelle, la capacité à faire face aux adversités et à en sortir plus fort, est renforcée par la pensée positive. En abordant les défis avec optimisme, vous développez des stratégies pour faire face aux difficultés de manière constructive et confiante. Cela vous aide non seulement à surmonter les obstacles, mais contribue également à un sentiment d'autonomisation émotionnelle.

Estime de soi accrue: La pensée positive nourrit une image de soi plus positive et une estime de soi saine. Lorsque vous vous concentrez sur les aspects positifs de vous-même et sur vos réalisations, cela crée un sentiment de valeur et de confiance en vos capacités. Cela contribue à une santé émotionnelle solide, car vous abordez les défis avec une base émotionnelle plus solide.

Amélioration des relations interpersonnelles: Une mentalité optimiste influence également positivement vos interactions avec les autres. Lorsque vous vous sentez émotionnellement équilibré et positif, vous êtes plus susceptible d'aborder les relations avec ouverture, empathie et compréhension. Cela crée un environnement plus sain pour des liens significatifs et des relations positives.

La santé émotionnelle est un aspect vital du bien-être global. En adoptant une mentalité positive, vous investissez dans votre propre santé émotionnelle, vous permettant d'expérimenter un éventail plus large d'émotions positives, de faire face plus efficacement au stress et de trouver un équilibre émotionnel plus stable.

Stimulation de la créativité

L'une des vertus remarquables d'adopter une mentalité optimiste est l'impulsion qu'elle donne à la créativité. Lorsque vous choisissez de diriger votre attention vers les solutions, les possibilités et les opportunités, vous créez un environnement mental propice à l'épanouissement de la créativité. Voici comment la mentalité optimiste stimule la créativité:

Ouverture à de nouvelles perspectives: Une mentalité optimiste a tendance à ouvrir votre esprit à de nouvelles perspectives et possibilités. En vous concentrant sur le potentiel positif d'une situation, vous êtes plus enclin à explorer différents angles et à envisager des approches non conventionnelles. Cela crée un terreau fertile pour l'émergence de nouvelles idées créatives.

Défis des limitations perçues: La pensée positive vous encourage à défier les limitations perçues. Au lieu de vous concentrer sur les obstacles entravant le progrès, vous êtes plus enclin à remettre en question ces limites et à chercher des moyens de les contourner. Cela peut conduire à des solutions innovantes et créatives qui auraient autrement pu être ignorées.

Réduction de la peur de l'échec: La mentalité optimiste réduit la peur de l'échec. Lorsque vous êtes optimiste, vous considérez les erreurs comme des occasions d'apprendre et de grandir, au lieu d'obstacles insurmontables. Cela crée un environnement émotionnel sûr pour expérimenter de nouvelles idées et des solutions créatives, sans le poids de la peur.

Focus sur l'exploration et l'expérimentation: La pensée positive encourage l'exploration et l'expérimentation. Lorsque vous êtes convaincu que vous êtes capable de trouver des solutions et de surmonter les défis, vous vous sentez plus à l'aise pour tester des idées créatives, même si elles ne sont pas conventionnelles. Cette disposition à expérimenter peut conduire à des découvertes surprenantes.

Combinaison d'éléments divers: La mentalité optimiste implique souvent une approche plus intégrative et holistique. Vous êtes plus enclin à combiner différents éléments, idées ou concepts pour créer des solutions uniques et créatives. Cette capacité à relier des points apparemment disparates est une caractéristique de la créativité.

Résistance à la stagnation mentale: Une mentalité optimiste combat la stagnation mentale. La pensée positive maintient votre esprit actif et engagé, cherchant constamment des moyens de s'améliorer et de grandir.

Cette attitude mentale dynamique est essentielle pour la créativité, car de nouvelles idées émergent souvent du désir d'évoluer.

Encouragement à la curiosité et à l'exploration: L'optimisme encourage la curiosité et l'exploration. Lorsque vous êtes optimiste, vous êtes naturellement enclin à chercher des réponses, à apprendre de nouvelles informations et à élargir vos connaissances. Cette quête continue de nouvelles informations alimente la créativité en apportant de nouveaux éclairages à vos idées créatives.

La construction d'une mentalité positive est une étape cruciale dans le parcours pour surmonter la dépression. Défier les distorsions cognitives, créer des affirmations puissantes et cultiver des pensées optimistes n'aide pas seulement à changer la façon dont vous percevez le monde, mais influence aussi votre relation avec vous-même. Rappelez-vous que cette transformation ne se produit pas du jour au lendemain ; c'est un processus progressif qui demande de la patience, de la compassion envers soi-même et de l'engagement.

4

CULTIVER DES RELATIONS SAINE

*Marcher côte à côte avec les autres nous mène
plus loin que nous n'irions jamais seuls.*

Les relations saines jouent un rôle crucial dans notre voyage de découverte de soi, de rétablissement et de croissance personnelle. Avoir un cercle de soutien positif peut faire une différence significative dans notre capacité à relever les défis, à surmonter les obstacles et à développer une mentalité positive. Dans ce chapitre, nous explorerons l'impact du soutien social, l'importance de la communication efficace et comment construire un cercle de soutien qui nourrit et encourage votre développement.

Le rôle du soutien social: La puissance des relations positives

Le soutien social est comme une ancre émotionnelle qui nous maintient solides dans les moments difficiles. Les relations positives ont le pouvoir de nous élever, en nous fournissant encouragement, compréhension et validation. Elles nous offrent également une perspective extérieure qui peut éclairer nos défis de manière que nous ne pourrions pas voir seuls. Voici comment les relations saines peuvent influencer positivement votre parcours:

Source de soutien émotionnel

En période de difficulté et de défi, les amis, la famille et les proches peuvent devenir une source inestimable de soutien émotionnel. Ces liens personnels offrent un espace sûr où vous pouvez exprimer vos sentiments, vos inquiétudes et vos peurs sans craindre d'être jugé. Points importants sur l'importance de cette source de soutien émotionnel:

Écoute empathique: Les amis et la famille proches sont souvent les premiers à écouter lorsque vous avez besoin de vous confier. Leur capacité à vous écouter avec empathie et sans jugement est essentielle. Ils vous offrent non seulement une opportunité d'exprimer vos sentiments, mais valident également votre expérience, montrant que votre douleur est reconnue et comprise.

Conseils et perspectives: Les amis et la famille peuvent offrir des conseils utiles et des perspectives précieuses. Ils peuvent partager leurs propres expériences similaires et offrir des idées sur la manière dont ils ont surmonté des défis similaires. Cet échange d'histoires et de conseils peut vous offrir une perspective plus large et vous aider à voir vos situations différemment.

Partage d'expériences: Se connecter avec des proches ayant traversé des situations similaires peut apporter un soulagement et une validation. Savoir que d'autres personnes ont surmonté des défis similaires et ont trouvé de l'espoir et du rétablissement peut renforcer votre motivation et votre optimisme.

Réduction de l'isolement: La dépression est souvent accompagnée de sentiments d'isolement et de solitude. Cependant, avoir un réseau de soutien émotionnel aide à combattre ces sentiments, en vous rappelant que vous n'êtes pas seul dans vos luttes. Ces connexions montrent que d'autres personnes se soucient de vous et sont prêtes à être à vos côtés pendant votre parcours.

Compréhension sans jugement: La beauté des connexions de soutien émotionnel réside dans la compréhension sans jugement. Les amis et la famille qui se soucient de vous acceptent vos émotions et vos luttes sans critiquer ni rabaisser. Cela crée un environnement sûr où vous pouvez vous ouvrir et partager vos pensées les plus intimes.

Renforcement de la valeur personnelle: En recevant un soutien émotionnel, vous réalisez votre propre valeur et importance. L'amour et l'attention que ces connexions offrent renforcent votre estime de vous-même et votre confiance en vos capacités. Cela vous rappelle que vous êtes aimé et valorisé, quel que soit le défi que vous relevez.

Réciprocité et renforcement des relations: Ces connexions ne vont pas que dans un sens. En partageant vos luttes et vos succès, vous renforcez également vos relations. La réciprocité, où vous offrez également un soutien émotionnel aux autres, peut créer des liens plus profonds et authentiques.

L'importance de rechercher de l'aide professionnelle: Bien que les amis et la famille puissent offrir un soutien émotionnel significatif, il est fondamental de reconnaître que parfois, il est nécessaire de rechercher de l'aide professionnelle. Les thérapeutes, les conseillers et les psychologues ont les compétences et les connaissances nécessaires pour fournir un soutien spécialisé, des techniques d'adaptation et des stratégies de récupération.

Le soutien émotionnel n'est pas seulement une question de réception, mais aussi de don. Maintenir ces relations signifie prendre soin de vos amis et de votre famille de la même manière qu'ils prennent soin de vous. Lorsqu'il y a un flux mutuel de soutien émotionnel, vous créez un filet de sécurité émotionnelle qui est inestimable dans votre parcours de découverte de soi et de rétablissement.

Stimulation de l'estime de soi

Les relations positives offrent non seulement un soutien émotionnel, mais elles peuvent également jouer un rôle essentiel dans le renforcement de votre estime de soi. La façon dont les autres vous voient et vous valorisent peut avoir un impact profond sur la manière dont vous vous percevez. Voici comment les relations positives peuvent élever votre estime de soi:

Reconnaissance et validation: Lorsque vos amis, votre famille et vos proches reconnaissent vos qualités, réalisations et efforts, cela valide vos contributions et votre valeur en tant qu'individu. Le fait de sentir que vos accomplissements sont remarqués et appréciés contribue à créer un sentiment de valorisation de soi.

Louanges et encouragement: Les relations positives sont souvent marquées par de véritables louanges et encouragement. Les compliments sincères augmentent non seulement votre estime de soi, mais renforcent également l'idée que vos compétences et vos efforts méritent d'être appréciés.

Modèles d'inspiration: Les amis et la famille qui ont confiance en vous peuvent servir de modèles d'inspiration. En croyant en vos capacités, ils vous encouragent à croire en vous-même, favorisant ainsi une attitude positive envers vos compétences.

Acceptation inconditionnelle: Les relations positives sont souvent basées sur une acceptation inconditionnelle. Ces personnes vous apprécient pour ce que vous êtes, indépendamment de vos succès ou de vos défis. Cette acceptation contribue à un sentiment d'appartenance et d'auto-acceptation.

Construction de la fiabilité: Lorsque les autres ont confiance en vous pour des tâches, des responsabilités ou partagent leurs propres luttes, cela construit un sentiment d'auto-efficacité. Vous commencez à vous voir comme quelqu'un de fiable et compétent.

Respect et mutuel: Les relations saines sont basées sur le respect mutuel. Être traité avec respect, considération et affection par ceux qui vous entourent renforce l'idée que vous êtes une personne valorisée.

Comment cultiver des relations qui renforcent votre estime de soi: Cultiver des relations qui stimulent l'estime de soi nécessite un effort continu. Voici quelques façons de nourrir ces relations:

Reconnaître vos propres réalisations: Commencez par reconnaître vos propres réalisations et qualités. Plus vous vous valorisez, plus les autres auront tendance à vous valoriser aussi.

Communiquer vos besoins: Communiquez le type de soutien et d'encouragement que vous appréciez. Les gens peuvent ne pas savoir comment améliorer votre estime de soi à moins que vous ne partagiez vos besoins.

Éloignez-vous des relations toxiques: Si vous êtes dans des relations qui minent votre estime de soi, envisagez de vous en éloigner. Les relations toxiques peuvent avoir un impact préjudiciable sur votre image de vous-même.

Créer un réseau de soutien: Constituez un cercle d'amis et de membres de la famille qui vous soutiennent et vous encouragent de manière positive. Avoir plusieurs sources de soutien contribue à équilibrer et à renforcer votre estime de soi.

L'estime de soi est quelque chose qui grandit avec le temps et la pratique. En vous entourant de personnes qui vous valorisent et valorisent vos qualités, vous contribuez à créer un environnement qui favorise une image de soi positive et saine.

Modélisation de comportements positifs

L'observation de relations saines peut être une source précieuse d'inspiration pour adopter des comportements positifs dans votre propre vie. Lorsque vous vous entourez de personnes qui démontrent des façons constructives de faire face aux défis, de communiquer efficacement et de maintenir une perspective optimiste, vous pouvez apprendre des leçons précieuses à appliquer dans vos propres interactions et dans la façon dont vous abordez les difficultés. Voici comment la modélisation de comportements positifs peut vous bénéficier:

Apprentissage par observation: En observant comment d'autres personnes résolvent les conflits, expriment leurs besoins et font preuve d'empathie, vous pouvez apprendre des stratégies pratiques pour améliorer vos propres relations. L'observation directe de comportements positifs peut être un moyen efficace d'intérioriser ces schémas.

Gestion des défis: Lorsque vous observez comment les autres abordent les défis avec calme, résilience et une approche constructive, vous pouvez acquérir des connaissances sur la manière de mieux faire face à vos propres obstacles. La modélisation de la façon dont les autres surmontent les adversités peut vous inspirer à faire face à vos propres luttes avec une mentalité plus optimiste.

Communication efficace: Les relations saines sont souvent construites sur une base solide de communication efficace. En observant comment les autres s'expriment de manière claire, honnête et respectueuse, vous pouvez apprendre à améliorer vos propres compétences en communication et à éviter les malentendus.

Résolution des conflits: En observant comment les personnes dans des relations positives abordent les conflits de manière constructive, vous pouvez adopter des techniques pour résoudre les désaccords de manière saine. Cela inclut l'écoute active, l'expression de vos opinions de manière respectueuse et la recherche de solutions bénéfiques pour toutes les parties.

Promotion du bien-être émotionnel: La modélisation de comportements positifs peut également influencer positivement votre bien-être émotionnel. Lorsque vous voyez comment les autres cultivent des émotions positives et font face aux émotions négatives de manière saine, vous pouvez appliquer ces stratégies pour améliorer votre propre santé mentale.

Rappelez-vous que tout le monde rencontre des défis: En observant des relations positives, il est important de se rappeler que tout le monde rencontre des défis à un moment donné. Personne n'est parfait, et même les relations les plus saines connaissent des hauts et des bas. Cependant, apprendre des manières dont les autres relèvent ces défis peut fournir un guide précieux pour votre propre parcours de croissance personnelle.

La modélisation de comportements positifs nécessite un esprit ouvert et la volonté d'apprendre des exemples qui vous entourent. En étant attentif aux attitudes et aux actions qui contribuent à des relations saines, vous pouvez cultiver une approche plus constructive dans vos propres interactions et dans la manière dont vous abordez les défis de la vie.

Réduction de l'isolement

Un des aspects les plus difficiles de la dépression est la sensation d'isolement qui l'accompagne souvent. La connexion humaine est un besoin fondamental et, lorsque nous faisons face à la dépression, nous avons tendance à nous éloigner des autres, ce qui peut aggraver nos sentiments de solitude et de désespoir. Cependant, cultiver des relations saines peut avoir un impact significatif sur la réduction de cet isolement. Comment les relations positives peuvent aider à lutter contre la solitude:

Un sentiment d'appartenance: Les relations saines procurent un sentiment d'appartenance et de communauté. Se sentir partie prenante d'un groupe de soutien, que ce soit composé d'amis, de membres de la famille ou d'autres proches, peut soulager le sentiment d'isolement et de solitude. La connexion avec les autres nous rappelle que nous ne sommes pas seuls dans nos luttes et qu'il existe des personnes qui se soucient de nous.

Partage d'expériences: En partageant vos expériences avec d'autres personnes, vous pouvez trouver compréhension et empathie. Savoir que d'autres personnes ont également traversé des moments difficiles peut valider vos sentiments et vous faire vous sentir moins isolé dans vos luttes. L'échange d'histoires et la compréhension mutuelle peuvent créer de puissants liens de connexion.

Activités sociales: Participer à des activités sociales avec des personnes qui valorisent votre bien-être peut aider à rompre le cycle de l'isolement. Participer à des rencontres, des événements ou des groupes de soutien offre des opportunités d'interactions sociales significatives, contribuant à occuper votre temps avec des expériences positives.

Soutien émotionnel constant: Les relations saines fournissent un système de soutien émotionnel constant. Savoir que vous avez des personnes sur qui compter lorsque vous vous sentez abattu ou avez besoin d'aide peut alléger le fardeau émotionnel de la dépression. Avoir quelqu'un avec qui parler, se confier et partager vos inquiétudes peut être extrêmement réconfortant.

Encouragement aux activités sociales: Les amis et les proches qui comprennent votre parcours de rétablissement peuvent encourager et soutenir votre participation à des activités sociales, même lorsque vous ne vous sentez pas motivé. Leur présence peut être une incitation à sortir de chez vous, à participer à des événements et à chercher des interactions sociales, ce qui, à son tour, contribue à lutter contre l'isolement.

Importance de l'ouverture: Pour récolter les bienfaits de la réduction de l'isolement grâce à des relations saines, il est essentiel d'être ouvert au sujet de votre état de santé mentale. Partager vos sentiments et vos défis avec des amis et des membres de la famille peut ouvrir la voie à une meilleure compréhension et à un soutien accru. Souvent, les personnes de votre entourage sont disposées à vous aider, mais elles ont besoin de savoir comment elles peuvent être utiles.

Rappelez-vous que vous n'êtes pas seul: La dépression nous fait souvent nous sentir isolés et déconnectés des autres. Cependant, la réalité est qu'il existe des personnes prêtes à vous soutenir et à être à vos côtés pendant ce parcours. Cultiver des relations saines réduit non seulement l'isolement, mais offre également un système de soutien qui peut contribuer de manière significative à votre rétablissement et à votre bien-être émotionnel.

Confort et soutien en période d'adversité

Le voyage de la vie est parsemé de défis et d'adversités, et affronter ces moments difficiles peut être particulièrement ardu lorsqu'on lutte contre la dépression. Avoir un solide réseau de soutien composé de relations positives est un outil essentiel pour offrir du réconfort et du soutien en ces périodes difficiles. Comment les relations positives peuvent-elles offrir du réconfort et de l'aide lorsque vous en avez le plus besoin:

Un endroit sûr pour se confier: Les relations saines offrent un espace sûr où vous pouvez vous confier sans être jugé. Exprimer vos inquiétudes, vos peurs et vos pensées négatives à quelqu'un qui se soucie de vous peut être thérapeutique et aider à soulager le poids émotionnel que la dépression peut engendrer.

Un soutien émotionnel inconditionnel: Un réseau de soutien positif offre un soutien émotionnel inconditionnel, quelles que soient les circonstances. Savoir que vous avez des personnes qui croient en vous et sont prêtes à être à vos côtés, même lorsque vous traversez des moments difficiles, peut procurer un sentiment de sécurité et de stabilité.

Source de force et de résilience: Lorsque vous vous sentez fragile face à l'adversité, les relations positives peuvent être une source de force et de résilience. Les amis et la famille qui croient en vos capacités et expriment leur confiance en votre capacité à surmonter les défis peuvent renforcer votre détermination et votre estime de vous.

L'importance du dialogue ouvert: Pour tirer pleinement parti du réconfort et du soutien offerts par les relations positives en période d'adversité, la communication ouverte est essentielle. Partagez vos sentiments, vos inquiétudes et vos besoins avec les personnes en qui vous avez confiance. Expliquez comment elles peuvent vous aider ou vous soutenir, afin qu'elles puissent être là de manière efficace.

Une épaule pour pleurer: Les amis, la famille et les proches qui font partie de votre cercle de soutien peuvent vous offrir une épaule sur laquelle pleurer lorsque vous vous sentez submergé par la tristesse et l'angoisse. Avoir quelqu'un avec qui partager vos sentiments les plus profonds et vulnérables peut apporter un soulagement émotionnel et le sentiment que vous n'affrontez pas vos émotions seul.

Communiquer vos besoins: Établir des limites et exprimer vos sentiments

La communication est la pierre angulaire de toute relation saine, et lorsqu'il s'agit de votre parcours de guérison de la dépression, la capacité à exprimer vos besoins, vos limites et vos sentiments de manière claire et respectueuse est d'une importance cruciale. Apprendre à communiquer de manière efficace renforce non seulement les liens avec ceux qui vous entourent, mais garantit également que vos relations soient mutuellement satisfaisantes et bénéfiques. Voici des directives pour vous aider à communiquer de manière plus efficace:

Pratiquer la communication ouverte

La communication ouverte est un pilier fondamental de la construction de relations saines et enrichissantes. En ce qui concerne votre parcours de guérison de la dépression, la capacité à s'exprimer ouvertement devient encore plus cruciale. En pratiquant la communication ouverte, vous créez un environnement propice à l'honnêteté et à la sincérité, permettant aux discussions de se dérouler de manière authentique et respectueuse. Aspects importants de la communication ouverte:

Établir un espace de confiance: La communication ouverte repose sur la confiance. En créant un environnement où chacun se sent en sécurité pour partager ses sentiments et ses pensées, vous cultivez la confiance mutuelle entre vous et ceux avec qui vous interagissez. Cela signifie que les gens se sentiront plus à l'aise pour être honnêtes, sachant qu'ils ne seront ni jugés ni rejetés.

Exprimer ses émotions avec sincérité: Être ouvert dans la communication signifie exprimer vos émotions avec sincérité. Cela implique de partager non seulement des pensées superficielles, mais aussi de véritables sentiments. En vous exprimant de manière authentique, vous permettez aux autres de comprendre ce que vous ressentez et ce que vous traversez, ce qui peut conduire à une compréhension plus profonde et à des liens plus significatifs.

Créer un espace d'écoute attentive: La communication ouverte ne concerne pas seulement la parole, mais aussi l'écoute attentive. En pratiquant l'écoute active, vous montrez un intérêt sincère pour ce que les autres ont à dire. Cela implique d'être attentif, de poser des questions claires et de faire preuve d'empathie envers ce qui est partagé. L'écoute active favorise un environnement de respect mutuel et de compréhension.

Respecter les opinions différentes: Dans la communication ouverte, il est important de reconnaître que les gens peuvent avoir des opinions différentes des vôtres. Garder l'esprit ouvert aux différentes perspectives et être prêt à considérer des points de vue alternatifs enrichit les conversations et favorise la croissance personnelle.

Créer des liens significatifs: La communication ouverte est un moyen de créer des liens profonds et significatifs avec ceux qui vous entourent. Lorsque vous partagez vos expériences, vos pensées et vos sentiments de manière ouverte, vous invitez les autres à faire de même. Cela conduit à des relations plus authentiques, où les deux parties se sentent valorisées et comprises.

Affronter les défis ensemble: En pratiquant la communication ouverte, vous renforcez votre capacité à relever les défis ensemble. Les problèmes et les conflits peuvent être discutés ouvertement, et des solutions peuvent être trouvées grâce à un dialogue honnête. La communication ouverte peut également être une source de soutien émotionnel lors des moments difficiles, car elle vous permet de partager vos préoccupations et de trouver du réconfort auprès des autres.

Faire de la communication ouverte une habitude: Tout comme toute compétence, la communication ouverte peut être développée grâce à une pratique constante. À mesure que vous vous efforcez d'être plus ouvert et honnête dans vos interactions, la communication ouverte deviendra une habitude naturelle. Cela contribuera à renforcer vos relations et à enrichir votre parcours de guérison de la dépression.

Soyez clair et direct

La clarté dans la communication est l'un des piliers pour établir des relations saines et efficaces. Quand il s'agit d'exprimer vos besoins, limites et sentiments, la capacité d'être clair et direct est essentielle. Éviter les ambiguïtés et utiliser un langage direct contribue à s'assurer que vos messages soient compris comme vous le souhaitez. Raisons pour lesquelles être clair et direct est fondamental dans la communication:

Éviter les malentendus: Lorsque vous utilisez un langage clair et direct, vous réduisez au minimum la possibilité de malentendus. Les mots choisis et la façon dont vous les communiquez déterminent si l'autre personne comprendra exactement ce que vous avez voulu transmettre. Éviter les ambiguïtés ou les interprétations confuses contribue à une communication plus efficace.

Faciliter la prise de décision: Quand vous êtes clair dans l'expression de vos besoins ou opinions, vous facilitez le processus de prise de décision. Si les autres comprennent exactement ce que vous voulez ou avez besoin, ils peuvent répondre de manière appropriée et prendre des décisions éclairées. Cela est particulièrement important lorsqu'il s'agit de questions impliquant des choix communs.

Témoigner du respect: Être clair et direct dans la communication démontre également du respect envers l'autre personne. En exprimant vos idées de manière claire, vous montrez que vous valorisez la compréhension mutuelle et l'échange d'informations. Cela crée un environnement de respect et d'ouverture dans les conversations.

Éviter de mauvaises suppositions: Un langage ambigu peut conduire à de mauvaises suppositions de la part de l'autre personne. Si vous n'êtes pas clair sur vos intentions ou besoins, l'autre personne peut interpréter vos paroles différemment de ce que vous aviez prévu. Cela peut entraîner des malentendus et des conflits potentiels qui auraient pu être évités avec une communication plus claire.

Renforcer la confiance: La clarté dans la communication est un facteur clé pour établir la confiance dans les relations. Quand les autres voient que vous êtes transparent et honnête dans vos paroles, ils sont plus enclins à vous faire confiance. Cela est essentiel pour développer des liens authentiques et significatifs.

Pratiquer la compétence de l'écoute: Être clair et direct facilite également la compétence de l'écoute attentive. Lorsque vos messages sont clairs et bien structurés, l'autre personne peut se concentrer sur la compréhension de ce que vous dites, au lieu d'essayer de déchiffrer des ambiguïtés.

Améliorer la communication au fil du temps: La pratique de la clarté dans la communication peut s'améliorer avec le temps. En s'efforçant d'être plus clair et direct dans vos interactions, vous deviendrez plus habile à exprimer vos idées de manière efficace. Cela conduira à des conversations plus productives, à des relations plus saines et à un parcours de récupération de la dépression plus enrichissant et favorable.

Utilisez "je" au lieu de "vous"

La façon dont nous choisissons d'exprimer nos sentiments et opinions peut faire toute la différence dans la façon dont les autres nous perçoivent et comment les conversations se déroulent. L'une des stratégies efficaces pour communiquer de manière constructive et éviter les conflits est d'utiliser le "je" en s'exprimant. Au lieu de blâmer ou accuser l'autre personne, l'utilisation du "je" met l'accent sur vos propres sentiments et expériences. Raisons pour lesquelles l'utilisation du "je" est une approche précieuse dans la communication:

Favoriser l'empathie et la compréhension: En commençant une phrase par "je", vous partagez vos sentiments personnels et expériences internes. Cela crée un espace pour que les autres se connectent avec vous émotionnellement. Les gens ont tendance à être plus empathiques et compréhensifs lorsqu'ils entendent parler des émotions et pensées personnelles de quelqu'un.

Éviter le blâme et les attaques personnelles: En utilisant le "je", vous évitez de blâmer l'autre personne ou de faire des accusations directes. Cela réduit la probabilité que l'autre personne se sente défensive ou coupable, ce qui peut rapidement conduire à un conflit. Au lieu de dire "tu fais toujours cela de travers", vous pouvez dire "je sens que nous pourrions améliorer quelque chose dans cette situation".

Créer un espace pour un dialogue ouvert: L'utilisation du "je" dans la communication crée un espace pour un dialogue ouvert et honnête. En partageant vos propres sentiments et pensées, vous invitez l'autre personne à partager ses propres points de vue. Cela crée une atmosphère de respect et d'échange d'idées.

Se concentrer sur les solutions: Lorsque vous vous exprimez en utilisant le "je", vous êtes plus enclin à vous concentrer sur les solutions plutôt que de blâmer l'autre personne. Au lieu de simplement pointer un problème, vous exprimez comment vous vous sentez et proposez éventuellement des moyens d'améliorer la situation. Cela rend la communication plus constructive et productive.

Exemple pratique: Pour illustrer, imaginez une situation où vous vous sentez négligé en ce qui concerne la répartition des tâches ménagères. Au lieu de dire "tu ne m'aides jamais à la maison", vous pourriez dire "je sens que parfois je suis dépassé par les tâches ménagères et j'aimerais que nous travaillions ensemble pour trouver un moyen plus équilibré de partager ces responsabilités".

Avantages durables: En utilisant le "je" dans la communication, vous construisez une base pour des relations plus saines et une communication plus efficace. Cette approche évite non seulement les conflits inutiles, mais renforce également la connexion émotionnelle et l'empathie entre les personnes impliquées. En pratiquant cette stratégie, vous devenez un communicant plus conscient et efficace, améliorant tous les aspects de vos relations et soutenant votre parcours de récupération de la dépression.

Établissez des limites sains

Définir et communiquer des limites sains est une compétence fondamentale pour construire des relations saines et maintenir votre propre santé émotionnelle. Établir des limites vous permet de vous protéger des situations qui pourraient être préjudiciables ou épuisantes, tout en favorisant la compréhension mutuelle et le respect dans vos interactions avec les autres. Directives sur la manière d'établir des limites sains:

La connaissance de soi est la clé: Avant de communiquer vos limites aux autres, il est important que vous sachiez vous-même quelles sont ces limites. Cela implique de comprendre vos propres besoins, valeurs, tolérances et limites émotionnelles. Se connaître est essentiel pour établir des limites authentiques et durables.

Communiquez avec clarté: Lorsque vous établissez des limites, soyez clair et direct sur ce que vous êtes à l'aise d'accepter et sur ce que vous ne l'êtes pas. Utilisez un langage assertif et non ambigu pour exprimer vos limites. Soyez conscient que les gens ne peuvent pas lire dans vos pensées, donc communiquer de manière claire est essentiel pour éviter les malentendus.

Reconnaître votre autonomie: Vous avez le droit de définir vos propres limites, même si elles diffèrent de celles des autres. Votre autonomie est importante, et établir des limites saines ne fait pas de vous quelqu'un d'égoïste, mais plutôt quelqu'un qui valorise sa propre santé émotionnelle.

Établissez des conséquences claires: Lorsque vous communiquez vos limites, il est utile d'indiquer quelles seront les conséquences si ces limites ne sont pas respectées. Cela aide à maintenir la cohérence et la gravité de vos limites. Cependant, concentrez-vous sur des conséquences raisonnables et proportionnées à la situation.

Pratiquez l'empathie: Lors de l'établissement de limites, il est également important de comprendre les perspectives et les besoins des autres. Pratiquer l'empathie vous permet de trouver un équilibre entre vos propres besoins et ceux des autres, favorisant des relations saines et équilibrées.

Maintenez la cohérence: Une fois que vous avez établi vos limites, il est essentiel de maintenir la cohérence. Si vous permettez que vos limites soient violées à plusieurs reprises, cela peut entraîner de la frustration et du manque de respect de la part des autres. Le maintien de vos limites aide à construire des relations basées sur le respect mutuel.

Réévaluation périodique: À mesure que vous grandissez et évoluez, vos limites peuvent également évoluer. Il est important de réévaluer périodiquement vos limites pour vous assurer qu'elles sont alignées sur vos besoins actuels. Cela démontre de l'authenticité et de la maturité dans vos relations.

Avantages durables: Établir des limites sains protège non seulement votre santé émotionnelle, mais contribue également à la construction de relations plus saines et équilibrées. Lorsque vous communiquez vos limites de manière respectueuse et assertive, vous montrez du soin pour vous-même et du respect pour les autres. Cette pratique renforce votre estime de soi, améliore vos interactions sociales et soutient votre parcours continu de récupération de la dépression.

Soyez empathique en écoutant

L'empathie est un outil puissant dans la communication et les relations. Elle implique la capacité de se mettre à la place de l'autre, de comprendre ses sentiments et perspectives, et de répondre de manière sensible. En pratiquant l'empathie en écoutant les autres, vous renforcez non seulement les liens entre vous, mais vous montrez également du respect, de la compréhension et un soutien véritable. Voici des façons d'incorporer l'empathie dans vos interactions:

Accordez toute votre attention: Lorsque quelqu'un partage ses sentiments, consacrez toute votre attention à cette personne. Maintenez le contact visuel, évitez les distractions et montrez que vous êtes réellement intéressé par ce qu'elle a à dire.

Manifestez un intérêt actif: Posez des questions ouvertes et réfléchies pour encourager l'autre personne à partager davantage sur ses sentiments. Montrez un intérêt sincère pour comprendre sa perspective et son expérience.

Validez les sentiments: Montrez que vous comprenez les sentiments de l'autre personne et que vous respectez son expérience. Utilisez des phrases comme "Je comprends ce que vous ressentez" ou "Il semble que cela ait été vraiment difficile pour vous".

Évitez le jugement et la critique: Gardez l'esprit ouvert et évitez de porter des jugements ou des critiques. L'empathie consiste à accepter les sentiments de l'autre personne sans faire d'hypothèses ou d'évaluations négatives.

Utilisez un langage corporel positif: Votre langage corporel et vos expressions faciales sont également importants. Souriez, hochez la tête et adoptez une posture ouverte pour montrer que vous êtes impliqué et ouvert à la conversation.

Reflétez les sentiments: Répétez ou reflétez les sentiments que l'autre personne exprime. Cela montre que vous écoutez et comprenez, en créant en outre un sentiment de validation.

Évitez de donner des conseils prématurés: Évitez de sauter immédiatement pour donner des conseils ou des solutions. Parfois, les gens ont simplement besoin de quelqu'un pour les écouter et valider leurs sentiments, au lieu de chercher des solutions immédiates.

Montrez de l'empathie même en cas de conflits: L'empathie est importante même lorsque vous êtes en conflit. Essayez de comprendre la perspective de l'autre personne, même si vous n'êtes pas d'accord. Cela peut aider à apaiser la situation et à favoriser une communication plus productive.

Créez un espace sûr: Assurez-vous que l'autre personne se sente à l'aise de partager ses sentiments sans craindre d'être jugée. Créez un espace sûr où elle peut être ouverte et honnête.

Avantages de pratiquer l'empathie: Pratiquer l'empathie en écoutant les autres renforce non seulement vos relations, mais favorise également une communication plus efficace et saine. Lorsque les gens sentent qu'on les écoute et qu'on les comprend, ils sont plus susceptibles de se sentir valorisés et respectés. Cela contribue à des relations plus harmonieuses et soutient votre parcours de récupération de la dépression, offrant un solide soutien compréhensif.

Choisissez le bon moment

Le choix du bon moment pour aborder des questions sensibles ou partager des besoins est une considération fondamentale pour garantir que la communication soit efficace et constructive. Lorsque nous choisissons le bon moment, nous créons un environnement propice au dialogue ouvert et respectueux. Voici quelques directives pour vous aider à déterminer le bon moment pour entamer une conversation importante:

Tenez compte de l'état émotionnel: Avant d'engager une discussion délicate, évaluez l'état émotionnel des parties concernées. Évitez d'entamer une conversation lorsque vous ou l'autre personne êtes fatigués, stressés, irrités ou émotionnellement bouleversés. Attendez plutôt que tous deux soient dans un état plus calme et réceptif.

Choisissez un moment calme: Recherchez un environnement calme et exempt de distractions pour démarrer la conversation. Cela vous permet de vous concentrer pleinement sur la discussion et d'éviter les interruptions inutiles.

Évitez les discussions en public: Les questions sensibles sont généralement mieux traitées en privé. Évitez de discuter de sujets personnels ou délicats dans des endroits publics où la vie privée peut être compromise.

Fixez un moment pour discuter: Si possible, fixez un horaire spécifique pour la conversation. Cela donne du temps aux deux parties pour se préparer mentalement et évite les surprises ou les interruptions inattendues.

Manifestez l'ouverture à la discussion: Avant de commencer la conversation, assurez-vous que l'autre personne est disposée et disponible pour écouter. Demandez si c'est un bon moment pour parler ou s'il y a un moment plus propice.

Privilégiez le respect et le timing: Respectez les priorités et les engagements de l'autre personne. Évitez de choisir des moments où elle est occupée ou sous pression. De plus, rappelez-vous que certains moments de la journée, comme les repas en famille ou les moments de détente, peuvent ne pas être idéaux pour entamer des discussions sérieuses.

Planifiez et préparez-vous: Avant la conversation, prenez le temps d'organiser vos pensées et d'exprimer vos besoins clairement. Avoir une idée claire de ce que vous voulez communiquer contribuera à rendre la conversation plus directe et productive.

Soyez ouvert à la réaction de l'autre personne: Gardez à l'esprit que l'autre personne peut avoir besoin de temps pour assimiler ce que vous partagez. Soyez prêt à écouter ses réactions et ses sentiments, même s'ils ne sont pas d'accord immédiatement.

Créez une atmosphère de respect: Pendant la conversation, créez une atmosphère de respect mutuel. Écoutez attentivement, évitez les interruptions et validez les sentiments de l'autre personne.

Avantages de choisir le bon moment: Choisir le bon moment pour communiquer des besoins et aborder des questions sensibles est essentiel pour garantir que la communication soit productive et respectueuse. Lorsque les deux parties sont émotionnellement disponibles et prêtes pour la conversation, les chances d'atteindre une compréhension mutuelle et de résoudre les problèmes augmentent significativement. De plus, cette approche contribue à construire des relations saines et soutient votre parcours de récupération de la dépression en favorisant une communication positive et constructive avec les personnes qui vous entourent.

La communication efficace est une compétence qui peut être améliorée par une pratique continue. Plus vous vous efforcez de communiquer de manière claire et respectueuse, plus cela deviendra naturel. Rappelez-vous qu'exprimer de manière saine est une partie essentielle de l'établissement de relations positives et constructives.

Construire un cercle de soutien: Identifier les personnes qui vous encouragent et vous nourrissent

Cultiver des relations saines nécessite du discernement dans le choix des personnes avec lesquelles vous vous entourez. Bâtir un cercle de soutien solide est essentiel pour s'assurer que vous êtes entouré de personnes qui vous soutiennent, vous nourrissent et vous encouragent à grandir. Étapes pour construire un cercle de soutien:

Évaluer les relations actuelles

Évaluer vos relations actuelles est une étape importante pour cultiver un cercle de soutien sain et positif. Toutes les relations ne sont pas identiques, et réfléchir à la manière dont vous vous sentez après les interactions avec différentes personnes peut vous aider à identifier quelles relations sont vraiment positives et nourrissantes. Des directives pour vous aider à évaluer vos relations actuelles:

Observez vos émotions: Après des interactions avec des amis, de la famille et d'autres personnes proches, prenez un moment pour observer comment vous vous sentez. Les interactions vous rendent-elles heureux, inspiré et soutenu? Ou en sortez-vous en vous sentant épuisé, négatif ou mal compris? Vos émotions après les interactions peuvent fournir des informations précieuses sur la qualité de la relation.

Analysez la dynamique de la relation: Réfléchir sur le fonctionnement de la dynamique relationnelle peut être instructif. Vous sentez-vous écouté et valorisé? L'autre personne montre-t-elle un intérêt sincère pour vos préoccupations et vos réussites? Les relations saines se caractérisent par une communication ouverte et respectueuse, où les deux parties se sentent écoutées et comprises.

Identifiez les sources de soutien: Considérez quelles personnes dans votre vie ont été des sources constantes de soutien et d'encouragement. Sont-elles là pour vous en cas de besoin? Offrent-elles un soutien émotionnel, de l'encouragement et de la compréhension? Identifier les personnes qui se soucient réellement de votre bien-être est essentiel pour construire un cercle de soutien positif.

Évaluez les avantages mutuels: Les relations saines doivent être bénéfiques pour les deux parties. Demandez-vous si la relation est mutuellement satisfaisante et s'il y a un échange équilibré de soutien émotionnel et de respect. Les relations où une seule personne en bénéficie peuvent devenir épuisantes et déséquilibrées avec le temps.

Réfléchissez sur la croissance personnelle: Les relations saines ont également le pouvoir de favoriser la croissance personnelle. Demandez-vous si les personnes dans votre vie vous encouragent à être la meilleure version de vous-même. Soutiennent-elles vos objectifs et aspirations en vous poussant à grandir et à évoluer?

Décidez quelles relations vous font du bien: Après avoir évalué vos relations, prenez une décision consciente sur lesquelles sont vraiment nourrissantes et contribuent à votre bien-être émotionnel. Donnez la priorité aux personnes qui vous soutiennent, respectent vos besoins et partagent des valeurs similaires.

L'importance de l'évaluation continue: Gardez à l'esprit que l'évaluation des relations est un processus continu. À mesure que vous grandissez et changez, vos besoins et priorités peuvent également évoluer. Il est essentiel d'évaluer périodiquement vos relations pour vous assurer qu'elles continuent à être des sources positives de soutien et d'enrichissement dans votre vie.

Cultiver des relations positives: Évaluer vos relations actuelles est une étape cruciale pour créer un cercle de soutien positif. En identifiant et en nourrissant les relations qui contribuent à votre bonheur, à votre croissance et à votre bien-être émotionnel, vous établissez des bases solides pour un parcours de récupération de la dépression et pour une vie plus saine et plus significative.

Recherchez des qualités positives

Lorsque vous cultivez un cercle de soutien positif, il est essentiel de chercher des personnes qui manifestent des qualités positives et constructives dans leurs relations. Ces qualités sont des indicateurs de relations saines et peuvent faire une différence significative dans votre parcours de récupération de la dépression. Voici les caractéristiques clés que vous pouvez rechercher en construisant des relations saines:

Empathie: L'empathie est la capacité à comprendre et à partager les sentiments des autres. Les personnes empathiques sont capables de se mettre à votre place, d'offrir un soutien émotionnel et d'écouter sans jugement. L'empathie est essentielle pour créer un espace sûr où vous pouvez vous exprimer librement.

Compréhension: Les relations saines sont basées sur la compréhension mutuelle. Recherchez des personnes prêtes à écouter vos préoccupations, à comprendre vos perspectives et à montrer un intérêt sincère pour votre vie. La compréhension crée un environnement où vous vous sentez valorisé et compris.

Respect: Le respect est un pilier fondamental de toute relation saine. Recherchez des personnes qui respectent vos limites, vos opinions et vos choix. Les relations basées sur le respect mutuel favorisent un environnement où vous pouvez être authentique sans craindre d'être jugé.

Soutien véritable: Les amis et les proches qui offrent un soutien véritable sont précieux. Recherchez des personnes qui sont à vos côtés dans les moments difficiles, qui vous encouragent à poursuivre vos objectifs et qui célèbrent vos réussites. Un soutien véritable est une partie essentielle d'une relation qui favorise la croissance personnelle.

Communication ouverte: La communication efficace est un élément crucial des relations saines. Recherchez des personnes prêtes à parler ouvertement, à exprimer leurs propres besoins et à écouter les vôtres. Les relations où la communication circule librement sont plus susceptibles de résoudre les conflits de manière constructive.

Partage de valeurs: Les relations saines reposent souvent sur des valeurs partagées. Recherchez des personnes qui partagent vos principes et croyances fondamentales. Avoir des valeurs similaires peut créer une base solide pour la compréhension mutuelle et la collaboration.

Encouragement mutuel: Les amis et la famille qui vous encouragent à vous surpasser, à grandir et à vous développer sont essentiels. Recherchez des personnes qui croient en votre potentiel, vous poussent à sortir de votre zone de confort et soutiennent vos ambitions.

Création de relations positives: En cherchant des qualités positives dans vos relations, vous établissez les bases de connexions mutuellement bénéfiques et enrichissantes. Rappelez-vous que ce n'est pas seulement ce que les autres peuvent vous offrir, mais aussi comment vous pouvez contribuer au bien-être des autres. Les relations saines sont un investissement précieux dans votre santé mentale et émotionnelle, offrant un cercle de soutien qui peut vous aider dans votre parcours de récupération de la dépression.

Diversité dans le cercle de soutien

Lorsqu'il s'agit de construire un cercle de soutien efficace, la diversité joue un rôle fondamental dans l'enrichissement de votre parcours de récupération de la dépression. Avoir une variété de personnes dans votre cercle, y compris des amis, de la famille, des mentors, des collègues et des professionnels de la santé mentale, peut apporter différentes perspectives, expériences et avantages à votre vie. Raisons pour lesquelles la diversité dans le cercle de soutien est si importante:

Variété de perspectives: Chaque personne dans votre vie apporte une perspective unique à la table. Les amis peuvent partager leurs propres expériences personnelles, la famille peut offrir un sentiment d'histoire et de racines, les mentors peuvent apporter des conseils précieux et les professionnels de la santé mentale peuvent fournir une orientation spécialisée. Avoir une variété de perspectives vous aide à obtenir différents éclairages sur vos propres luttes et défis.

Apprentissage continu: Interagir avec des personnes d'horizons différents et ayant différentes expertises offre des opportunités d'apprentissage continu. Vous pouvez apprendre des parcours de vie d'autres personnes, acquérir de nouvelles compétences, acquérir des connaissances sur différents domaines et élargir votre compréhension du monde qui vous entoure.

Élargissement du réseau de soutien: Construire un cercle de soutien diversifié signifie également que vous élargissez votre réseau de soutien. Cela est particulièrement utile en période de besoin, car vous aurez un groupe plus large de personnes vers lequel vous tourner lorsque vous aurez besoin d'aide, de conseils ou de réconfort.

Résilience et adaptation: Les différentes personnes ont des façons uniques de faire face aux défis et aux adversités. En ayant une variété de personnes dans votre cercle de soutien, vous pouvez apprendre différentes stratégies de résilience et d'adaptation. Cette diversité d'approches peut enrichir vos propres compétences en matière de résilience.

Promotion du bien-être holistique: Un cercle de soutien diversifié peut contribuer à promouvoir votre bien-être holistique. Les amis peuvent aider à vous remonter le moral, la famille peut vous apporter du réconfort émotionnel, les mentors peuvent guider vos choix et les professionnels de la santé mentale peuvent fournir des outils pour faire face à la dépression de manière efficace. Disposer de toutes ces ressources contribue à une approche plus globale de votre santé mentale.

Renforcer votre parcours de récupération: En construisant un cercle de soutien diversifié, vous renforcez votre parcours de récupération de la dépression. Chaque personne dans votre cercle joue un rôle unique dans votre vie, contribuant à votre croissance personnelle et offrant un soutien dans les moments difficiles. La diversité dans le cercle de soutien est un puissant outil pour enrichir votre expérience et promouvoir votre santé mentale et émotionnelle.

Communiquez vos besoins

Après avoir identifié les personnes prêtes à vous soutenir et à encourager votre croissance, il est crucial que vous communiquiez de manière efficace avec elles. La communication claire de vos besoins, désirs et attentes est une étape essentielle pour renforcer les relations de soutien dans votre vie. Étapes importantes pour communiquer vos besoins de manière efficace:

Reconnaissez votre authenticité: Avant de commencer à communiquer avec les autres, il est important de reconnaître votre propre authenticité. Connaissez vos propres besoins et sentiments. Cela vous aidera à communiquer de manière plus claire et confiante.

Choisissez le bon moment: Choisir le bon moment pour aborder vos besoins est fondamental. Cherchez des moments où vous et l'autre personne êtes calmes et disponibles pour discuter. Évitez d'aborder des sujets délicats lorsque vous êtes tous les deux occupés, stressés ou distraits.

Soyez direct et clair: Lorsque vous exprimez vos besoins, soyez direct et clair. Utilisez des phrases simples et évitez les ambiguïtés. Plus vous serez clair, plus il sera facile pour l'autre personne de comprendre ce que vous demandez.

Utilisez la communication non violente: La Communication Non Violente est une approche qui met l'accent sur l'empathie et la compréhension mutuelle. Lorsque vous communiquez vos besoins, concentrez-vous sur l'expression des sentiments et des besoins plutôt que sur la critique ou le blâme. Cela contribue à maintenir la conversation constructive et à éviter les conflits inutiles.

Parlez de vos attentes: En plus d'exprimer vos besoins, il est également important de discuter de vos attentes. Expliquez comment vous vous attendez à ce que l'autre personne vous soutienne et de quelle manière elle peut contribuer à votre bien-être.

Soyez ouvert au dialogue: La communication est à double sens. Soyez ouvert à écouter les perspectives et les besoins de l'autre personne également. Cela crée un environnement de respect mutuel et de compréhension.

Remerciez pour le soutien: Après avoir exprimé vos besoins et reçu du soutien, n'oubliez pas de remercier la personne d'être prête à vous aider. La gratitude renforce le lien entre vous et montre que vous appréciez le soutien que vous recevez.

Ajustez et affinez: N'oubliez pas que la communication est un processus continu. À mesure que votre parcours de récupération progresse, vos besoins peuvent changer. Soyez prêt à ajuster et à affiner vos communications selon les besoins.

Renforcer les relations: Communiquer vos besoins est une façon puissante de renforcer les relations de soutien dans votre vie. En exprimant vos besoins de manière claire et respectueuse, vous permettez aux personnes autour de vous de savoir comment elles peuvent être une source efficace de soutien pendant votre parcours de récupération de la dépression. Cela améliore non seulement votre santé mentale, mais renforce également les liens entre vous et ceux qui sont prêts à marcher à vos côtés.

Rendre le soutien

Dans les relations saines, l'échange de soutien et de soins est essentiel. À mesure que vous recevez du soutien des personnes qui vous entourent, il est important de vous rappeler de rendre ce soutien, en créant des relations qui sont véritablement bidirectionnelles. Voici comment rendre le soutien que vous recevez:

Soyez présent pour eux: Tout comme vous appréciez la présence et le soutien des personnes qui vous entourent, soyez présent pour elles aussi. Écoutez attentivement lorsqu'elles partagent leurs sentiments, leurs défis et leurs réussites. Offrez une épaule amie et une oreille attentive.

Faites preuve d'empathie et de compréhension: Faites preuve d'empathie et de compréhension lorsque les personnes qui vous entourent traversent leurs propres luttes. Montrez que vous vous souciez de ce qu'elles traversent et soyez prêt à offrir un soutien émotionnel quand c'est nécessaire.

Proposez une aide concrète: En plus du soutien émotionnel, soyez prêt à offrir une aide concrète lorsque c'est possible. Cela peut inclure aider avec les tâches quotidiennes, offrir des conseils ou partager des ressources utiles.

Célébrez leurs réussites: Lorsque les personnes qui vous entourent atteignent leurs objectifs et réussites, célébrez avec elles. Montrez que vous vous réjouissez de leurs succès et reconnaissez les efforts qu'elles ont déployés pour y parvenir.

Soyez un soutien inconditionnel: Cultivez une relation où vous êtes un soutien inconditionnel pour les personnes qui vous soutiennent. Cela signifie être présent aussi bien dans les bons que dans les mauvais moments, sans jugement ni critique.

Exprimez votre gratitude: N'oubliez pas d'exprimer votre gratitude envers les personnes qui sont à vos côtés. Faites-leur savoir à quel point leur soutien est précieux pour vous et à quel point vous appréciez leur présence dans votre vie.

Maintenez une communication ouverte: Continuez à pratiquer une communication ouverte et respectueuse avec ceux qui vous soutiennent. Tenez-les informés de votre parcours de récupération et soyez prêt à écouter leurs expériences également.

En cultivant des relations durables: Rendre le soutien que vous recevez crée des relations durables et significatives. Ces relations fournissent non seulement un soutien lors de votre parcours de récupération de la dépression, mais enrichissent également votre vie de manière profonde. Prenez conscience que nous traversons tous des moments de luttes et de succès, et avoir un cercle de personnes solidaires peut rendre ces moments plus significatifs et gratifiants pour toutes les parties impliquées.

Éloignez-vous des relations toxiques

Un des aspects cruciaux de cultiver des relations saines est de savoir reconnaître et s'éloigner des relations qui sont toxiques ou nuisibles pour votre santé mentale et émotionnelle. Prioriser votre bien-être est essentiel pour vous assurer d'être entouré de personnes qui favorisent la positivité et la croissance. Orientations pour vous éloigner des relations toxiques:

Reconnaître les signes de toxicité: Être conscient des signes d'une relation toxique est la première étape pour identifier si une relation a un impact négatif sur votre vie. Cela peut inclure la manipulation, les abus verbaux ou émotionnels, le manque de respect, les critiques constantes et le manque de soutien véritable.

Évaluez l'impact sur votre santé mentale: Réfléchissez à l'impact de la relation sur votre santé mentale et émotionnelle. Si vous vous rendez compte que vous vous sentez constamment épuisé, anxieux, déprimé ou incertain en raison de la relation, c'est un signe qu'elle peut être toxique.

Établissez des limites claires: Si vous souhaitez donner une chance à la relation, établissez des limites claires et communiquez vos attentes. Si l'autre personne ne respecte pas vos limites et continue avec des comportements toxiques, c'est peut-être le moment de vous éloigner.

Priorisez votre santé mentale: Sachez que votre santé mentale et émotionnelle est votre priorité. N'hésitez pas à vous éloigner des relations qui nuisent à votre santé mentale, même si cela est difficile ou douloureux.

Cherchez le soutien de personnes saines: En vous éloignant des relations toxiques, concentrez-vous sur le renforcement des relations saines dans votre vie. Recherchez le soutien d'amis, de membres de la famille et de personnes qui favorisent la positivité et le bien-être.

N'oubliez pas votre propre valeur: Ne permettez pas aux relations toxiques de diminuer votre estime de vous-même. Souvenez-vous de votre propre valeur et ne vous contentez pas d'un traitement irrespectueux ou nuisible.

Acceptez que c'est un choix sain: S'éloigner des relations toxiques n'est pas un signe d'échec ; c'est un choix courageux et sain pour protéger votre santé mentale et émotionnelle. Acceptez que vous méritez des relations qui vous soutiennent et vous nourrissent.

L'importance de la protection mentale: S'éloigner des relations toxiques est un moyen puissant de protéger votre santé mentale et émotionnelle. Cela peut ouvrir la voie pour vous concentrer sur des relations qui contribuent à votre croissance, à votre bonheur et à votre bien-être général. Gardez à l'esprit que vous méritez d'être entouré de personnes qui vous valorisent et vous soutiennent dans votre parcours de récupération de la dépression.

Cultiver des relations au fil du temps

La construction et le maintien d'un cercle de soutien sont un processus qui s'étend dans le temps. À mesure que vous évoluez, grandissez et traversez différentes phases de la vie, il est naturel que les relations évoluent également. Cultiver des relations saines est un engagement constant, et être ouvert à de nouvelles connexions peut enrichir votre parcours de récupération de la dépression. Voici des façons de cultiver des relations au fil du temps:

Acceptez l'évolution naturelle des relations: Les relations sont dynamiques et sujettes au changement. À mesure que les gens grandissent et évoluent, leurs intérêts, besoins et priorités peuvent également changer. Soyez ouvert à ces changements et comprenez que toutes les relations ne resteront pas les mêmes au fil du temps.

Faites place à de nouvelles connexions: À mesure que vous évoluez, de nouvelles opportunités de rencontrer des personnes peuvent se présenter. Soyez ouvert à vous faire de nouveaux amis, que ce soit dans des environnements sociaux, des groupes de soutien ou des activités que vous appréciez. De nouvelles connexions peuvent apporter des perspectives fraîches et des énergies positives dans votre vie.

Cultivez les relations existantes: Bien que de nouvelles relations puissent être excitantes, il est également important de nourrir les relations existantes. Continuez à investir du temps et des efforts dans les amitiés et les liens qui sont déjà importants pour vous. Montrez que vous valorisez ces liens et êtes engagé à les maintenir en bonne santé.

Communiquez régulièrement: La communication régulière est essentielle pour maintenir des relations solides. Restez en contact avec les amis, la famille et les membres de votre cercle de soutien. Que ce soit par des conversations, des messages ou des rencontres, être présent dans la vie des personnes que vous appréciez contribue à maintenir le lien.

Soyez disponible en cas de besoin: Tout comme vous cherchez du soutien dans vos relations, soyez prêt à offrir du soutien lorsque les autres en ont besoin. Les relations saines sont basées sur la réciprocité et le soutien mutuel.

Grandissez ensemble: À mesure que vous grandissez et évoluez, il est important que vos relations grandissent et s'adaptent également. Partagez vos expériences, défis et succès avec ceux qui sont dans votre cercle de soutien, les incluant ainsi dans votre parcours.

L'évolution des relations: Tout comme vous êtes en constante évolution, vos relations le sont aussi. À mesure que vous relevez de nouveaux défis et atteignez de nouveaux objectifs, vos relations peuvent se renforcer et s'enrichir, contribuant à votre santé mentale et émotionnelle. Valorisez l'expérience de cultiver des relations au fil du temps et permettez-leur de devenir une partie essentielle de votre rétablissement de la dépression.

Les relations saines jouent un rôle essentiel dans notre santé mentale, notre croissance personnelle et notre bien-être général. Elles offrent une source de réconfort, d'encouragement et de compréhension qui peut nous aider à surmonter même les défis les plus difficiles. En cultivant des relations positives, en communiquant vos besoins et en construisant un cercle de soutien, vous créez un environnement qui nourrit votre parcours d'autodécouverte et de récupération.

5

PRENDE SOIN DU CORPS ET DE L'ESPRIT

Prendre soin de soi-même est un acte d'amour qui régénère l'âme et renforce l'esprit.

Notre esprit et notre corps sont intrinsèquement liés, formant un système complexe qui affecte directement notre bien-être émotionnel et physique. Prendre soin des deux est essentiel pour promouvoir une récupération saine de la dépression et maintenir une qualité de vie positive. Dans ce chapitre, nous explorerons le lien entre l'esprit et le corps, l'impact positif de l'exercice et des endorphines, ainsi que l'influence de l'alimentation nutritive sur la santé mentale.

Le lien esprit-corps: Prendre soin de soi sur le plan physique et bien-être émotionnel

L'interconnexion entre l'esprit et le corps est profonde et complexe. L'auto-soin physique joue un rôle essentiel dans la promotion du bien-être émotionnel. Lorsque vous prenez soin de votre corps, vous lui fournissez les ressources nécessaires pour maintenir un équilibre émotionnel sain. Certains aspects importants de cette connexion incluent:

Un sommeil adéquat

Le sommeil est un pilier fondamental de l'auto-soin et joue un rôle prépondérant dans la promotion de la santé mentale. En priorisant un sommeil adéquat et réparateur, vous offrez à votre corps et à votre esprit l'opportunité de se régénérer et de se revitaliser. Explorons plus en profondeur l'importance du sommeil et comment il affecte votre santé mentale:

Le rôle du sommeil dans le traitement émotionnel et cognitif: Pendant le sommeil, le cerveau effectue une série de processus essentiels pour votre santé mentale. Il traite les informations de la journée, aidant à consolider les souvenirs et à comprendre les expériences émotionnelles. De plus, le sommeil joue un rôle crucial dans la régulation des émotions. Le manque de sommeil adéquat peut affecter votre capacité à faire face au stress et aux émotions négatives, entraînant des changements d'humeur, de l'irritabilité et même une augmentation de l'anxiété.

Les effets du manque de sommeil sur la santé mentale: La privation de sommeil a un impact profond sur votre santé mentale. Outre les effets immédiats tels que l'irritabilité et la difficulté de concentration, le manque de sommeil à long terme est associé à un risque accru de développer des problèmes de santé mentale tels que la dépression et l'anxiété. Lorsque vous ne dormez pas suffisamment, les mécanismes de régulation émotionnelle du cerveau peuvent être altérés, vous rendant plus vulnérable aux fluctuations émotionnelles et au stress chronique.

Pratiques d'hygiène du sommeil pour améliorer la qualité du sommeil: L'hygiène du sommeil implique l'adoption de pratiques saines pour améliorer la qualité du sommeil. Établir des horaires réguliers pour dormir et se réveiller aide à réguler votre rythme circadien, favorisant une routine de sommeil cohérente. De plus, créer un environnement propice au sommeil est essentiel. Cela inclut garder la chambre sombre, silencieuse et à une température confortable. Limiter l'exposition aux appareils électroniques avant le coucher est important, car la lumière bleue émise par ces appareils peut perturber la production de mélatonine, l'hormone du sommeil.

L'harmonie entre le corps et l'esprit: Le lien entre la qualité du sommeil et la santé mentale est profond. Prioriser un sommeil adéquat n'est pas seulement un élément crucial de l'auto-soin, mais aussi un moyen de nourrir votre esprit. En adoptant des pratiques d'hygiène du sommeil et en accordant à votre esprit le repos dont il a besoin, vous créez une base solide pour votre bien-être émotionnel. Rappelez-vous que le sommeil est un outil puissant pour votre santé mentale, et en investissant dans cet aspect de l'auto-soin, vous contribuez à votre résilience émotionnelle et à une vie plus équilibrée.

La gestion du stress

Le stress est une partie inévitable de la vie, mais la façon dont vous y faites face peut faire toute la différence pour votre santé mentale. Le lien entre le stress physique et émotionnel est profond, et comprendre comment gérer le stress de manière efficace est essentiel pour promouvoir votre bien-être émotionnel. Explorons davantage le stress, son impact sur la santé mentale et les pratiques de gestion du stress qui peuvent aider :

L'interconnexion entre le stress physique et émotionnel : Lorsque vous êtes confronté à une situation stressante, votre corps entre en mode de réponse au stress, libérant des hormones telles que le cortisol. Bien que ce mécanisme soit une réponse naturelle pour survivre, le stress chronique peut avoir des effets nocifs sur votre santé mentale. L'excès de cortisol, par exemple, peut nuire à la fonction cérébrale, affectant la mémoire, la concentration et la régulation émotionnelle. De plus, le stress chronique peut contribuer au développement de troubles tels que la dépression et l'anxiété.

Utilisation d'outils de gestion du stress : Heureusement, il existe plusieurs outils et pratiques qui peuvent aider à réduire l'impact du stress sur votre santé mentale :

Méditation : La méditation est une pratique millénaire qui implique de concentrer l'esprit pour créer une clarté mentale et réduire le stress. La méditation régulière peut aider à calmer l'esprit, à réduire l'anxiété et à augmenter la résilience émotionnelle.

Yoga: Le yoga associe le mouvement physique à des techniques de respiration et de méditation, offrant une approche holistique de la gestion du stress. Il aide non seulement à détendre le corps, mais aussi à cultiver la conscience et la présence dans le moment présent.

Techniques de respiration profonde: La respiration profonde est un outil simple et efficace pour réduire immédiatement le stress. Pratiquer une respiration profonde calme le système nerveux, réduisant la réponse au stress.

Exercices de relaxation: Les exercices de relaxation, tels que la tension et le relâchement musculaire progressif, peuvent aider à libérer la tension accumulée dans le corps. Ces pratiques favorisent la détente et une sensation de calme.

L'impact positif de la gestion du stress sur la santé mentale: Lorsque vous adoptez des pratiques de gestion du stress, vous créez un espace pour la stabilité émotionnelle. Ces pratiques aident non seulement à réduire les niveaux de cortisol et à calmer le système nerveux, mais elles favorisent également l'autocompassion et l'autorégulation émotionnelle. En incorporant ces outils dans votre routine, vous investissez dans votre bien-être émotionnel à long terme.

La gestion du stress est une compétence qui peut être améliorée avec le temps et la pratique. En priorisant les pratiques de relaxation et d'auto-soin, vous construisez une base solide pour faire face aux défis avec résilience et nourrir votre santé mentale de manière globale.

Le lien entre l'esprit et le corps est bidirectionnel, où l'auto-soin physique influence la santé mentale et vice versa. Prioriser un sommeil adéquat et la gestion du stress procure non seulement des avantages physiques, mais crée également une base solide pour la stabilité émotionnelle. En adoptant des pratiques d'auto-soin qui favorisent la santé à la fois du corps et de l'esprit, vous investissez dans votre bien-être global.

Prenez conscience que ce voyage est continu et exige un engagement constant, mais les résultats en termes d'équilibre émotionnel et de qualité de vie sont inestimables.

Exercice et endorphines: Un duo puissant

La relation entre l'exercice physique et le bien-être émotionnel est profondément impactante. Non seulement l'exercice est bénéfique pour le corps, mais il déclenche également une série de réactions chimiques dans le cerveau qui contribuent à une amélioration significative de la santé mentale. Plongeons plus profondément dans cette connexion et comprenons comment les endorphines jouent un rôle essentiel dans ce processus:

Endorphines et plaisir émotionnel

Les endorphines, connues sous le nom d'hormones du bien-être, jouent un rôle fondamental dans le lien entre l'exercice physique et le bien-être émotionnel. Ces substances chimiques sont produites naturellement par le corps en réponse à l'activité physique et ont des effets remarquables sur l'humeur et les émotions. Explorons plus en profondeur comment les endorphines influent sur le plaisir émotionnel et pourquoi elles sont si cruciales pour notre santé mentale:

Activation des endorphines: Lorsque vous vous engagez dans des activités physiques qui augmentent la fréquence cardiaque et stimulent les muscles, comme la course à pied, un cours de danse animé ou même un entraînement en résistance, votre corps réagit de manière notable. Il libère des endorphines comme récompense naturelle pour l'effort physique que vous fournissez. Ces endorphines agissent comme des messagers chimiques qui se lient aux récepteurs cérébraux, déclenchant une série de réponses neurochimiques qui affectent positivement votre état émotionnel.

Réduction de la perception de la douleur et du stress: Une des caractéristiques les plus marquantes des endorphines est leur capacité à réduire la perception de la douleur. Cela se produit car elles interagissent avec les récepteurs de la douleur dans le cerveau, réduisant la sensation d'inconfort et favorisant un sentiment de soulagement. De plus, les endorphines jouent également un rôle crucial dans la gestion du stress. Lorsqu'elles sont libérées, elles ont la capacité de réduire les niveaux de cortisol, l'hormone du stress, contribuant ainsi à une sensation générale de détente et de bien-être.

Sensations de plaisir et d'euphorie: Outre la réduction de la douleur et du stress, les endorphines ont un impact remarquable sur les sensations de plaisir et d'euphorie. La libération de ces composés chimiques est associée à une sensation de récompense et de satisfaction après l'exercice. C'est pourquoi de nombreuses personnes déclarent ressentir une vague de bonheur et de contentement après une séance d'exercice vigoureuse. Cette sensation d'euphorie est souvent appelée "euphorie du coureur" et est vécue par de nombreux athlètes après de longues courses intenses.

L'importance de l'exercice régulier: Comprendre la relation entre les endorphines et le plaisir émotionnel souligne l'importance de l'exercice régulier pour la santé mentale. L'exercice n'est pas seulement un moyen d'améliorer la forme physique, mais aussi un moyen puissant de promouvoir un état émotionnel positif. En participant à des activités physiques qui stimulent la libération d'endorphines, vous investissez dans votre santé mentale de manière holistique, récoltant les bienfaits d'une amélioration de l'humeur, d'une plus grande résilience et d'une perspective plus optimiste de la vie.

Réduction du stress et de l'anxiété

Les endorphines, les "hormones du bien-être", favorisent non seulement les sensations de plaisir et d'euphorie, mais jouent également un rôle significatif dans la réduction du stress et de l'anxiété. Le lien entre l'activité physique, la libération d'endorphines et la stabilité émotionnelle est profond et crucial pour comprendre comment prendre soin à la fois de l'esprit et du corps. Explorons plus en détail comment les endorphines influent sur la tranquillité émotionnelle:

Mécanismes de réduction du stress: Lorsque vous vous engagez dans des exercices physiques, tels qu'une marche énergisante ou une séance de yoga relaxante, le corps se met en action pour libérer des endorphines. Ces composés chimiques interagissent avec les récepteurs cérébraux, entraînant une cascade de réponses neurochimiques. L'une des réponses les plus remarquables est la réduction des niveaux de cortisol, l'hormone du stress.

Action du cortisol: Le cortisol est une hormone libérée par le corps en réponse au stress. Bien qu'il s'agisse d'une réponse naturelle et adaptative dans des situations de danger ou de défi, des niveaux élevés de cortisol de manière chronique peuvent avoir des effets néfastes sur la santé mentale et physique. Des niveaux élevés de cortisol sont associés à des symptômes d'anxiété, d'irritabilité, de difficulté de concentration et même de dépression.

Bénéfices durables: L'effet de la libération d'endorphines n'est pas seulement momentané. Lorsque vous faites de l'exercice et que vous ressentez la diminution des niveaux de cortisol, cette sensation de relaxation et de soulagement peut continuer à influencer votre état émotionnel après l'activité physique. C'est l'une des raisons pour lesquelles de nombreuses personnes déclarent se sentir plus calmes, équilibrées et en paix après une séance d'exercices.

Une approche naturelle pour la tranquillité émotionnelle: Le lien entre la libération d'endorphines et la réduction du stress est une approche naturelle et puissante pour améliorer la santé mentale. Alors que le stress est une partie inévitable de la vie, trouver des moyens sains de le gérer est essentiel pour maintenir l'équilibre émotionnel. L'exercice aide non seulement à réduire les niveaux de cortisol, mais favorise également un sentiment de contrôle sur les sentiments d'anxiété et de nervosité.

Intégration de pratiques régulières: La clé pour récolter les bienfaits émotionnels de la libération d'endorphines est la pratique régulière de l'exercice. Intégrer des activités physiques dans votre routine quotidienne vous permet de ressentir ces effets positifs de manière cohérente. En vous engageant dans une pratique régulière de l'exercice, vous investissez dans votre bien-être émotionnel à long terme.

Élévation de l'humeur et du bien-être

La relation entre la libération des endorphines et l'élévation de l'humeur est l'une des raisons pour lesquelles l'exercice physique est considéré comme un outil précieux dans la gestion de la santé mentale. L'influence des endorphines sur le bien-être émotionnel va au-delà du simple soulagement du stress, englobant également l'amélioration de l'humeur et la promotion d'une mentalité positive. Explorons plus en profondeur ce lien:

Neurotransmetteurs du plaisir et de l'euphorie: Les endorphines sont connues comme des neurotransmetteurs du plaisir et de l'euphorie. Lorsque vous vous engagez dans des activités physiques telles que la course, la natation, la danse ou même la marche, votre corps commence à libérer ces substances chimiques naturelles. Elles interagissent avec les récepteurs cérébraux, déclenchant des sensations de plaisir, de satisfaction et d'euphorie.

Impact sur la dépression et l'anxiété: La relation entre la libération des endorphines et l'amélioration de l'humeur est particulièrement pertinente pour les personnes luttant contre la dépression et l'anxiété. La dépression se caractérise souvent par un sentiment persistant de tristesse, un manque d'intérêt et un faible niveau d'énergie. L'anxiété, quant à elle, est associée à une sensation constante d'agitation et d'appréhension. L'exercice régulier peut être un moyen efficace de lutter contre ces symptômes, car la libération d'endorphines favorise des sentiments de joie et de bien-être, tout en réduisant la sensation d'angoisse et de tension.

Promouvoir une mentalité positive: Le lien entre les endorphines et une humeur positive contribue également à promouvoir une mentalité optimiste. Lorsque vous éprouvez des moments de plaisir et d'euphorie pendant ou après l'exercice, cela influence votre perspective générale de la vie. Se sentir bien physiquement et émotionnellement peut conduire à une attitude plus positive envers les défis et les situations du quotidien.

Intégration dans la routine quotidienne: L'intégration régulière d'une activité physique dans votre routine quotidienne est un moyen efficace de récolter les bienfaits des endorphines pour améliorer l'humeur et le bien-être. Que ce soit en marchant, en dansant, en pratiquant le yoga ou en faisant de l'exercice à la salle de sport, consacrer du temps à des activités qui favorisent la libération de ces neurotransmetteurs positifs peut avoir un impact durable sur votre santé mentale.

L'intégration de l'exercice dans la routine d'auto-soins

L'exercice physique transcende les avantages purement physiques et joue un rôle central dans la promotion du bien-être émotionnel. En incorporant l'exercice dans votre routine d'auto-soins, vous adoptez une approche globale pour nourrir à la fois le corps et l'esprit. Cette pratique peut avoir un impact profond sur votre santé mentale et émotionnelle, offrant une série de avantages qui vont au-delà de la condition physique. Explorons plus en profondeur cette connexion:

Une approche holistique des soins personnels: Les soins personnels vont au-delà du simple traitement du corps physique. Cela implique de prendre soin de tous les aspects de votre santé, y compris votre santé mentale et émotionnelle. L'exercice, dans ce contexte, devient un outil puissant qui embrasse cette approche holistique. En prenant soin de votre corps par l'activité physique, vous impactez également positivement votre esprit, améliorant votre humeur, soulageant le stress et augmentant votre bien-être général.

Les effets bénéfiques des endorphines: La libération d'endorphines pendant l'exercice est l'un des principaux mécanismes par lesquels le corps et l'esprit en bénéficient. Ces neurotransmetteurs naturels agissent comme des analgésiques naturels, réduisant le stress et favorisant les sentiments de plaisir et de satisfaction. Cette sensation d'euphorie améliore non seulement l'humeur immédiatement après l'exercice, mais crée également un effet cumulatif au fil du temps, contribuant à un état émotionnel plus équilibré et positif.

Résilience et positivité: L'intégration régulière de l'exercice dans votre routine d'auto-soins peut renforcer votre résilience émotionnelle. Lorsque vous expérimentez les effets positifs des endorphines et observez les améliorations dans votre bien-être émotionnel, vous créez une base solide pour faire face aux défis de la vie avec plus de positivité et de confiance. L'amélioration du bien-être émotionnel résultant de l'exercice peut aider à atténuer les impacts des adversités, vous permettant de récupérer plus rapidement et de faire face aux difficultés avec une mentalité plus optimiste.

Un parcours d'autonomisation: L'intégration de l'exercice dans votre routine d'auto-soins est un parcours d'autonomisation. En vous engageant à prendre soin de votre corps et de votre esprit par l'activité physique, vous prenez des mesures concrètes pour améliorer votre qualité de vie. Cette pratique constante d'auto-soins crée un cycle positif où l'augmentation du bien-être émotionnel vous motive à continuer d'investir dans votre santé.

Trouver l'équilibre: Il est important de trouver un équilibre qui fonctionne pour vous en intégrant l'exercice dans votre routine. Choisissez des activités que vous appréciez et qui correspondent à vos préférences et besoins. Gardez à l'esprit que l'objectif n'est pas seulement d'atteindre des objectifs physiques, mais aussi d'adopter les effets bénéfiques de l'exercice sur votre santé mentale et émotionnelle.

L'intégration de l'exercice dans la routine d'auto-soins est une approche globale pour améliorer la qualité de votre vie. En expérimentant les effets des endorphines et les avantages émotionnels de l'exercice, vous vous donnez les moyens de relever les défis avec résilience et de cultiver une mentalité plus positive et optimiste.

Rappelez-vous que toute forme de mouvement est valable. Trouvez des activités physiques que vous appréciez et qui s'intègrent à votre mode de vie. Commencez par de petits pas et augmentez progressivement l'intensité et la durée de l'exercice. La constance est la clé pour récolter les avantages émotionnels de l'exercice. Ainsi, cherchez à intégrer régulièrement des activités physiques dans votre vie et profitez des récompenses durables pour votre santé mentale.

Alimentation nutritive: Nourrir le corps et l'esprit

La relation entre l'alimentation et la santé mentale attire de plus en plus l'attention, et à juste titre. Ce que vous choisissez de mettre dans votre corps peut avoir un impact profond sur le fonctionnement de votre cerveau, votre humeur et vos niveaux d'énergie. Une alimentation nutritive soutient non seulement votre corps, mais joue également un rôle significatif dans le maintien de la santé émotionnelle et mentale. Explorons davantage comment l'alimentation peut influencer votre santé mentale:

Régulation des neurotransmetteurs

La régulation adéquate des neurotransmetteurs est essentielle pour la santé mentale et émotionnelle. Ces messagers chimiques jouent des rôles essentiels dans la communication entre les cellules nerveuses et affectent directement notre humeur, nos émotions et même notre comportement. Certains neurotransmetteurs, tels que la sérotonine et la dopamine, sont étroitement liés au bien-être émotionnel. Comment certains nutriments peuvent contribuer à la régulation saine de ces neurotransmetteurs:

Acides gras oméga-3: Les acides gras oméga-3 sont considérés comme des acides gras essentiels, ce qui signifie que le corps ne peut pas les produire par lui-même et doit donc les obtenir par l'alimentation. Ces acides gras jouent un rôle crucial dans l'intégrité des membranes cellulaires, y compris les cellules du cerveau. De plus, ils sont associés à une augmentation des niveaux de sérotonine et de dopamine, contribuant ainsi à un humeur plus équilibrée et à un plus grand bien-être émotionnel. Les sources d'oméga-3 comprennent les poissons gras tels que le saumon et les sardines, ainsi que les graines de chia, de lin et les noix.

Vitamines du complexe B: Les vitamines du complexe B, comme la B6, la B9 (acide folique) et la B12, jouent un rôle crucial dans la synthèse et la régulation des neurotransmetteurs tels que la sérotonine et la dopamine. La vitamine B6, par exemple, est un cofacteur nécessaire dans la conversion du tryptophane en sérotonine. L'acide folique est associé à des niveaux plus élevés de sérotonine, tandis que la vitamine B12 est essentielle à la formation des neurotransmetteurs et à la santé générale du système nerveux. Les aliments riches en vitamines du complexe B comprennent les feuilles vertes foncées, les légumineuses, les œufs, les viandes maigres et les céréales complètes.

Vitamine D: La vitamine D, connue sous le nom de vitamine du soleil, joue également un rôle dans la régulation des neurotransmetteurs et est liée à la santé mentale. Une carence en vitamine D a été associée à une prévalence plus élevée de dépression. La vitamine D est impliquée dans la production de sérotonine et de dopamine, et l'exposition au soleil est l'un des principaux moyens pour le corps de produire cette vitamine. Les aliments fortifiés, les poissons gras et les œufs sont également des sources de vitamine D.

Minéraux tels que le magnésium et le zinc: Les minéraux comme le magnésium et le zinc sont essentiels pour de nombreuses réactions biochimiques dans le corps, y compris la production de neurotransmetteurs. Le magnésium, par exemple, est impliqué dans l'activation des enzymes responsables de la conversion du tryptophane en sérotonine. Le zinc joue également un rôle dans la modulation des neurotransmetteurs et la régulation de l'humeur. Les aliments riches en magnésium comprennent les feuilles vertes, les noix, les graines et les céréales complètes, tandis que le zinc peut être trouvé dans les viandes maigres, les légumineuses et les graines.

L'alimentation joue un rôle puissant dans la régulation des neurotransmetteurs qui affectent notre bien-être émotionnel. Choisir des aliments riches en acides gras oméga-3, en vitamines du complexe B, en vitamine D et en minéraux tels que le magnésium et le zinc peut contribuer à la régulation adéquate de ces neurotransmetteurs et favoriser un état émotionnel plus équilibré. Intégrer une alimentation équilibrée et variée est essentiel pour vous assurer de fournir à votre corps les nutriments nécessaires pour une santé mentale et émotionnelle optimale.

Impact sur l'inflammation

La relation entre l'alimentation et la santé mentale va au-delà de la simple nutrition du cerveau. Le choix des aliments peut avoir un impact profond sur les niveaux d'inflammation dans le corps, ce qui est lié à la santé mentale. Comment l'alimentation peut affecter l'inflammation et, par conséquent, la santé émotionnelle:

Alimentation et inflammation: Une alimentation riche en aliments transformés, en graisses saturées et en sucres raffinés a été associée à une augmentation des niveaux d'inflammation chronique dans le corps. L'inflammation est une réponse naturelle du système immunitaire aux blessures ou aux infections, mais l'inflammation chronique de bas grade peut se produire lorsque le corps est constamment exposé à des aliments qui déclenchent cette réponse immunitaire. Cet état inflammatoire prolongé a été associé à plusieurs problèmes de santé, y compris des troubles de l'humeur tels que la dépression et l'anxiété.

Inflammation et santé mentale: L'inflammation chronique peut affecter le fonctionnement cérébral et la santé mentale de plusieurs façons. Elle peut interférer avec la production et la régulation des neurotransmetteurs tels que la sérotonine et la dopamine, qui jouent un rôle crucial dans l'équilibre émotionnel. De plus, l'inflammation peut affecter l'intégrité de la barrière hémato-encéphalique, une structure qui protège le cerveau contre les substances potentiellement nocives. Lorsque la barrière hémato-encéphalique est compromise, il peut y avoir une augmentation de l'entrée de molécules inflammatoires dans le cerveau, ce qui peut contribuer aux symptômes de dépression, d'anxiété et d'autres troubles mentaux.

Antioxydants et aliments anti-inflammatoires: D'autre part, les aliments riches en antioxydants ont des propriétés anti-inflammatoires qui peuvent aider à combattre l'inflammation dans le corps et à promouvoir la santé mentale. Les antioxydants sont des composés qui neutralisent les radicaux libres, des molécules instables qui peuvent endommager les cellules et déclencher des réponses inflammatoires. Des aliments tels que les fruits et légumes colorés, les noix, les graines, le thé vert et des épices comme le curcuma contiennent des antioxydants qui peuvent aider à réduire l'inflammation et à protéger la santé du cerveau.

Le lien entre l'alimentation, l'inflammation et la santé mentale met en évidence l'importance de choisir des aliments qui favorisent un environnement anti-inflammatoire dans le corps. Opter pour une alimentation riche en aliments entiers, tels que les fruits, les légumes, les noix, les graines, les poissons gras et les céréales complètes, et limiter la consommation d'aliments transformés, de sucres raffinés et de graisses saturées, peut contribuer à réduire l'inflammation et à soutenir la santé mentale. N'oubliez pas que le choix d'aliments nutritifs nourrit non seulement le corps, mais joue également un rôle crucial dans l'équilibre émotionnel et la santé mentale globale.

Équilibre du sucre dans le sang

La relation entre l'alimentation et la santé mentale est complexe et multifacette. Un aspect fondamental à prendre en compte est l'équilibre du sucre dans le sang, qui joue un rôle crucial dans le fonctionnement cérébral, l'humeur et l'énergie. Comment le choix des types de glucides peut influencer votre équilibre glycémique et, par conséquent, votre santé mentale:

Impact des glucides sur le sucre dans le sang: Les glucides sont une source importante d'énergie pour le corps. Cependant, tous les glucides ne sont pas égaux. Les glucides simples, présents dans des aliments tels que les sucres raffinés et les produits céréaliers raffinés, sont rapidement digérés et absorbés par le corps, entraînant des pics rapides de sucre dans le sang. Ces pics sont souvent suivis de chutes tout aussi rapides, ce qui peut entraîner des sensations d'irritabilité, de fatigue et des changements d'humeur.

Glucides complexes et stabilité: D'un autre côté, opter pour des glucides complexes, tels que les grains entiers, les légumes et les légumineuses, peut contribuer à maintenir un équilibre plus stable du sucre dans le sang tout au long de la journée. Les glucides complexes sont digérés plus lentement en raison de la présence de fibres et d'autres nutriments. Cela entraîne une libération progressive du glucose dans le sang, évitant ainsi les pics et les chutes marquées du taux de sucre dans le sang. Cette stabilité dans les niveaux de sucre dans le sang contribue à une sensation constante d'énergie et de bien-être.

Équilibre de l'énergie et de l'humeur: L'équilibre du sucre dans le sang joue un rôle significatif dans l'humeur et l'énergie. Les pics rapides et les chutes subséquentes des taux de sucre dans le sang peuvent entraîner des changements brusques d'humeur, des sentiments d'irritabilité, d'anxiété et même de dépression. En revanche, maintenir un équilibre stable du sucre dans le sang contribue à favoriser une sensation d'énergie, de concentration et d'humeur équilibrée plus constante.

Le choix des types de glucides que vous consommez joue un rôle essentiel dans la régulation du sucre dans le sang et, par conséquent, dans votre santé mentale. Opter pour des glucides complexes et les associer à des protéines maigres et des fibres peut aider à maintenir un équilibre plus stable du sucre dans le sang, contribuant ainsi à une sensation constante d'énergie, d'humeur positive et de bien-être émotionnel. N'oubliez pas que la nutrition est une partie essentielle de l'auto-soin, et faire des choix alimentaires conscients peut avoir un impact positif sur votre santé mentale globale.

L'importance de l'hydratation

L'hydratation adéquate est un élément essentiel de l'auto-soin qui joue un rôle vital dans le bon fonctionnement du corps et de l'esprit. L'eau est essentielle à de nombreuses fonctions biologiques et a un impact direct sur la santé mentale. Pourquoi l'hydratation est cruciale pour le bien-être émotionnel:

Fonctionnement cérébral et concentration: Le cerveau dépend fortement d'une hydratation adéquate pour fonctionner correctement. La déshydratation peut avoir un impact négatif sur les fonctions cognitives, la mémoire et la concentration. Même un léger manque d'hydratation peut entraîner des difficultés à se concentrer, à traiter les informations et à prendre des décisions. Rester hydraté est essentiel pour que votre cerveau fonctionne efficacement, ce qui influence à son tour votre état mental et émotionnel.

Équilibre émotionnel: L'hydratation joue un rôle crucial dans l'équilibre émotionnel. La déshydratation peut entraîner des changements d'humeur, se traduisant par des sentiments d'irritabilité, d'anxiété et même de dépression. L'eau est nécessaire à une production adéquate de neurotransmetteurs, tels que la sérotonine, qui est associée au bien-être émotionnel. Rester hydraté contribue à promouvoir un état émotionnel plus équilibré et positif.

Intégration de la santé physique et mentale: Le lien entre l'hydratation et la santé mentale fait partie d'un système plus vaste et interconnecté. La déshydratation peut avoir un impact sur la santé physique, entraînant des maux de tête, de la fatigue et un dysfonctionnement des organes. Ces problèmes physiques peuvent également influencer négativement l'état mental, conduisant à des sentiments d'inconfort et d'irritation. En restant hydraté, vous prenez soin à la fois de votre corps et de votre esprit, favorisant ainsi un équilibre holistique.

L'auto-soin physique est une partie intégrante du parcours de guérison de la dépression. En priorisant l'exercice régulier, une alimentation nutritive et d'autres aspects de l'auto-soin, vous vous donnez les moyens de faire face aux défis émotionnels avec plus de résilience et de positivité. N'oubliez pas que de petits changements peuvent avoir un grand impact sur votre santé mentale, vous aidant à mener une vie plus équilibrée et épanouie.

6

GESTION DU STRESS ET DE L'ANXIÉTÉ

*Dans l'équilibre entre le chaos et le calme,
nous trouvons la sérénité que nous cherchons.*

La gestion du stress et de l'anxiété est un élément fondamental des soins de santé mentale. La dépression, le stress et l'anxiété sont souvent interconnectés, et apprendre à faire face à ces défis peut considérablement améliorer la qualité de vie. Dans ce chapitre, nous explorerons des stratégies efficaces pour aborder ces défis et intégrer des pratiques de détente et d'auto-soin dans votre vie quotidienne.

La relation entre dépression, stress et anxiété

La dépression, le stress et l'anxiété sont des états souvent interdépendants et peuvent avoir un impact profond sur la santé mentale et émotionnelle. L'interconnexion entre ces états émotionnels complexes peut créer un cycle néfaste. Le stress chronique, par exemple, peut agir comme déclencheur du développement ou de l'aggravation des symptômes d'anxiété et de dépression. De même, une anxiété constante peut contribuer à des niveaux élevés de stress. De plus, la dépression est souvent associée à des sentiments de stress et d'anxiété, formant un réseau d'émotions négatives qui peuvent affecter considérablement la qualité de vie.

Pratique de la conscience de soi

La conscience de soi est une compétence essentielle pour faire face aux défis émotionnels du stress, de l'anxiété et de la dépression. Elle implique la capacité d'observer et de reconnaître vos propres pensées, émotions et comportements de manière objective et sans jugement. En cultivant la conscience de soi, vous pouvez repérer les signes précoces de ces conditions, vous permettant de prendre des mesures préventives et des stratégies d'adaptation plus efficaces. Plus de détails sur la façon de pratiquer la conscience de soi:

Observer les signes précoces: Soyez attentif aux changements subtils dans votre état émotionnel. Cela inclut être conscient des fluctuations de votre humeur, de vos niveaux d'énergie et de vos habitudes de sommeil. Par exemple, vous pouvez remarquer si vous vous sentez plus fatigué que d'habitude, si vous avez du mal à dormir ou si vous traversez des variations dans votre humeur.

Notes et journal émotionnel: Tenir un journal émotionnel peut être un outil précieux pour la conscience de soi. Prenez du temps chaque jour pour écrire sur ce que vous ressentez, ce qui occupe votre esprit et tout événement significatif de la journée. Cela peut vous aider à identifier les schémas de pensées et d'émotions récurrents.

Pratique de la pleine conscience: La pratique de la pleine conscience consiste à être présent dans l'instant présent sans jugement. Cela signifie observer vos pensées et émotions sans y réagir automatiquement. La méditation de pleine conscience peut vous aider à développer cette compétence, vous permettant d'observer vos pensées et vos sentiments sans vous laisser emporter par eux.

Recherche des déclencheurs: Identifier les déclencheurs de stress, d'anxiété ou de dépression peut vous aider à mieux comprendre vos réactions émotionnelles. Ces déclencheurs peuvent être des situations, des endroits, des personnes ou des pensées spécifiques qui déclenchent des sentiments négatifs. En reconnaissant vos déclencheurs, vous pouvez être mieux préparé à les affronter lorsqu'ils se présentent.

Auto-évaluation régulière: Faites régulièrement une auto-évaluation de votre état émotionnel. Prenez le temps de vous demander comment vous faites face au stress et si vous ressentez des symptômes d'anxiété ou de dépression. Cette pratique régulière d'auto-examen peut vous aider à rester plus connecté à vos émotions.

Intervention précoce: La conscience de soi vous permet d'intervenir précocement lorsque vous remarquez des signes de stress, d'anxiété ou de dépression. Au lieu d'attendre que ces sentiments s'intensifient, vous pouvez prendre des mesures préventives, telles que pratiquer des techniques de relaxation, chercher un soutien social ou demander de l'aide professionnelle si nécessaire.

En résumé, la pratique de la conscience de soi implique d'observer attentivement vos propres pensées et émotions, vous permettant de reconnaître les signes précoces de stress, d'anxiété et de dépression. En étant conscient de ce que vous ressentez, vous pouvez adopter une approche proactive pour faire face à ces défis émotionnels et chercher le soutien nécessaire pour promouvoir votre santé mentale et votre bien-être émotionnel.

Établissez des limites

Établir des limites sains est une compétence essentielle pour faire face au stress et à l'anxiété de manière efficace. Il est fondamental de reconnaître que vous avez une valeur inhérente et méritez de prendre soin de vous. Définir des limites claires dans vos responsabilités et engagements est une façon de protéger votre santé mentale et émotionnelle. Plus de détails sur la manière d'établir et de maintenir des limites saines:

Reconnaître le besoin de limites: La surcharge constante de tâches et de responsabilités peut entraîner un niveau élevé de stress et d'anxiété. Il est important de reconnaître quand vous vous sentez dépassé et que vos limites sont franchies. Faire attention aux signaux d'alarme, tels que l'épuisement, l'irritabilité et le manque de motivation, peut vous aider à identifier quand il est temps d'établir des limites.

Apprendre à dire "non": Dire "non" est une compétence importante pour protéger votre bien-être émotionnel. Vous n'avez pas besoin d'accepter toutes les demandes qui se présentent. Évaluez soigneusement vos priorités et vos engagements avant d'assumer de nouvelles responsabilités. Sachez que dire "non" n'est pas de l'égoïsme ; c'est un acte d'auto-disponibilité et d'auto-soin.

Donner la priorité à vos responsabilités: Établissez des priorités claires dans vos responsabilités et engagements. Identifiez ce qui est le plus important et précieux pour vous. En vous concentrant sur les activités qui ont un impact significatif sur votre vie, vous pouvez éviter de disperser votre énergie dans des tâches moins pertinentes et stressantes.

Communiquer vos limites: Communiquez vos limites de manière claire et respectueuse envers les autres. Soyez honnête quant à vos capacités et disponibilité. Expliquez que vous vous engagez envers votre bien-être émotionnel et que vous avez besoin d'équilibrer vos responsabilités de manière saine.

Pratiquer l'auto-soin: Donnez la priorité à l'auto-soin en tant qu'élément fondamental de l'établissement de limites saines. Prenez du temps pour vous reposer, vous détendre et participer à des activités qui vous revitalisent, c'est essentiel pour éviter la surcharge et l'épuisement. L'auto-soin inclut également la pratique régulière de techniques de relaxation, telles que la méditation, les exercices de respiration profonde et le yoga.

Apprendre à gérer la culpabilité: Établir des limites peut parfois déclencher des sentiments de culpabilité, surtout lorsque vous vous souciez des attentes des autres. Rappelez-vous que prendre soin de vous n'est pas de l'égoïsme, c'est une façon de vous assurer que vous êtes émotionnellement bien pour soutenir les autres de manière saine.

Évaluation et ajustement constants: Soyez ouvert à la réévaluation de vos limites à mesure que les circonstances changent. Ce qui était réalisable à un moment peut ne pas l'être à un autre. Soyez flexible dans l'ajustement de vos limites en fonction de vos besoins et de votre situation actuelle.

Avantages des limites saines: Établir des limites saines réduit non seulement le stress et l'anxiété, mais favorise également un sentiment de contrôle sur votre vie et votre bien-être émotionnel. En définissant des limites, vous vous donnez le pouvoir de prendre des décisions éclairées qui favorisent votre santé mentale et émotionnelle à long terme.

En résumé, établir des limites saines est une façon efficace de gérer le stress et l'anxiété. Reconnaissez l'importance de prendre soin de vous et soyez prêt à défendre vos besoins émotionnels. En établissant et en maintenant des limites, vous investissez dans votre propre bien-être et favorisez une vie plus équilibrée et gratifiante.

Établissez des objectifs réalistes

La définition d'objectifs réalistes joue un rôle fondamental dans la gestion du stress et de l'anxiété. Des objectifs inatteignables peuvent créer une pression excessive et entraîner des sentiments de frustration et d'inadéquation. En revanche, établir des objectifs atteignables et mesurables peut être une approche efficace pour aborder les défis de manière plus saine et positive. L'importance d'établir des objectifs réalistes comprend:

Réduction du stress et de la pression: Fixer des objectifs qui sont hors de portée immédiate peut créer une pression inutile. Cela se produit car vous pouvez vous sentir constamment submergé et préoccupé par l'atteinte de ces objectifs impossibles. Cette pression supplémentaire peut augmenter considérablement les niveaux de stress, rendant plus difficile la gestion des défis quotidiens.

Célébration des petites victoires: En établissant des objectifs réalistes, vous créez des occasions de célébrer les petites victoires en cours de route.

Lorsque vous atteignez ces petites étapes, il est plus probable que vous ressentiez un sentiment d'accomplissement et de confiance en vous. Ces sentiments positifs peuvent compenser les moments de stress et d'anxiété, renforçant votre résilience émotionnelle.

Concentration sur le parcours: Les objectifs réalistes vous permettent de vous concentrer sur le chemin, plutôt que seulement sur la destination finale. Cela signifie que vous pouvez apprécier les progrès que vous faites à chaque étape, au lieu de vous sentir constamment insatisfait de ne pas avoir atteint un objectif inatteignable. Cette focalisation sur le parcours peut aider à réduire le stress et l'anxiété liés à la nécessité d'obtenir des résultats immédiats.

Augmentation de la confiance en soi: Le succès dans l'atteinte d'objectifs réalistes renforce votre confiance en vous. À mesure que vous atteignez les objectifs que vous vous êtes fixés, vous développez une croyance en votre capacité à relever les défis et à surmonter les obstacles. Cette confiance en soi peut être un outil puissant pour faire face au stress et à l'anxiété, car vous savez que vous êtes capable de faire face aux situations qui se présentent.

Moins de comparaisons sociales: Les objectifs réalistes aident également à éviter le piège de la comparaison sociale. Lorsque vous définissez des objectifs qui sont vrais pour vous et vos circonstances, vous avez moins tendance à vous comparer aux autres et à ressentir la pression de répondre aux attentes des autres. Cela peut soulager le stress causé par une préoccupation excessive de ce que pensent les autres.

En résumé, établir des objectifs réalistes est une stratégie efficace pour faire face au stress et à l'anxiété. En réduisant la pression, en célébrant les petites victoires, en se concentrant sur le parcours, en augmentant la confiance en soi et en évitant la comparaison sociale, vous créez un environnement plus propice à un bien-être émotionnel sain. N'oubliez pas que le parcours est unique pour chaque personne, et il est important de définir des objectifs qui reflètent vos besoins et capacités individuels.

Pratiquez la détente

La pratique régulière de techniques de relaxation peut être un outil puissant pour soulager le stress et l'anxiété. La méditation, la respiration profonde, le yoga et d'autres méthodes peuvent aider à apaiser l'esprit, à réduire la tension musculaire et à favoriser un sentiment de tranquillité. En incorporant ces techniques dans votre routine quotidienne, vous vous donnez les moyens de faire face aux défis émotionnels avec plus de calme et de clarté.

Techniques de relaxation: Méditation, respiration profonde et autres approches

Les techniques de relaxation sont des outils précieux pour réduire le stress et l'anxiété. Ces pratiques peuvent aider à apaiser l'esprit, réduire la tension musculaire et favoriser un état de tranquillité. Quelques techniques efficaces:

Méditation

La méditation est une pratique millénaire qui a le pouvoir d'apaiser l'esprit, de favoriser la clarté mentale et de soulager le stress. L'une des approches les plus connues est la méditation de pleine conscience, qui met l'accent sur l'attention portée au moment présent. Explorons plus en profondeur comment la méditation peut être un outil efficace pour gérer le stress et l'anxiété:

Méditation de pleine conscience: La méditation de pleine conscience, également appelée attention plénière, consiste à diriger consciemment votre attention vers le moment présent, sans jugement. Éléments clés de la méditation de pleine conscience:

Observation des pensées: Pendant la méditation de pleine conscience, vous êtes invité à observer vos pensées au fur et à mesure qu'elles surviennent, sans vous y attacher ni les juger. Cela vous permet de développer une relation plus saine avec vos pensées, réduisant ainsi la tendance à vous laisser emporter par les inquiétudes et les anxiétés.

Concentration sur la respiration: Une pratique courante dans la méditation de pleine conscience est de se concentrer sur la respiration. En dirigeant votre attention vers les sensations de la respiration, vous créez un point d'ancrage dans le moment présent. Cela aide à apaiser l'esprit et à s'éloigner des distractions mentales.

Réduction du stress: La méditation de pleine conscience a été associée à la réduction des niveaux de stress. En se concentrant sur le présent et en se détachant des pensées inquiétantes, vous pouvez réduire la réponse de lutte ou de fuite du corps, activée par le stress.

Amélioration de l'autorégulation émotionnelle: La pratique régulière de la méditation de pleine conscience renforce la capacité à réguler les émotions. Vous apprenez à observer vos émotions sans réagir de manière impulsive, ce qui aide à éviter les réponses émotionnelles excessives face aux défis.

Avantages de la méditation régulière: Outre le soulagement du stress et de l'anxiété, la méditation régulière offre une série d'avantages pour la santé mentale et émotionnelle. Parmi les principaux avantages, citons:

Clarté mentale: La pratique régulière de la méditation aide à calmer le tumulte des pensées, offrant ainsi une plus grande clarté mentale et concentration.

Renforcement de la résilience: La méditation cultive la résilience émotionnelle, vous permettant de faire face aux défis avec plus de calme et de perspective.

Amélioration du sommeil: La méditation peut améliorer la qualité du sommeil en réduisant les pensées anxieuses qui peuvent perturber le repos.

Conscience de soi: La méditation aide à développer une plus grande conscience de soi, vous permettant de reconnaître les schémas de pensées et de comportement.

Intégrer la méditation dans votre routine quotidienne peut être un moyen efficace d'améliorer votre santé mentale et émotionnelle. Commencez par de courtes sessions et augmentez progressivement la durée à mesure que vous vous familiarisez avec la pratique. Avec le temps, vous pourrez récolter les avantages d'un esprit plus calme, concentré et résilient.

Respiration profonde

La respiration profonde est une technique de relaxation pouvant être pratiquée n'importe où et à tout moment pour apaiser le système nerveux et réduire le stress. C'est un outil précieux pour rétablir l'équilibre émotionnel et favoriser une sensation de tranquillité. En savoir plus sur cette technique et ses avantages:

L'art de la respiration profonde: La technique de la respiration profonde consiste à inspirer lentement par le nez, permettant à l'air de remplir complètement les poumons. Ensuite, expirez doucement par la bouche, libérant tout l'air des poumons. L'accent est mis sur l'expansion complète de la cage thoracique pendant l'inspiration et la libération progressive de l'air pendant l'expiration.

Pendant que vous pratiquez la respiration profonde, concentrez-vous sur la sensation physique de la respiration. Ressentez le mouvement de l'air entrant et sortant de vos poumons, ainsi que l'expansion et la contraction de la poitrine et de l'abdomen.

Avantages pour le soulagement du stress: La respiration profonde stimule le système nerveux parasympathique, responsable de la réponse de relaxation du corps. Cela aide à réduire les niveaux de cortisol, l'hormone du stress, et favorise un sentiment de calme.

Pratiquer régulièrement la respiration profonde peut diminuer la fréquence cardiaque et la tension artérielle, qui ont tendance à augmenter dans les situations de stress.

Réduction de l'anxiété: La technique de la respiration profonde est efficace pour réduire les symptômes de l'anxiété. Se concentrer sur la respiration permet de détourner l'attention des pensées inquiétantes et de créer une sensation de présence dans le moment présent.

L'anxiété est souvent associée à une respiration superficielle et rapide. La respiration profonde va à l'encontre de cette tendance, augmentant l'apport d'oxygène pour le corps et le cerveau, ce qui peut contribuer à apaiser les sentiments de nervosité.

Réservez quelques minutes chaque jour: Vous pouvez pratiquer la respiration profonde pendant seulement quelques minutes chaque jour. Cela peut être particulièrement utile lorsque vous vous sentez dépassé ou anxieux.

Intégrez-la à votre routine: La respiration profonde peut être pratiquée n'importe où. Vous pouvez le faire pendant que vous êtes assis au travail, à la maison ou pendant un moment calme d'introspection.

Créez un environnement relaxant: Trouvez un endroit calme où vous pouvez vous concentrer sur la technique sans distractions. Cela aide à approfondir la pratique et à vivre une expérience de relaxation.

La respiration profonde est une technique simple mais puissante pour soulager le stress, apaiser l'esprit et favoriser une sensation de tranquillité. En intégrant cette pratique dans votre routine, vous créerez une ressource précieuse pour faire face aux défis émotionnels avec plus de sérénité et de clarté.

Yoga

Le yoga est une pratique millénaire qui combine des mouvements physiques doux, la focalisation sur la respiration et la pleine conscience pour promouvoir l'équilibre entre le corps et l'esprit. Cette approche holistique de l'auto-soin gagne en popularité pour ses bienfaits non seulement pour la santé physique, mais aussi pour la santé mentale. Comment le yoga peut être un outil efficace pour soulager le stress, l'anxiété et la dépression:

Intégration de l'esprit et du corps: Le yoga reconnaît l'interconnexion entre le corps et l'esprit. En associant des postures physiques (appelées asanas) à des techniques de respiration et de méditation, le yoga favorise un état d'équilibre global.

La pratique du yoga implique d'être présent dans le moment présent, en se concentrant sur l'exécution des postures et sur la sensation de la respiration. Cette pleine conscience peut aider à éloigner les pensées stressantes et à créer un espace mental plus calme.

Bienfaits pour soulager le stress: Le yoga stimule le système nerveux parasympathique, qui est responsable de la réponse de relaxation du corps. Cela aide à réduire la production de cortisol et à favoriser une sensation de calme et de détente.

La pratique régulière du yoga peut aider à soulager la tension musculaire, souvent symptôme physique du stress accumulé.

Réduction de l'anxiété: Le yoga encourage la respiration consciente et profonde, ce qui peut contribuer à interrompre les cycles de pensées anxieuses. Se concentrer sur la respiration et l'exécution des postures peut créer une sensation de tranquillité mentale.

La pleine conscience pratiquée pendant le yoga aide à éloigner les inquiétudes futures ou les remords passés, en se concentrant uniquement sur le présent. Cela peut être particulièrement bénéfique pour réduire l'anxiété.

Soulagement de la dépression: Le yoga a été associé à l'amélioration de l'humeur et à la réduction des symptômes de la dépression. La combinaison de mouvements doux, de respiration consciente et de pleine conscience peut créer une sensation de bien-être émotionnel.

La pratique du yoga peut stimuler la libération d'endorphines, des neurotransmetteurs reconnus pour leur rôle dans le soulagement du stress et la promotion du bien-être.

Intégrer le yoga dans votre vie: Choisissez un style qui vous convient: Il existe différents styles de yoga, des plus doux aux plus dynamiques. Choisissez celui qui correspond le mieux à vos besoins et préférences.

Pratiquez régulièrement: La régularité est essentielle pour récolter les bienfaits du yoga. Accordez régulièrement du temps à la pratique, même si ce n'est que quelques minutes chaque jour.

Écoutez votre corps: Le yoga consiste à respecter les limites de votre corps. Ne forcez pas les postures et adaptez votre pratique en fonction de vos besoins et de votre niveau de confort.

Le yoga offre une approche globale pour soulager le stress, l'anxiété et la dépression. En pratiquant cet art ancien, vous investissez dans votre bien-être émotionnel et physique, créant un espace pour la tranquillité et l'auto-guérison.

Techniques de relaxation musculaire

Les techniques de relaxation musculaire sont des approches efficaces pour libérer la tension accumulée dans le corps, procurant un soulagement tant physique que mental. Ces techniques reposent sur le principe que la tension musculaire est interconnectée avec le stress émotionnel et que libérer cette tension peut avoir un impact positif sur votre bien-être global. Découvrez quelques informations sur la manière dont les techniques de relaxation musculaire peuvent être appliquées pour soulager le stress:

Comprendre le lien entre tension musculaire et stress: Le stress émotionnel peut conduire à une tension musculaire, créant une sensation d'inconfort physique. De même, la tension musculaire chronique peut augmenter les niveaux de stress.

La tension musculaire peut se manifester sous forme de maux de tête de tension, de douleurs dorsales, d'épaules tendues et d'autres formes d'inconfort physique.

Avantages des techniques de relaxation musculaire: Les techniques de relaxation musculaire offrent une série d'avantages pour le corps et l'esprit, contribuant à un état général de bien-être et de soulagement du stress. En pratiquant régulièrement ces techniques, vous pouvez expérimenter:

Elles favorisent une relaxation profonde: En libérant la tension musculaire, vous permettez au corps d'entrer dans un état de relaxation profonde, réduisant l'activation du système nerveux sympathique, responsable de la réponse au stress.

Elles soulagent l'inconfort physique: Souvent, la tension musculaire chronique peut entraîner des douleurs et un inconfort. La relaxation musculaire peut aider à soulager ces symptômes.

Elles contribuent à la clarté mentale: La relaxation musculaire est étroitement liée à la relaxation mentale. En libérant la tension physique, vous pouvez également expérimenter un esprit plus calme et clair.

Intégrer les techniques de relaxation musculaire: Intégrer les techniques de relaxation musculaire dans votre routine quotidienne peut être un moyen efficace de soulager le stress accumulé et de favoriser une sensation de tranquillité. Ces techniques impliquent de tendre et détendre consciemment les groupes musculaires du corps pour libérer la tension physique et mentale. Voici quelques directives pour intégrer ces techniques dans votre vie:

Réservez un moment tranquille: Trouvez un endroit calme où vous pouvez vous concentrer sur les techniques de relaxation sans interruptions.

Pratiquez régulièrement: Comme avec d'autres pratiques de gestion du stress, la cohérence est essentielle pour récolter les bénéfices. Réservez quelques minutes de votre journée pour pratiquer ces techniques.

Combinez avec la respiration: Intégrer la respiration consciente avec les techniques de relaxation musculaire peut améliorer les résultats.

Les techniques de relaxation musculaire peuvent être un ajout précieux à votre boîte à outils d'auto-soins pour soulager le stress. En libérant la tension physique, vous faites un pas important vers un état de relaxation mentale et émotionnelle, favorisant une sensation de bien-être et d'équilibre.

Pratiquer régulièrement l'auto-soin: Intégrer des rituels de soulagement du stress

La pratique cohérente de l'auto-soin est essentielle pour gérer efficacement le stress et l'anxiété dans notre vie quotidienne. Intégrer des rituels de soulagement du stress dans votre routine quotidienne vous aide non seulement à faire face aux défis émotionnels, mais favorise également un état d'équilibre et de bien-être durable. Voici quelques stratégies pour pratiquer régulièrement l'auto-soin:

Créez une routine de soins

Établir une routine de soins est essentiel pour cultiver une habitude durable d'auto-soin, vous permettant de gérer le stress et l'anxiété de manière efficace. Voici des directives détaillées pour créer et maintenir une routine d'auto-soin:

Réservez du temps: Déterminez un moment précis de la journée qui vous convient le mieux pour pratiquer l'auto-soin. Cela peut être le matin, avant de commencer vos activités, ou le soir, comme un moyen de vous détendre avant de dormir.

Faites de vous une priorité: Considérez ce temps comme un engagement envers vous-même. Tout comme vous réservez du temps pour les tâches et les engagements, consacrez également du temps à prendre soin de votre santé mentale et émotionnelle.

Définissez la durée: Allouez une plage horaire qui vous convient. Cela peut varier de quelques minutes à une heure, selon les activités que vous avez choisi d'intégrer dans votre routine.

Choisissez vos pratiques: Identifiez les activités qui apaisent votre stress et votre anxiété. Certaines personnes trouvent utile la méditation, tandis que d'autres préfèrent faire des exercices de respiration, pratiquer le yoga, lire un livre inspirant ou simplement faire une promenade paisible.

Expérimentez: N'hésitez pas à essayer différentes pratiques pour trouver celles qui vous conviennent le mieux. L'important est de choisir des activités que vous appréciez réellement et qui ont un impact positif sur votre bien-être.

Variez: N'ayez pas peur de varier vos pratiques au fil du temps. Cela peut éviter la monotonie et rendre votre routine d'auto-soin intéressante et engageante.

Maintenez la cohérence: Traitez votre temps d'auto-soin comme un engagement non négociable. Évitez de remettre à plus tard ou d'annuler ces moments, tout comme vous le feriez avec d'autres engagements importants.

Établissez un rappel: Si nécessaire, définissez un rappel sur votre téléphone ou créez un rappel visuel dans votre espace pour vous rappeler de réserver du temps pour l'auto-soin.

Célébrez les progrès: À mesure que vous maintenez la cohérence dans votre routine d'auto-soin, célébrez vos réussites. Cela peut renforcer l'importance de ces moments dans votre vie.

En créant une routine de soins, vous investissez activement dans votre santé mentale et émotionnelle. Rappelons que l'auto-soin n'est pas de l'égoïsme, mais plutôt une base solide pour faire face aux défis quotidiens avec résilience et équilibre. Adapter votre routine selon vos besoins et être ouvert à de nouvelles pratiques peut contribuer à un bien-être continu et durable.

Déconnectez-vous

Dans un monde de plus en plus connecté numériquement, il est essentiel de prendre le temps de se déconnecter des appareils électroniques et de la stimulation en ligne constante. La déconnexion soulage non seulement le stress lié à la technologie, mais offre également un espace de repos mental et une occasion de se reconnecter avec le monde qui nous entoure. Voici quelques moyens pratiques d'incorporer la déconnexion dans votre routine de soins personnels:

Temps d'écran libre: Dans le monde moderne, nous sommes constamment connectés à des appareils électroniques, ce qui peut augmenter les niveaux de stress et affecter la santé mentale. Établir un temps d'écran libre est une stratégie cruciale pour faire face au stress et à l'anxiété. Voici comment intégrer le temps d'écran libre dans votre vie:

Définissez des limites: Établissez des périodes spécifiques de la journée pour vous éloigner des appareils électroniques. Cela peut inclure des moments au réveil, avant de dormir et pendant les repas.

Désactivez les notifications: Désactivez les notifications qui ne sont pas urgentes ou essentielles. Cela réduira les interruptions constantes et vous permettra de vous concentrer sur des activités plus significatives.

Espace sûr: Créez des zones dans votre maison où les appareils électroniques ne sont pas autorisés, comme la table à manger ou un espace de détente. Cela contribue à créer un environnement propice à la déconnexion.

Explorez les activités hors ligne: Dans un monde de plus en plus numérique, consacrer du temps aux activités hors ligne est essentiel pour trouver un équilibre entre la vie virtuelle et la vie réelle. Ces activités offrent une pause rafraîchissante de la connectivité constante et peuvent avoir des avantages significatifs pour la santé mentale. Voici comment explorer les activités hors ligne et en récolter les bénéfices:

Activités en plein air: Profitez du temps d'écran libre pour vous engager dans des activités en plein air. Marcher, faire de la randonnée, du vélo ou simplement passer du temps dans un parc peut aider à se détendre et à réduire le stress.

Pratiquez des hobbies: Consacrez du temps à pratiquer des hobbies que vous aimez, comme cuisiner, peindre, jouer d'un instrument de musique ou faire de l'artisanat. Ces activités créatives peuvent procurer un sentiment d'accomplissement et de joie.

Connexion personnelle: Utilisez ce temps pour vous connecter personnellement avec des amis et de la famille. Passer du temps de qualité ensemble, partager des rires et des histoires, peut renforcer vos liens sociaux et promouvoir le bien-être émotionnel.

Les avantages de la déconnexion: Se déconnecter régulièrement du numérique apporte de nombreux avantages significatifs pour la santé mentale, émotionnelle et physique. En prenant le temps de vous éloigner des appareils électroniques et de la connectivité en ligne constante, vous pouvez voir des améliorations dans divers aspects de votre vie. Voici quelques avantages notables de la déconnexion:

Réduction du stress: La déconnexion permet à votre cerveau de se reposer et de récupérer du flux constant d'informations et de stimulations en ligne, réduisant ainsi les niveaux de stress.

Amélioration du sommeil: L'exposition à la lumière bleue des appareils électroniques peut interférer avec la production de mélatonine, l'hormone du sommeil. Se déconnecter avant de dormir peut améliorer la qualité du sommeil.

Augmentation de la pleine conscience: En vous déconnectant, vous pouvez vous concentrer davantage sur les activités présentes, augmentant ainsi la pleine conscience et l'appréciation du moment.

Amélioration de la santé mentale: La déconnexion régulière peut réduire l'anxiété liée aux réseaux sociaux et à la comparaison constante, favorisant une vision plus positive de soi et de sa vie.

Faire du temps d'écran libre une partie de votre routine de soins personnels peut créer un équilibre sain entre le monde numérique et le monde réel, contribuant à votre santé mentale et émotionnelle.

Activités relaxantes

Trouver du temps pour s'adonner à des activités relaxantes est essentiel pour soulager le stress et cultiver un sentiment de tranquillité dans votre vie quotidienne. En explorant et en intégrant des activités qui procurent de la joie et de la détente, vous investissez dans votre bien-être émotionnel. Voici comment identifier et apprécier ces activités de manière plus complète:

Trouvez votre passion: Prenez le temps de réfléchir aux activités qui suscitent votre intérêt et votre passion. Demandez-vous quelles étaient les activités que vous aimiez quand vous étiez plus jeune ou quels passe-temps vous avez toujours voulu essayer.

Essayez de nouvelles choses: Soyez ouvert à expérimenter des activités que vous n'avez peut-être jamais envisagées auparavant. Parfois, la passion pour quelque chose de nouveau peut surgir lorsque vous vous permettez d'explorer.

Écoutez-vous: Faites attention à ce que vous ressentez lorsque vous vous engagez dans différentes activités. Si une activité vous rend vraiment enthousiaste et détendu, c'est peut-être un signe que vous avez trouvé quelque chose qui vous apporte de la joie.

Réservez du temps: Allouez une période spécifique de la journée, de la semaine ou du mois pour vous consacrer à ces activités relaxantes. Considérez ce temps comme un engagement envers vous-même, non négociable.

Rituel de détente: Transformez ces moments en rituels de détente. Créez une atmosphère accueillante et paisible en allumant des bougies, en mettant de la musique douce ou en préparant une tisane relaxante.

Les avantages des activités relaxantes: Participer à des activités relaxantes peut avoir un impact profondément positif sur votre santé mentale, émotionnelle et globale. Ces activités offrent une pause précieuse des pressions quotidiennes, vous permettant de renouer avec vous-même, de trouver du plaisir dans le moment présent et de cultiver un plus grand équilibre émotionnel. Voici quelques avantages importants des activités relaxantes:

Réduction du stress: S'engager dans des activités relaxantes peut aider à réduire les niveaux de cortisol, l'hormone du stress, et favoriser un sentiment de calme.

Augmentation du plaisir: En vous adonnant à des activités que vous aimez, vous stimulez la libération de neurotransmetteurs tels que la dopamine, augmentant ainsi la sensation de plaisir et de bien-être.

Focus sur le moment présent: Participer à des activités relaxantes vous permet de vous concentrer sur le moment présent, en vous éloignant des soucis du passé ou du futur.

Amélioration de l'humeur: La joie que vous ressentez en vous engageant dans des activités que vous appréciez peut améliorer votre humeur et votre perspective.

Rappelez-vous que l'auto-soin n'est pas un luxe, mais une nécessité pour maintenir votre santé mentale et émotionnelle. Intégrer des activités relaxantes dans votre routine ne procure pas seulement des moments de plaisir, mais contribue également à un sentiment général d'équilibre et de bien-être.

Pratiquez la gratitude

La pratique de la gratitude est un moyen puissant de cultiver un état d'esprit positif et de soulager le stress et l'anxiété. En dirigeant votre attention vers les bonnes choses de votre vie, vous pouvez changer votre perspective et créer un espace pour l'appréciation et la joie. Voici quelques façons d'incorporer la gratitude dans votre vie quotidienne:

Journal de gratitude: Réservez quelques minutes chaque jour pour écrire dans un journal de gratitude. Choisissez un moment calme, comme le matin ou avant de dormir, pour réfléchir sur votre journée.

Énumérez les choses pour lesquelles vous êtes reconnaissant: Notez au moins trois choses pour lesquelles vous vous sentez reconnaissant. Cela peut inclure des personnes, des expériences, des moments heureux, des réalisations personnelles ou simplement des choses qui vous ont fait sourire.

Soyez spécifique: Au lieu de simplement énumérer des éléments génériques, essayez d'être précis sur ce qui vous a apporté de la gratitude. Cela vous aide à vous connecter plus profondément à l'expérience positive.

Gardez l'habitude: En faire un habitude quotidienne peut entraîner votre esprit à se concentrer sur le positif, même dans les moments difficiles.

Reconnaissez les petites choses: Ne sous-estimez pas le pouvoir des petites choses qui apportent de la joie à votre journée. Cela peut être un sourire d'un ami, une tasse de café chaud ou un moment calme de réflexion.

Avantages de la pratique de la gratitude: La pratique de la gratitude est une approche puissante pour cultiver un état d'esprit plus positif et une perspective plus saine sur la vie. En exprimant votre appréciation et votre reconnaissance pour les bonnes choses, vous pouvez éprouver une série d'avantages significatifs qui influent sur votre santé mentale et émotionnelle. Certains des principaux avantages de la pratique de la gratitude sont:

Changement de perspective: La pratique de la gratitude peut changer votre façon de voir le monde en vous concentrant sur ce qui va bien au lieu de vous concentrer sur le négatif.

Réduction du stress: En dirigeant votre attention vers les aspects positifs, vous pouvez réduire l'impact du stress sur votre esprit et votre corps.

Augmentation de l'optimisme: La gratitude est liée à l'optimisme et à la résilience, vous aidant à faire face aux défis avec une mentalité plus positive.

Amélioration des relations: Exprimer sa gratitude envers les personnes qui vous entourent peut renforcer les relations et favoriser un sentiment de connexion.

La pratique de la gratitude peut être un outil simple mais profondément efficace pour améliorer votre santé mentale et émotionnelle. En intégrant cette pratique dans votre vie quotidienne, vous pouvez créer un cycle positif d'appréciation et de bien-être.

Intégrez les rituels de soulagement du stress

Incorporer des rituels de soulagement du stress dans votre routine quotidienne peut être une approche puissante pour maintenir votre bien-être émotionnel. Personnaliser ces rituels en fonction de vos préférences et de vos besoins individuels est essentiel pour créer une pratique d'auto-soin qui soit efficace et significative pour vous. Voici des façons d'intégrer ces rituels de manière efficace:

Personnalisez votre routine: Commencez par identifier quelles pratiques de soulagement du stress résonnent le plus avec vous. Cela peut impliquer d'expérimenter différentes techniques telles que la méditation, le yoga, la lecture ou la marche, pour découvrir ce qui vous apporte le plus de confort et de détente.

Trouvez la bonne combinaison: Il n'y a pas une approche unique qui fonctionne pour tout le monde. Créez une combinaison de pratiques qui répondent à vos besoins et à vos centres d'intérêt. Par exemple, vous pouvez choisir de commencer la journée par la méditation et de terminer par une promenade relaxante.

Soyez flexible: Votre routine d'auto-soin n'a pas besoin d'être rigide. Parfois, vos préférences et besoins peuvent changer. Soyez prêt à ajuster votre routine en fonction de ce qui vous fait vous sentir mieux à différents moments.

Ajustez selon les besoins: Soyez conscient de comment vous vous sentez après avoir pratiqué différents rituels de soulagement du stress. Observez l'impact émotionnel et physique de chaque pratique sur votre état d'esprit.

Adaptez aux circonstances: Il y aura des moments où certaines pratiques seront plus bénéfiques que d'autres. Si vous vous sentez particulièrement anxieux ou stressé, vous pouvez opter pour une technique de relaxation plus intensive, comme la méditation profonde.

Évolution continue: À mesure que vous grandissez et évoluez, vos besoins en matière d'auto-soin peuvent également évoluer. Soyez prêt à ajuster et à expérimenter de nouvelles pratiques à mesure que vous évoluez.

Avantages de l'intégration de rituels de soulagement du stress: Intégrer des rituels de soulagement du stress dans votre routine quotidienne est une approche holistique qui peut apporter de nombreux avantages globaux à votre santé mentale et émotionnelle. Ces rituels offrent non seulement un soulagement immédiat du stress, mais contribuent également à un bien-être continu et à une plus grande résilience émotionnelle. Certains des principaux avantages de l'intégration de ces rituels dans votre vie sont:

Promotion du bien-être continu: L'incorporation régulière de rituels de soulagement du stress aide à maintenir votre santé mentale et émotionnelle à long terme.

Amélioration de la résilience: Avoir une variété de pratiques d'auto-soin à disposition augmente votre capacité à faire face efficacement aux défis.

Découverte de soi: En expérimentant différentes pratiques, vous pouvez découvrir de nouvelles façons de vous calmer et de vous connecter avec vous-même.

Faire face au stress, à l'anxiété et à la dépression nécessite un engagement continu envers l'auto-soin et les stratégies d'adaptation. En reconnaissant la relation entre ces défis et en adoptant des techniques de relaxation, vous pouvez créer un chemin vers un bien-être émotionnel accru. Pratiquer régulièrement l'auto-soin et intégrer des rituels de soulagement du stress dans votre vie quotidienne peut aider à cultiver la résilience, l'équilibre émotionnel et un sentiment durable de paix intérieure.

7
ÉTABLISSEMENT D'OBJECTIFS ET TROUVER UN BUT

*Chaque pas vers un objectif est un voyage
vers notre dessein le plus profond.*

La quête de guérison de la dépression est un voyage qui implique plus que simplement soulager les symptômes émotionnels. C'est un processus global visant à restaurer la joie de vivre, à reconstruire la connexion avec soi-même et avec le monde qui nous entoure, et à établir un sentiment renouvelé de but. Dans ce chapitre, nous explorerons l'importance de définir des objectifs atteignables, de découvrir votre but personnel et de pratiquer la gratitude comme des outils fondamentaux pour la guérison.

Définir des objectifs atteignables: Comment établir des étapes réalistes vers la guérison

Établir des objectifs atteignables fait partie intégrante du processus de guérison et de croissance personnelle. Lorsque nous sommes confrontés à des défis, des traumatismes ou des moments difficiles, avoir des objectifs clairs et réalistes peut nous donner un sens de direction et de but. Voici quelques stratégies pour définir des objectifs réalisables qui peuvent stimuler votre voyage de guérison:

Divisez-les en petites étapes

Affronter une situation difficile peut souvent sembler écrasant, surtout lorsqu'il s'agit d'atteindre un objectif significatif. Cependant, une stratégie efficace pour faire face à ce sentiment accablant est de diviser l'objectif en étapes plus petites et plus gérables. Cette approche rend non seulement le processus plus accessible, mais offre également un sentiment constant d'accomplissement à mesure que vous avancez vers le résultat souhaité.

Clarifiez votre objectif: Avant de découper votre objectif en étapes plus petites, ayez une compréhension claire de ce que vous essayez d'atteindre. Définissez votre objectif de manière spécifique et mesurable afin que vous sachiez exactement ce vers quoi vous travaillez.

Identifiez les étapes intermédiaires: Une fois que vous avez un objectif clair en tête, commencez à le diviser en étapes intermédiaires. Chaque étape doit être un pas tangible vers votre objectif global. Par exemple, si votre objectif est de commencer une nouvelle carrière, les étapes intermédiaires peuvent inclure la recherche d'options de carrière, la mise à jour de votre CV, la recherche d'opportunités d'emploi et la préparation aux entretiens.

Priorisez les étapes: Toutes les étapes intermédiaires ne sont pas également importantes ou urgentes. Priorisez ces étapes en fonction de leur pertinence et de l'impact qu'elles auront sur votre objectif global. Cela aide à concentrer votre énergie sur les actions les plus importantes.

Célébrez les réalisations partielles: À mesure que vous terminez chaque étape intermédiaire, prenez un moment pour célébrer. Reconnaissez le progrès que vous avez accompli et la contribution que chaque étape représente pour votre objectif final. Cette célébration continue maintient votre motivation et votre enthousiasme à un niveau élevé.

Adaptez-vous en avançant: À mesure que vous progressez vers votre objectif, soyez ouvert à ajuster vos étapes intermédiaires au besoin. Parfois, vous pouvez découvrir de nouvelles informations ou développer de nouvelles compétences qui affectent la façon dont vous abordez les prochaines étapes. La flexibilité est essentielle pour maintenir un progrès constant.

Diviser un grand objectif en étapes plus petites et atteignables offre une approche stratégique pour le succès. En célébrant chaque réussite en cours de route, vous créez un sentiment d'accomplissement qui stimule votre motivation et votre confiance, vous permettant de continuer à progresser, à surmonter les défis et à atteindre vos objectifs avec succès.

Soyez spécifique

La définition d'objectifs spécifiques et clairs est une étape fondamentale pour réussir dans toute entreprise, en particulier en ce qui concerne votre rétablissement et votre bien-être émotionnel. La spécificité de vos objectifs offre non seulement une direction claire, mais elle contribue également à créer un plan concret pour les atteindre. Voici quelques façons d'être plus spécifique lors de la définition de vos objectifs:

Décrivez des détails clairs: Lorsque vous définissez un objectif, évitez les généralités. Au lieu de dire quelque chose de vague comme "je veux me sentir mieux", soyez précis sur ce que cela signifie pour vous. Décrivez en détail comment vous voulez vous sentir mieux et quels aspects de votre vie sont liés à cette amélioration.

Utilisez un langage précis: Utilisez un langage clair et précis lors de la définition de votre objectif. Évitez les termes vagues qui peuvent être interprétés de différentes manières. Plus vous serez précis, plus il sera facile d'évaluer votre progression et de mesurer le succès.

Définissez des critères mesurables: Rendez votre objectif mesurable afin que vous puissiez suivre votre progression de manière tangible. Cela peut impliquer des chiffres, tels que "pratiquer des techniques de relaxation pendant 10 minutes chaque jour", ou des indicateurs concrets, tels que "améliorer ma capacité de concentration au travail".

Fixez une date limite: Établissez un délai réaliste pour atteindre votre objectif. Cela crée un sentiment d'urgence et de motivation pour travailler vers votre objectif. Avoir une date limite aide également à éviter la procrastination.

Visualisez le résultat: En étant spécifique concernant votre objectif, visualisez à quoi ressemblera la réalisation de cet objectif. Cela augmente non seulement votre motivation, mais vous aide également à vous connecter émotionnellement à ce que vous cherchez à atteindre.

Exemple d'objectif non spécifique: Améliorer ma santé mentale.

Exemple d'objectif spécifique: Pratiquer des techniques de relaxation pendant 10 minutes chaque jour au cours des 4 prochaines semaines pour soulager le stress et améliorer ma qualité de vie.

En étant spécifique dans la définition de vos objectifs, vous transformez vos aspirations en actions concrètes et réalisables. Cela vous met sur la bonne voie pour créer un plan d'action détaillé et mesurer votre progression de manière efficace, augmentant ainsi vos chances de succès.

Établissez des délais réalistes

La définition de délais réalistes est une partie cruciale du processus d'établissement d'objectifs atteignables. Des délais bien définis donnent un sens de direction, vous maintiennent motivé et créent un sentiment d'accomplissement à mesure que vous atteignez vos objectifs. Cependant, il est important de trouver le bon équilibre entre un délai ambitieux et un délai réalisable. Voici quelques façons d'établir des délais réalistes pour vos objectifs:

Évaluez le temps nécessaire: Avant de fixer un délai, évaluez combien de temps est nécessaire pour accomplir chaque étape de votre objectif. Prenez en compte le degré de complexité, la quantité de travail impliquée et d'autres engagements dans votre vie.

Évitez les délais trop courts: Les délais très courts peuvent générer un stress additionnel et une pression qui peuvent nuire à votre santé mentale et à votre capacité à accomplir la tâche avec qualité. Évitez de fixer des délais irréalistement courts qui peuvent causer plus d'anxiété que de motivation.

Restez flexible: Bien qu'il soit important d'avoir des délais définis, il est également crucial de maintenir une certaine flexibilité. Parfois, des circonstances imprévues peuvent surgir et retarder votre progression. Soyez prêt à ajuster les délais si nécessaire, sans vous sentir vaincu.

Tenez compte de votre charge de travail: Assurez-vous que le délai que vous fixez est réalisable en tenant compte de votre charge de travail actuelle et de vos autres engagements. Ne vous surchargez pas d'objectifs qui demandent plus de temps que ce que vous avez réellement à disposition.

Établissez des étapes intermédiaires: En plus de fixer une date limite finale, envisagez de définir des délais pour les étapes intermédiaires de votre objectif. Cela peut vous aider à rester concentré et à évaluer votre progression tout au long du chemin.

Exemple de délai irréaliste: Apprendre une nouvelle langue couramment en deux semaines.

Exemple de délai réaliste: Apprendre une nouvelle langue de base en six mois, en consacrant une heure d'étude par jour.

Établir des délais réalistes est une approche judicieuse pour atteindre vos objectifs. Cela vous permet de maintenir l'équilibre entre vous challenger et vous assurer que vos objectifs sont atteignables, ce qui contribue à un sentiment d'accomplissement et de progrès constants.

Évaluez vos compétences et ressources

Lors de la définition d'objectifs atteignables, il est fondamental d'évaluer vos propres compétences, les ressources disponibles et les limites. Une évaluation honnête et réaliste vous aidera à établir des objectifs qui correspondent à votre potentiel et aux circonstances dans lesquelles vous évoluez. Quelques considérations importantes lors de l'évaluation de vos compétences et ressources lors de la définition des objectifs sont:

La connaissance de soi: Ayez une compréhension claire de vos propres compétences, points forts et domaines nécessitant du développement. Cela vous permettra de fixer des objectifs en ligne avec votre ensemble de compétences et qui vous défient de manière réaliste.

Ressources disponibles: Prenez en considération les ressources dont vous disposez pour atteindre vos objectifs. Cela peut inclure le temps, le financement, l'accès à l'information et le soutien des autres. Assurez-vous que vos objectifs sont réalisables avec les ressources que vous avez.

Limites personnelles: Reconnaissez vos limites personnelles, telles que le temps limité, les engagements existants et d'autres responsabilités. Prendre en compte ces limites évitera que vous fixiez des objectifs irréalistes pouvant entraîner du stress et de la frustration.

Adaptabilité: Bien qu'il soit important de fixer des objectifs stimulants, il est également essentiel d'être adaptable. Si vous constatez que vos compétences ou ressources évoluent, soyez prêt à ajuster vos objectifs pour refléter cette réalité en évolution.

Équilibre et progrès durables: Évaluer vos compétences et ressources contribue à créer un équilibre entre le défi et la réalisation. Fixer des objectifs à votre portée accroît les chances de réussite, ce qui favorise en retour un sentiment de progrès durable au fil du temps.

Évaluer vos compétences et ressources est une étape cruciale pour établir des objectifs réalisables et significatifs. Cela augmente non seulement vos chances de réussite, mais contribue également à une approche saine et réaliste du développement personnel et de la réalisation d'objectifs.

Gardez une trace

Tenir un registre de vos objectifs et de votre progression est une pratique précieuse qui peut considérablement augmenter votre motivation et l'efficacité dans la poursuite de vos objectifs. L'action de consigner vos efforts offre une vision tangible de votre progression et aide à rester concentré sur les réalisations. Voici quelques points importants sur la manière dont la tenue d'un registre peut être bénéfique:

Suivi de la progression: Consigner vos objectifs et la progression que vous réalisez vous permet de voir clairement comment vous avancez vers vos objectifs. C'est particulièrement utile en ce qui concerne les objectifs à long terme, car vous pouvez observer ce que vous avez déjà accompli au fil du temps.

Motivation continue: Voir votre progression consignée peut être extrêmement motivant. Lorsque vous réalisez à quel point vous êtes loin depuis le début, vous êtes plus susceptible d'être encouragé à continuer à travailler vers vos objectifs, même lorsque vous rencontrez des obstacles.

Identification des modèles: Tenez un registre non seulement de la progression, mais aussi des stratégies que vous utilisez pour atteindre vos objectifs. Cela vous permet d'identifier les modèles de réussite et de découvrir quelles approches fonctionnent le mieux pour vous.

Ajustements et améliorations: En tenant un registre, vous pouvez rapidement identifier si quelque chose ne se passe pas comme prévu. Cela vous permet d'apporter des ajustements et des adaptations si nécessaire, évitant de perdre du temps avec des approches qui ne sont pas efficaces.

Sens de l'accomplissement: À mesure que vous cochez les jalons atteints dans le registre, vous acquérez un sens tangible de l'accomplissement. Cela renforce votre confiance et vous rappelle le progrès constant que vous réalisez.

La tenue d'un registre peut se faire de diverses manières, depuis les notes dans un journal physique jusqu'à l'utilisation d'applications ou de feuilles de calcul numériques. Peu importe la forme que vous choisissez, la pratique de consigner vos objectifs et votre progression est un outil précieux pour vous garder sur la bonne voie et stimuler votre succès.

Découvrir votre but: Explorer les intérêts et passions personnels

Trouver un sens à sa vie est une part essentielle de la guérison et du développement personnel. Avoir un but peut donner du sens à votre parcours et vous aider à surmonter les défis avec plus de résilience. Voici quelques façons d'explorer vos intérêts et passions personnels pour découvrir votre but:

Faire une autoréflexion approfondie

L'autoréflexion approfondie est un puissant outil pour explorer vos intérêts, vos passions et identifier le but qui donne un sens à votre vie. En vous consacrant à cette pratique, vous pouvez découvrir des aspects de vous-même qui peuvent guider vos choix et orienter vos objectifs de manière plus alignée avec qui vous êtes. Comment faire une autoréflexion approfondie:

Exploration des émotions: Demandez-vous comment vous vous sentez en réalisant certaines activités ou en pensant à certains sujets. La joie, l'enthousiasme et la satisfaction sont des indicateurs que vous êtes en accord avec vos véritables intérêts.

Revivre les moments significatifs: Souvenez-vous des moments de votre vie où vous vous êtes vraiment senti accompli et heureux. Ces moments peuvent révéler des indices sur ce qui compte vraiment pour vous et ce qui peut contribuer à votre sens du but.

Identification de motifs: En revisitant différentes expériences et activités qui vous ont apporté satisfaction, cherchez des motifs récurrents. Cela peut vous aider à identifier les thèmes qui ont une signification constante dans votre vie.

Valeurs personnelles: Considérez quels sont les valeurs fondamentales pour vous. Vos activités et objectifs doivent être alignés sur vos valeurs, car cela contribue à un profond sens du but et de la satisfaction.

Loisirs et intérêts: Explorez vos loisirs et intérêts. À quelles activités êtes-vous naturellement attiré pendant votre temps libre? Ces centres d'intérêt peuvent refléter les domaines qui vous apportent de la joie et de l'accomplissement.

Connaissance de soi continue: L'autoréflexion approfondie est un processus continu. À mesure que vous grandissez et évoluez, vos passions et intérêts peuvent également changer. Soyez donc prêt à vous découvrir continuellement au fil du temps.

L'autoréflexion approfondie est un voyage d'auto-exploration qui peut prendre du temps et de la patience. Cependant, en vous consacrant à cette pratique, vous vous rapprochez de la découverte de ce qui vous apporte réellement satisfaction et accomplissement, guidant vos choix et objectifs de manière plus authentique.

Identifiez vos valeurs

Identifier et comprendre vos valeurs fondamentales est essentiel pour découvrir votre but et établir des objectifs alignés sur ce qui est le plus important pour vous. Les valeurs sont les principes et croyances qui guident vos actions, vos décisions et vos choix dans la vie. En reconnaissant et honorant vos valeurs, vous pouvez créer une base solide pour un sentiment plus profond de dessein. Comment identifier vos valeurs:

Réflexion sur ce qui est important: Posez-vous la question: "Qu'est-ce qui est le plus important pour moi dans la vie? Quels sont les principes qui guident ma vie?" Réfléchissez aux domaines de votre vie qui sont fondamentaux, tels que la famille, l'amitié, la réussite professionnelle, la contribution sociale, la santé, entre autres.

Expériences de satisfaction: Souvenez-vous des moments où vous vous êtes senti le plus accompli et authentique. Quelles valeurs étaient présentes dans ces situations? Ces expériences peuvent fournir des indices sur les valeurs profondément enracinées en vous.

Contraste des valeurs: Considérez ce à quoi vous n'êtes pas prêt à faire de compromis ou à sacrifier. Identifier les valeurs auxquelles vous n'êtes pas prêt à renoncer contribue à clarifier ce qui est vraiment important pour vous.

Priorisation des valeurs: Classez vos valeurs par ordre d'importance. Cela peut vous aider à prendre des décisions en cas de conflit entre différentes valeurs. Par exemple, si l'authenticité est une valeur plus importante que la reconnaissance externe, vos choix refléteront probablement cette priorité.

Valeurs universelles vs personnelles: Certaines valeurs sont universelles, comme l'honnêteté, l'empathie et le respect. D'autres valeurs sont plus spécifiques à chaque individu. Identifier à la fois vos valeurs universelles et personnelles peut vous donner une vision complète de vos motivations.

Ajustement au fil du temps: Sachez que vos valeurs peuvent changer avec le temps, à mesure que vous grandissez et évoluez. Soyez ouvert à la réévaluation de vos valeurs à mesure que votre compréhension de vous-même s'approfondit.

Identifier vos valeurs est une étape cruciale dans le parcours visant à trouver un dessein et à établir des objectifs qui résonnent profondément avec qui vous êtes. Cela vous aide à orienter vos choix de manière plus authentique et à construire une vie qui a vraiment du sens pour vous.

Essayez de nouvelles choses

Explorer de nouvelles activités et centres d'intérêt est une façon passionnante et enrichissante de découvrir votre but et de trouver ce qui résonne vraiment en vous. La vie est pleine d'opportunités et d'expériences qui peuvent élargir votre perspective et vous aider à mieux vous comprendre. Quelques points sur pourquoi et comment essayer de nouvelles choses sont:

Élargissement des horizons: En participant à des activités différentes de celles auxquelles vous êtes habitué, vous pouvez découvrir des passions et des compétences que vous n'auriez jamais imaginées avoir. Cela peut enrichir votre vie et ouvrir des portes vers de nouvelles opportunités.

Sortez de votre zone de confort: Essayer de nouvelles choses implique souvent de sortir de votre zone de confort. Bien que cela puisse être un défi, c'est précisément en dehors de cet espace que vous pouvez trouver une croissance personnelle et découvrir des aspects cachés de vous-même.

Connaissance de soi: En essayant différentes activités, vous pouvez en apprendre davantage sur vos préférences, limites et compétences. Cela peut être un précieux processus d'autodécouverte qui vous aide à mieux comprendre qui vous êtes et ce qui vous apporte satisfaction.

Découverte de passions inattendues: Parfois, vos passions peuvent surgir de manière inattendue. Essayer quelque chose de nouveau peut éveiller un intérêt que vous n'aviez jamais envisagé auparavant. Par exemple, participer à un atelier d'art peut vous faire découvrir une passion pour la peinture.

Redéfinition des objectifs: Essayer de nouvelles choses peut changer votre perspective et vous amener à réévaluer vos objectifs. Vous pouvez réaliser que certaines activités apportent plus de joie et de sens à votre vie que d'autres, ce qui peut conduire à des ajustements dans vos objectifs.

Croissance et apprentissage: Quel que soit le résultat, chaque nouvelle expérience offre des opportunités d'apprentissage et de croissance. Succès ou échec, vous acquérez des idées précieuses sur vos préférences et compétences.

Commencez petit: Vous n'avez pas besoin de vous engager immédiatement dans de grands changements. Commencez par de petites actions, comme essayer un nouveau passe-temps, participer à un événement ou prendre un cours. Cela vous permet de tester différentes expériences sans vous sentir dépassé.

L'expérimentation est un moyen puissant d'élargir votre vision du monde, de découvrir des passions cachées et de trouver un but significatif. En étant ouvert à de nouvelles expériences, vous vous donnez l'opportunité de grandir, d'apprendre et de créer une vie plus enrichissante.

Cherchez de l'inspiration

Chercher de l'inspiration est un moyen puissant de trouver de la direction, de la motivation et de la clarté dans votre quête de découverte de votre but. À travers les histoires et les expériences d'autres personnes, vous pouvez obtenir des idées précieuses sur la façon de relever les défis, surmonter les obstacles et trouver un sens plus profond dans votre propre vie. Voici quelques informations sur la façon de chercher de l'inspiration:

Apprendre des exemples: Lire des livres, regarder des conférences, des documentaires ou des interviews de personnes que vous admirez peut vous donner un aperçu inspirant de leurs parcours. Écouter comment ils ont fait face aux défis, surmonté les adversités et trouvé un but peut vous offrir des conseils dans votre propre quête.

Identification aux histoires: En vous connectant avec les histoires d'autres personnes, vous pouvez vous identifier à leurs luttes et à leurs succès. Cela peut vous faire vous sentir moins seul dans vos propres expériences et vous encourager à poursuivre vos objectifs avec plus de détermination.

Apprentissage des erreurs: Écouter parler des erreurs et des échecs d'autres personnes peut être aussi instructif que d'apprendre de leurs succès. À travers ces histoires, vous pouvez obtenir des idées sur la manière d'éviter les pièges courants et de relever les défis de manière plus efficace.

Ouverture à de nouvelles perspectives: Chercher de l'inspiration peut également signifier explorer les histoires de personnes ayant des expériences très différentes des vôtres. Cela vous expose à différentes perspectives et peut vous aider à réexaminer vos propres croyances et objectifs.

Motivation durable: Les histoires d'autres personnes peuvent servir de source constante de motivation. Lorsque vous rencontrez des obstacles dans votre propre parcours, vous pouvez vous rappeler comment quelqu'un a surmonté des défis similaires et a trouvé le succès.

Application pratique: En vous inspirant des histoires d'autres personnes, cherchez des moyens pratiques d'appliquer leurs idées dans votre propre vie. Demandez-vous comment vous pouvez adapter leurs stratégies et enseignements à vos circonstances uniques.

Chercher de l'inspiration est un outil précieux pour trouver de la clarté dans votre parcours de découverte de votre but. En apprenant des expériences des autres, vous pouvez acquérir sagesse, courage et confiance pour avancer vers un avenir plus significatif.

Bénévolat et contribution

Participer à des activités de bénévolat et contribuer au bien-être des autres et de la communauté peut être un moyen puissant de trouver un but significatif dans votre vie. S'engager dans des actions bénéfiques pour autrui apporte non seulement une satisfaction personnelle, mais crée également un impact positif sur la société. Comment le bénévolat et la contribution peuvent aider à découvrir un but significatif:

Un sentiment d'accomplissement: Le bénévolat offre une occasion tangible de faire une différence dans la vie des autres. Le sentiment d'avoir accompli quelque chose de significatif et de positif pour autrui peut apporter une profonde sensation d'accomplissement et de but.

Connexion sociale: En participant à des activités bénévoles, vous avez l'opportunité de rencontrer des personnes partageant des valeurs similaires et engagées à avoir un impact positif. Cela peut conduire à des liens sociaux significatifs et à des relations enrichissantes.

Centrage hors de soi: En se concentrant sur l'aide aux autres, on peut acquérir une nouvelle perspective sur ses propres préoccupations et défis. Cela peut réduire le stress et l'anxiété, vous permettant de vous concentrer sur une contribution significative à la vie des autres.

Développement de compétences: Le bénévolat offre souvent des opportunités pour développer de nouvelles compétences ou améliorer celles qui existent. Ces compétences peuvent être précieuses tant dans votre vie personnelle que professionnelle, augmentant votre confiance en vous et votre estime de soi.

Sens de la communauté: Participer à des efforts bénévoles crée un sentiment de communauté et d'appartenance. Vous devenez partie prenante de quelque chose de plus grand que vous-même et contribuez à un environnement plus positif et collaboratif.

Exploration des intérêts: Le bénévolat peut également être un moyen d'explorer des intérêts et des passions que vous n'avez peut-être pas eu l'occasion d'explorer auparavant. En participant à différentes activités, vous pouvez découvrir de nouveaux domaines d'intérêt qui résonnent avec votre but.

Joie de servir: Contribuer au bien-être des autres peut être une source de joie véritable. Le sentiment d'aider quelqu'un dans le besoin ou de faire partie d'un projet à impact positif peut créer des moments de bonheur durables.

Le bénévolat et la contribution sont des moyens concrets et gratifiants de trouver un but significatif dans votre vie. En vous consacrant à aider les autres et à faire la différence, vous pouvez éprouver un sentiment durable d'accomplissement et de satisfaction.

Le pouvoir de la gratitude: Reconnaître les bénédictions au milieu de l'adversité

La pratique de la gratitude est un outil puissant pour transformer notre perspective, surtout lorsque nous sommes confrontés à des adversités. Reconnaître les bénédictions et les aspects positifs de notre vie, même pendant les moments les plus difficiles, peut apporter un changement profond dans notre mentalité et notre bien-être. Voici quelques façons de cultiver la gratitude:

Tenir un journal de gratitude

La pratique de tenir un journal de gratitude est un puissant moyen de cultiver l'appréciation et la reconnaissance des bénédictions dans votre vie, même au milieu des défis et des adversités. Enregistrer chaque jour les choses pour lesquelles vous êtes reconnaissant peut avoir un impact positif sur votre perspective et votre bien-être global. Voici comment tenir un journal de gratitude:

Se concentrer sur le positif: Tenir un journal de gratitude consiste à diriger votre attention vers les bonnes choses de votre vie. Cela aide à réduire l'accent mis sur les inquiétudes et les difficultés, vous permettant de voir la lumière même dans les situations les plus sombres.

Pratique quotidienne: Prenez un moment chaque jour pour écrire dans votre journal de gratitude. Cela peut être le matin, le soir ou à tout moment qui vous convient. La constance est essentielle pour récolter les bienfaits de cette pratique.

Gratitude pour les petites choses: Ne sous-estimez pas le pouvoir d'apprécier les petites choses. En reconnaissant même les détails les plus simples et les plus quotidiens, vous entraînez votre esprit à trouver de la joie dans les expériences quotidiennes.

Portée élargie: En plus de dresser la liste des objets matériels, envisagez d'inclure des expressions d'amour, des moments de joie, des actes de bonté et des connexions significatives avec les autres dans votre journal. La gratitude va au-delà des choses tangibles.

Changement de perspective: En écrivant ce pour quoi vous êtes reconnaissant, vous cultivez une mentalité d'abondance plutôt que de pénurie. Cela peut changer votre perspective et vous aider à vous concentrer sur ce que vous avez plutôt que sur ce qui manque.

Célébration des réalisations: En plus des expériences quotidiennes, incluez également vos réalisations et succès, aussi petits qu'ils puissent paraître. Cela renforce votre sentiment d'accomplissement et de motivation.

Rituel réfléchi: Écrire dans le journal de gratitude peut devenir un rituel réfléchi où vous prenez un moment pour reconnaître les aspects positifs de votre vie. Ce rituel peut contribuer à un sentiment durable de contentement.

Partage facultatif: Si vous vous sentez à l'aise, partager vos pensées de gratitude avec des amis, de la famille ou des proches peut créer une atmosphère de positivité et d'inspiration mutuelle.

La pratique du journal de gratitude est un outil simple et efficace pour cultiver une mentalité positive et reconnaissante. En vous concentrant sur les bénédictions de votre vie, vous pouvez améliorer votre résilience émotionnelle et trouver de la force même dans les moments difficiles.

Trouvez la gratitude dans les petites choses

Cultiver la gratitude pour les petites choses de la vie est une approche puissante pour accroître votre appréciation du quotidien. Il est souvent facile de se concentrer sur les grandes réalisations et d'oublier de reconnaître les petites joies qui nous entourent. Voici quelques façons de trouver la gratitude dans les petites choses:

La pleine conscience: La pratique de la pleine conscience joue un rôle essentiel dans la recherche de la gratitude pour les petites choses. En étant complètement présent dans le moment, vous pouvez remarquer et apprécier les détails qui pourraient passer inaperçus.

Accordez de l'importance à vos sens: Utilisez vos sens pour vous connecter avec le moment présent. Observez les sons autour de vous, ressentez la texture des choses, appréciez les odeurs et les saveurs. Ces détails sensoriels peuvent devenir des sources de gratitude.

Joie dans la simplicité: Apprenez à trouver de la joie dans les choses les plus simples. Un coucher de soleil, une étreinte chaleureuse, un rire spontané - ce sont des moments qui peuvent apporter des sentiments de gratitude et de joie.

Pratique régulière: Intégrez la recherche de gratitude pour les petites choses dans votre routine quotidienne. Prenez un moment pour réfléchir aux moments agréables que vous avez vécus et exprimer votre gratitude pour eux.

Mantra de gratitude: Développez un mantra de gratitude que vous pouvez répéter dans les moments du quotidien. Cela peut être quelque chose de simple comme "Je suis reconnaissant pour la beauté qui m'entoure" ou "Je remercie pour les petites joies de la vie".

Sensibilité accrue: À mesure que vous pratiquez la recherche de gratitude pour les petites choses, vous devenez plus sensible aux subtilités de la vie. Cela peut améliorer votre capacité à trouver de la joie et de la satisfaction dans les expériences quotidiennes.

Présence consciente: La recherche de gratitude pour les petites choses est un moyen de devenir plus conscient et présent dans votre vie. Cela peut aider à réduire le stress, à améliorer la concentration et à augmenter votre bien-être émotionnel.

Remarquer les connexions: En reconnaissant et en appréciant les petites choses, vous pouvez commencer à percevoir comment tout est interconnecté. Cela peut inspirer un sentiment d'émerveillement et une appréciation plus profonde de la complexité de la vie.

La pratique de trouver la gratitude dans les petites choses est un moyen efficace d'apporter de la joie et de l'appréciation aux moments du quotidien. Cela peut améliorer votre perspective globale et promouvoir un sentiment de contentement constant.

Reformulez les défis

Reformuler les défis est une approche puissante pour cultiver un sentiment de gratitude et de résilience face aux adversités. Au lieu de se concentrer uniquement sur les difficultés, cette pratique consiste à regarder les situations difficiles sous un angle plus large et positif. Voici quelques façons de reformuler les défis:

Apprentissage et croissance: Plutôt que de voir les défis comme des obstacles entravant votre chemin, considérez-les comme des opportunités d'apprentissage et de croissance. Chaque défi peut être l'occasion d'acquérir de nouvelles compétences, connaissances et expériences.

Nouvelles perspectives: En reformulant les défis, vous pouvez chercher différentes perspectives et leçons à tirer de chaque situation. Cela peut élargir votre compréhension et contribuer au développement d'une mentalité plus flexible.

Résilience renforcée: Surmonter avec succès les défis peut renforcer votre résilience émotionnelle et mentale. Chaque fois que vous relevez un défi et trouvez des moyens de le surmonter, vous devenez plus fort pour affronter les défis futurs.

Centrage sur les solutions: En reformulant les défis, vous dirigez votre attention vers les solutions plutôt que vers les problèmes. Cela peut vous encourager à rechercher des approches créatives et constructives pour faire face aux situations.

Célébrez les réussites: Après avoir surmonté un défi, célébrez vos réussites, même si elles sont petites. Reconnaissiez vos efforts et le courage que vous avez démontré pour affronter la situation.

Développement personnel: Chaque défi relevé offre l'opportunité de développer des caractéristiques personnelles précieuses telles que la résilience, la patience, l'empathie et l'adaptabilité.

Gratitude pour le voyage: En reformulant les défis, vous pouvez ressentir de la gratitude pour le voyage qu'ils offrent. Même dans les situations les plus difficiles, il y a quelque chose à apprendre et à apprécier.

Autodécouverte: Les défis nous amènent souvent à découvrir des aspects cachés de nous-mêmes. En affrontant des situations difficiles, vous pouvez découvrir des forces internes que vous ne saviez pas posséder.

Reformuler les défis est un outil puissant pour développer une mentalité positive et constructive. Cela ne favorise pas seulement la gratitude, mais renforce également votre capacité à faire face aux difficultés avec résilience et optimisme.

Pratiquez la compassion

La pratique de la gratitude ne se limite pas à la reconnaissance des biens matériels ou des circonstances favorables. Elle s'étend également à la valorisation des relations humaines et à l'expression de la compassion envers les autres. En cultivant la gratitude pour la bonté que vous recevez des personnes autour de vous, vous renforcez non seulement les liens émotionnels, mais contribuez également à un environnement plus positif et harmonieux. Voici des façons de pratiquer la compassion et renforcer les liens émotionnels:

Reconnaître l'importance des relations: Les connexions personnelles dans notre vie sont précieuses. Les membres de la famille, les amis, les collègues et même les étrangers peuvent jouer un rôle significatif dans notre parcours. En pratiquant la gratitude pour les relations, vous reconnaissez l'importance de ces connexions et comment elles enrichissent votre vie.

Expression de remerciement: N'hésitez pas à exprimer votre gratitude pour les actions bienveillantes des autres. Un simple "merci" peut avoir un impact significatif et renforcer la relation. Montrer de l'appréciation pour les petites choses que les autres font pour vous crée un environnement positif.

Approfondir l'empathie: La pratique de la compassion est intrinsèquement liée à l'empathie. En reconnaissant et en valorisant les efforts et les sentiments des autres, vous montrez de l'empathie et une considération sincère pour leurs expériences.

Concentration sur les interactions positives: Apprécier les interactions positives que vous avez avec les autres renforce le lien entre vous et eux. Mettre l'accent sur les qualités et les attitudes positives des gens crée une atmosphère de respect mutuel et de camaraderie.

Partager des moments agréables: Partager des moments de joie, de célébration et de réussite avec les personnes que vous appréciez renforce les liens émotionnels. Ces moments partagés contribuent à la création de souvenirs positifs.

Respect et générosité: La pratique de la gratitude et de la compassion implique également de traiter les autres avec respect et générosité. En agissant avec bonté envers les autres, vous favorisez un cycle de réciprocité positive.

Cultiver des relations satisfaisantes: En valorisant les relations personnelles et en exprimant votre gratitude pour les contributions des personnes dans votre vie, vous contribuez au développement de relations plus satisfaisantes et durables.

La pratique de la compassion et de la gratitude pour les relations personnelles enrichit votre vie émotionnelle et crée un réseau de soutien positif. En valorisant les personnes qui vous entourent, vous contribuez à un environnement de respect, d'empathie et de véritable connexion, enrichissant ainsi votre propre parcours et celui des autres.

Focalisation sur le présent

La pratique de la gratitude est intrinsèquement liée à la capacité de vivre dans le moment présent, d'apprécier ce qui se passe autour de vous et de reconnaître les bénédictions que vous avez dans votre vie. En cultivant la pleine conscience et la focalisation sur le présent, vous créez de l'espace pour vivre un profond sentiment de contentement et de satisfaction. Voici quelques points sur la relation entre la gratitude et la focalisation sur le présent:

Pleine conscience et gratitude: La pleine conscience, également appelée mindfulness, consiste à être pleinement présent dans l'instant présent. Lorsque vous pratiquez la gratitude, vous dirigez votre attention vers ce qui se passe maintenant, plutôt que de vous perdre dans les préoccupations passées ou futures.

Apprécier les petites joies: Se focaliser sur le présent vous permet de savourer les petites joies qui passent souvent inaperçues. Cela peut être le goût d'un repas délicieux, la chaleur du soleil sur votre peau ou le rire d'un enfant. Apprécier ces moments simples apporte un profond sentiment de gratitude.

Acceptation: La pleine conscience implique d'accepter l'instant présent exactement tel qu'il est, sans jugement ni résistance. En pratiquant la gratitude, vous acceptez les bénédictions et les défis de la vie avec un cœur ouvert, ce qui peut conduire à un sentiment de paix et d'équilibre.

Réduction du stress: La focalisation sur le présent aide à réduire le stress, car vous dirigez votre énergie et votre attention vers le moment présent, au lieu de vous inquiéter du passé ou du futur. Cela crée un espace de calme mental où la gratitude peut s'épanouir.

Connexion avec la réalité: En vous concentrant sur le présent, vous vous connectez avec la réalité du moment. Cela peut être particulièrement puissant dans les moments difficiles, car cela vous permet de trouver des aspects pour lesquels être reconnaissant, même au milieu de l'adversité.

Pratique de la gratitude dans le présent: Une façon d'intégrer la gratitude dans le moment présent est de créer des pauses régulières dans votre routine pour vous concentrer sur vos bénédictions. Par exemple, en vous réveillant le matin, prenez un moment pour réfléchir à trois choses pour lesquelles vous êtes reconnaissant. En faisant cela, vous ancrez votre esprit dans le présent et commencez la journée avec une attitude positive.

La joie de l'ici et maintenant: Lorsque vous apprenez à valoriser le moment présent et à reconnaître les bonnes choses qui se passent autour de vous, vous éprouvez la joie véritable de l'ici et maintenant. La gratitude devient un moyen d'enrichir votre expérience quotidienne.

Cultiver la gratitude peut transformer votre façon de percevoir les défis et nourrir une mentalité positive dans votre parcours de récupération. Reconnaître les bénédictions, même au milieu de l'adversité, est un puissant pas vers la croissance personnelle et le bien-être émotionnel.

8
ADOPTION DE NOUVELLES POSSIBILITÉS

La véritable beauté réside dans l'acceptation et l'amour inconditionnel que nous nourrissons envers nous-mêmes.

L'estime de soi et l'image de soi jouent un rôle crucial dans notre santé mentale et notre bien-être. La façon dont nous nous voyons et dont nous nous sentons à notre égard affecte notre confiance, nos relations et notre capacité à faire face aux défis. Dans ce chapitre, nous explorerons des moyens de déconstruire l'autocritique, de construire une image de soi positive et de cultiver l'acceptation du corps.

Déconstruire l'autocritique: Démystifier les normes qui nuisent à l'estime de soi

L'autocritique est une voix intérieure qui nous juge souvent, nous critique et nous diminue. Cette autocritique implacable peut avoir un impact néfaste sur notre estime de soi et notre image de soi. Démystifier ces normes d'autocritique est essentiel pour établir une relation plus saine avec soi-même. Certaines approches pour déconstruire l'autocritique sont:

Auto-conscience

L'auto-conscience est un outil fondamental dans le processus de déconstruction de l'autocritique et de développement d'une estime de soi plus saine. Elle implique de prêter une attention particulière à vos propres pensées, émotions et schémas mentaux. En cultivant l'auto-conscience, vous pouvez identifier quand l'autocritique surgit, comprendre ses causes sous-jacentes et commencer à transformer ces schémas de pensée néfastes. Voici comment développer l'auto-conscience et faire face à l'autocritique:

Observation sans jugement: Commencez par consacrer des moments de votre journée à l'auto-observation. Cela implique de prêter attention à vos pensées et sentiments sans jugement. Observez simplement, comme un observateur neutre.

Identification des schémas autocritiques: À mesure que vous pratiquez l'observation, vous commencerez à identifier des schémas récurrents d'autocritique. Cela peut se manifester sous forme de pensées négatives à votre sujet, d'autoreproches ou de comparaisons défavorables avec les autres.

Reconnaissance des déclencheurs: En prêtant attention au contexte dans lequel l'autocritique surgit, vous pouvez identifier les déclencheurs émotionnels ou les situations qui la provoquent. Cela vous aide à comprendre pourquoi vous réagissez de manière autocritique dans certaines circonstances.

Prises de notes dans un journal: Tenez un journal d'auto-conscience. Notez les moments où vous vous êtes senti autocritique et décrivez les pensées qui sont survenues. Cela vous permettra de suivre les schémas au fil du temps et d'identifier des domaines spécifiques sur lesquels travailler.

Méditation et pleine conscience: La pratique de la méditation et de la pleine conscience peut renforcer l'auto-conscience. En consacrant du temps à méditer et à concentrer votre attention sur le moment présent, vous devenez plus conscient des pensées qui traversent votre esprit.

Questions réfléchies: Posez-vous régulièrement des questions sur vos pensées et émotions. Pourquoi vous sentez-vous de cette façon? D'où vient cette autocritique? Ces questions peuvent aider à démystifier les causes sous-jacentes.

Auto-acceptation: Comprenez que l'auto-conscience ne consiste pas à se juger, mais à se comprendre. À mesure que vous devenez plus conscient des schémas autocritiques, pratiquez l'auto-acceptation et la compassion envers vous-même.

Développer l'auto-conscience nécessite une pratique constante et de la patience envers vous-même. Grâce à une observation attentive, à l'identification des schémas et à la réflexion, vous serez mieux placé pour reconnaître quand l'autocritique surgit et commencer le processus de transformation en autocompassion et en estime de soi positive.

Questionner la validité

Remettre en question la validité des autocritiques est une étape cruciale pour démanteler les schémas autodestructeurs et construire une image de soi plus positive. Souvent, nos pensées autocritiques sont basées sur des perceptions déformées et ne reflètent pas la réalité. Voici quelques moyens de remettre en question la validité de ces pensées et développer une perspective plus équilibrée:

Auto-conscience: La première étape est d'être conscient lorsque les pensées autocritiques surgissent. Reconnaissez quand vous commencez à vous critiquer et faites une pause pour remettre en question la validité de ces pensées.

Analyser les preuves: Demandez-vous: "Y a-t-il des preuves concrètes étayant cette autocritique?" Parfois, vous découvrirez qu'il n'y a pas de faits concrets pour soutenir vos pensées négatives.

Recherche de perspective: Essayez de voir la situation d'une perspective plus objective. Imaginez qu'un ami ou un proche traverse la même situation. Le jugeriez-vous de la même manière que vous vous jugez?

Défi des distorsions cognitives: Souvent, nos pensées autocritiques sont déformées par des pensées automatiques négatives, telles que les généralisations, les polarisations ou la filtration du positif. Identifiez ces distorsions et remplacez-les par des pensées plus réalistes.

Auto-empathie: Pratiquez l'auto-compassion en remettant en question la validité des autocritiques. Traitez-vous avec gentillesse et compréhension, de la même manière que vous traiteriez un ami traversant une période difficile.

Affirmations positives: Contrez les pensées autocritiques par des affirmations positives et réalistes. Par exemple, si vous pensez "je ne suis bon à rien", défiez cela par "j'ai des compétences uniques et je suis en constante évolution".

Recherche de retours extérieurs: Parfois, partager vos pensées autocritiques avec des amis de confiance ou des professionnels peut vous aider à obtenir une perspective plus objective et constructive.

Remettre en question la validité des autocritiques nécessite une pratique constante. Avec le temps, vous commencerez à remarquer que beaucoup de ces pensées négatives ne sont pas vraies et ne définissent pas qui vous êtes. En remettant en question ces perceptions déformées, vous construisez une base plus solide pour une image de soi positive et une estime de soi saine.

Pratiquer l'auto-compassion

La pratique de l'auto-compassion est une approche transformative pour lutter contre l'autocritique et construire une image de soi plus positive. Au lieu de vous critiquer sévèrement, vous apprenez à vous traiter avec gentillesse, compassion et acceptation. Comment cultiver l'auto-compassion et nourrir une relation saine avec vous-même:

Reconnaissance de l'autocritique: Lorsque vous réalisez que vous vous critiquez, faites une pause consciente. Reconnaissez la pensée autocritique et acceptez qu'il s'agit d'une réaction naturelle, mais que vous avez le pouvoir de choisir une approche différente.

Authenticité et humanité: Rappelez-vous que nous sommes tous humains et, par conséquent, sujets à commettre des erreurs et à relever des défis. Acceptez vos imperfections comme faisant partie normale de l'expérience humaine.

Auto-dialogue compatissant: Remplacez l'autocritique par des paroles de compassion envers vous-même. Imaginez ce que vous diriez à un ami cher traversant des difficultés similaires. Offrez-vous les mêmes paroles douces et le même soutien.

Acceptation inconditionnelle: Acceptez-vous inconditionnellement, indépendamment de vos échecs ou réussites. L'auto-compassion ne repose pas sur les réalisations; c'est une reconnaissance de votre valeur intrinsèque en tant qu'être humain.

Traitez-vous avec gentillesse: Pratiquez de petits gestes de gentillesse envers vous-même. Cela peut inclure prendre du temps pour vous détendre, prendre soin de votre corps, écouter vos besoins émotionnels et pratiquer des activités qui vous font vous sentir bien.

Pratiquer le pardon: Pardonnez-vous pour les erreurs passées et les choix que vous pourriez regretter. Prenez conscience que vous méritez le même pardon que celui que vous offririez à une autre personne.

La pleine conscience dans l'auto-compassion: En pratiquant l'auto-compassion, soyez présent dans le moment. Reconnaissez vos sentiments sans jugement et permettez-vous de ressentir les émotions sans les réprimer.

Cultiver la résilience émotionnelle: L'auto-compassion renforce votre résilience émotionnelle, vous permettant de faire face aux défis de manière plus équilibrée et constructive.

Pratique continue: L'auto-compassion n'est pas un changement instantané, mais un voyage de soins continus. Plus vous pratiquez, plus elle devient naturelle dans votre vie quotidienne.

Comprenez que l'auto-compassion n'est pas un signe de faiblesse, mais plutôt une démonstration de force émotionnelle et d'authenticité. En pratiquant l'auto-compassion, vous construisez une base solide pour une estime de soi saine et une image de soi positive. Cela vous permet d'avancer dans le monde avec plus de confiance, d'acceptation et d'amour pour vous-même.

Changer le dialogue interne

Le dialogue interne joue un rôle crucial dans la formation de notre image de soi et de notre estime de soi. La manière dont nous nous parlons peut affecter profondément notre perception de nous-mêmes et notre capacité à relever les défis. En remplaçant les pensées autocritiques par des affirmations plus réalistes et positives, vous construisez des bases solides pour une image de soi plus saine. Voici comment changer le dialogue interne:

Identifier les pensées autocritiques: Commencez à prêter attention aux pensées négatives qui surgissent dans votre esprit. Reconnaissez quand vous vous critiquez et soyez conscient des schémas autocritiques récurrents.

Remettre en question l'autocritique: Une fois que vous avez identifié les pensées autocritiques, remettez en question leur validité. Demandez-vous si ces pensées sont basées sur des faits concrets ou simplement sur des perceptions déformées.

Remplacement par des affirmations positives: Lorsque vous repérez une pensée autocritique, remplacez-la par une affirmation positive et réaliste. Choisissez des mots qui reflètent votre valeur, vos qualités et vos efforts continus.

Axé sur la croissance: En remplaçant des pensées telles que "je ne suis pas assez bon", passez à des affirmations qui mettent l'accent sur la croissance et l'apprentissage. Par exemple, "je suis toujours en croissance et j'apprends" reconnaît que vous êtes en constante évolution.

Pratique de l'auto-compassion: Intégrez l'auto-compassion dans vos affirmations. En ajoutant une touche de compassion et de gentillesse à vos mots, vous créez un dialogue interne plus aimable et encourageant.

Visualisez le succès: Lorsque vous utilisez des affirmations positives, visualisez le succès et la réalisation des objectifs que vous poursuivez. Cela renforce votre croyance en vos propres capacités.

Répétition régulière: Pratiquez vos affirmations régulièrement. Plus vous les répétez, plus elles deviennent une partie intégrante de votre pensée habituelle.

Adaptation à votre style: Adaptez vos affirmations à votre style de communication. Choisissez des mots qui résonnent en vous et qui sont authentiques pour votre voix intérieure.

Neutralisation du négatif: Lorsqu'une pensée autocritique survient, ne l'ignorez pas. Au lieu de cela, neutralisez-la immédiatement par une affirmation positive. Cela aide à équilibrer la négativité.

Comprenez que changer le dialogue interne est un processus graduel. Il est normal d'avoir des moments d'autocritique, mais la pratique constante de remplacer ces pensées par des affirmations positives peut faire une différence significative avec le temps. En renforçant votre dialogue interne, vous construisez des bases solides pour une image de soi positive et une estime de soi saine.

Embrasser l'imperfection

La quête de la perfection est un idéal inatteignable qui peut être nuisible pour l'estime de soi et l'image de soi. Au lieu de se concentrer sur la recherche d'une perfection irréaliste, embrasser l'imperfection est une étape fondamentale pour construire une estime de soi saine et une image de soi positive. Voici des façons d'embrasser l'imperfection et de se focaliser sur la croissance personnelle.

Reconnaître la nature humaine: Il est important de se rappeler que l'imperfection est une partie intrinsèque de la condition humaine. Nous faisons tous des erreurs, faisons face à des défis et avons des domaines où nous pouvons nous améliorer. C'est normal et ne doit pas être une raison pour une autocritique intense.

Éviter le perfectionnisme: Le perfectionnisme peut être un obstacle à la réalisation et à une estime de soi saine. En cherchant constamment la perfection, vous pouvez vous sentir constamment insatisfait et vous critiquer pour ne pas répondre à des normes irréalistes.

Se concentrer sur la croissance et le progrès: Au lieu de rechercher la perfection, concentrez-vous sur la croissance personnelle et le progrès continu. Voyez les erreurs comme des opportunités d'apprentissage et de développement. Chaque défi surmonté est une étape vers votre développement personnel.

Célébrer les réussites: Célébrez vos réalisations, aussi petites soient-elles. Reconnaissez les efforts que vous avez déployés et les obstacles que vous avez surmontés. Cela renforce votre confiance en vous et encourage une vision plus positive de vous-même.

Cultiver l'auto-compassion: Traitez-vous avec de l'auto-compassion face aux imperfections et aux erreurs. Prenez conscience que vous méritez de la gentillesse et de l'acceptation, peu importe vos failles.

Apprendre des erreurs: Au lieu de vous punir pour vos erreurs, voyez-les comme des opportunités d'apprentissage. Réfléchissez à ce que vous pouvez apprendre et comment vous pouvez faire les choses différemment à l'avenir.

Valoriser les expériences: Chaque expérience, même celles qui ne se sont pas déroulées comme prévu, contribue à votre croissance et à votre maturité. Valorisez les leçons que vous tirez de chaque situation.

Pratiquer la flexibilité mentale: Développez un esprit plus flexible et adaptable. Lorsque vous acceptez l'imperfection, vous êtes plus capable de vous adapter à de nouvelles circonstances et de faire face aux défis avec plus de résilience.

Cultiver l'acceptation: Acceptez-vous tel que vous êtes, avec vos qualités et vos imperfections. L'acceptation est une étape fondamentale pour une image de soi positive et une relation saine avec vous-même.

En embrassant l'imperfection et en vous concentrant sur la croissance personnelle, vous construisez des bases solides pour une estime de soi positive et une image équilibrée de vous-même. N'oubliez pas que le voyage vers le progrès et la découverte de soi est continu et enrichissant, plein d'opportunités pour apprendre, grandir et devenir la meilleure version de vous-même.

Authenticité plutôt que perfection

La quête de la perfection nous pousse souvent à masquer nos véritables identités et à cacher nos imperfections. Cependant, l'authenticité est une valeur fondamentale pour construire une image de soi positive et une estime de soi saine. Voici des façons de prioriser l'authenticité plutôt que la perfection:

Accepter son essence: Être authentique signifie embrasser sa véritable essence, avec toutes ses qualités, défauts et particularités. En acceptant qui vous êtes réellement, vous renforcez votre estime de soi et vous vous sentez plus connecté à vous-même.

Valoriser son individualité: Chaque personne est unique, et c'est cette individualité qui la rend spéciale. Au lieu de chercher à s'insérer dans des moules préétablis de perfection, valorisez vos caractéristiques uniques et reconnaissez qu'elles font partie de ce qui vous rend unique.

Se libérer des masques: La quête de la perfection nous pousse souvent à porter des masques pour cacher nos vulnérabilités. En vous permettant d'être authentique, vous vous libérez du besoin de prétendre être quelqu'un que vous n'êtes pas, ce qui entraîne un soulagement émotionnel significatif.

Créer des connexions authentiques: Lorsque vous êtes authentique, vous créez des connexions plus authentiques avec les autres. Les gens sont naturellement attirés par ceux qui sont vrais et authentiques, et ces connexions peuvent contribuer à un sentiment d'appartenance et d'acceptation.

Redéfinir le succès: Au lieu de mesurer le succès par la perfection, redéfinissez-le en termes d'authenticité et de croissance personnelle. S'efforcer d'être la meilleure version de soi-même, plutôt qu'une version parfaite, est un objectif plus réaliste et sain.

Alléger la pression: La quête de la perfection crée une pression insoutenable. En étant authentique, vous libérez la pression de répondre à des attentes irréalistes et vous vous permettez d'être plus indulgent envers vous-même.

Se concentrer sur le bien-être intérieur: Priorisez votre bien-être intérieur plutôt que de rechercher l'approbation externe. Lorsque vous vous concentrez sur la façon dont vous vous sentez par rapport à vous-même, vous devenez moins dépendant de la validation des autres.

Encourager les autres: Votre authenticité peut inspirer les autres à embrasser aussi leur véritable essence. En étant un exemple d'authenticité, vous pouvez influencer positivement les personnes autour de vous.

Croissance continue: Être authentique ne signifie pas cesser de grandir. Au contraire, cela implique une croissance continue à mesure que vous vous connectez davantage à vous-même et que vous vous alignez davantage sur vos valeurs et passions.

Comprenez que l'authenticité est un voyage, pas une destination finale. En cherchant à être plus authentique, vous vous libérez des contraintes de la perfection et créez de l'espace pour une estime de soi plus saine, des relations plus significatives et un sentiment général de contentement avec vous-même. Célébrer qui vous êtes, avec toutes vos imperfections, est la clé pour vivre une vie authentique et gratifiante.

Apprendre de l'autocritique

Bien que l'autocritique puisse être préjudiciable à notre estime de soi et à notre bien-être, nous pouvons également l'utiliser comme un outil pour la croissance personnelle et le développement de soi. Voici des façons d'apprendre de l'autocritique et de la transformer en une opportunité de découverte de soi:

Identifier les schémas récurrents: En prêtant attention aux types d'autocritiques qui reviennent souvent, vous pouvez commencer à identifier des schémas de pensée qui peuvent indiquer des domaines dans lesquels vous souhaitez progresser. Par exemple, si vous vous critiquez souvent pour ne pas être assez productif, cela peut indiquer un désir d'améliorer votre gestion du temps.

Explorer les défis personnels: Les autocritiques peuvent pointer vers les défis personnels auxquels vous êtes confronté. Au lieu de vous décourager à cause de ces critiques, voyez-les comme des indices sur les domaines où vous pourriez avoir besoin de soutien ou de développement.

Définir des objectifs de croissance: En réfléchissant aux autocritiques qui surviennent, vous pouvez définir des objectifs de croissance réalistes et concrets. Par exemple, si vous vous critiquez pour ne pas être assez assertif, vous pouvez vous fixer comme objectif de pratiquer la communication assertive dans des situations spécifiques.

Développer la connaissance de soi: L'autocritique peut offrir des informations sur vos propres attentes, croyances et valeurs. En examinant ces aspects, vous pouvez développer une meilleure connaissance de vous-même et mieux comprendre ce qui motive vos autocritiques.

Aborder les croyances limitantes: Beaucoup d'autocritiques sont basées sur des croyances limitantes à notre sujet. En confrontant ces croyances et en les remettant en question, vous pouvez commencer à démanteler les schémas autocritiques et à construire une image de soi plus positive.

Transformer en autoréflexion constructive: Plutôt que de vous critiquer de manière négative, transformez l'autocritique en autoréflexion constructive. Au lieu de penser "je ne suis pas assez bon", demandez-vous "comment puis-je me développer dans ce domaine ?" Ce changement d'approche peut orienter votre esprit vers des solutions et des opportunités de croissance.

Accepter les erreurs comme faisant partie du processus: L'autocritique découle souvent d'erreurs ou d'échecs perçus. Au lieu de vous réprimander, acceptez que les erreurs sont naturelles et font partie du processus d'apprentissage et de croissance. Utilisez-les comme des occasions d'apprendre et de progresser.

Pratiquer l'auto-compassion: En apprenant de l'autocritique, souvenez-vous d'être gentil avec vous-même. Pratiquez l'auto-compassion en reconnaissant que tout le monde commet des erreurs et fait face à des défis. Au lieu de vous blâmer, traitez-vous avec la même compassion que vous offririez à un ami.

Se concentrer sur le progrès, pas sur la perfection: En utilisant l'autocritique comme moyen d'apprentissage, votre attention passe de l'idéal de perfection à un progrès constant. Voyez chaque défi et chaque erreur comme une opportunité de grandir et de se développer.

Faire face à l'autocritique demande de la patience et de l'auto-compassion. À travers la prise de conscience de soi, le questionnement, l'auto-compassion et le changement du dialogue interne, vous pouvez progressivement déconstruire les schémas d'autocritique et construire une estime de soi plus forte et plus saine.

Construire une image positive de soi: Pratiques pour renforcer la confiance en soi

Une image positive de soi est essentielle pour une estime de soi saine. Construire une vision positive de soi-même implique de reconnaître ses qualités, ses compétences et sa valeur intrinsèque. Voici quelques pratiques pour renforcer la confiance en soi et construire une image positive de soi:

Identifiez vos qualités

Reconnaître et valoriser ses propres qualités, compétences et réalisations est une étape fondamentale pour construire une image positive de soi et une estime de soi saine. Souvent, nous sommes tellement concentrés sur nos imperfections que nous oublions d'apprécier ce qui est bon en nous. Voici quelques façons d'identifier vos qualités:

Auto-évaluation honnête: Prenez le temps de faire une auto-évaluation honnête. Posez-vous des questions sur vos principales qualités, ce que vous faites bien et ce que les autres vous complimentent souvent. Considérez vos réalisations, vos compétences naturelles et vos traits personnels.

Réfléchissez à vos réalisations: Pensez à vos réalisations passées, grandes et petites. Cela peut inclure des objectifs académiques, professionnels, personnels et liés à la santé. Reconnaissez les étapes que vous avez franchies pour les atteindre et comment ces réalisations démontrent vos qualités.

Demandez des avis: Parlez à des amis, à votre famille et à des collègues en qui vous avez confiance sur la façon dont ils vous voient. Demandez quelles sont vos qualités les plus remarquables et comment ils perçoivent vos compétences. Cela peut fournir des idées précieuses et une perspective extérieure.

Faites une liste de vos qualités: Établissez une liste physique ou numérique de vos qualités, compétences et réalisations. Soyez spécifique et complet. Incluez à la fois des caractéristiques personnelles, telles que l'empathie et la détermination, et des compétences pratiques, telles que la créativité, la communication ou la résolution de problèmes.

Valorisez les petites choses: Ne sous-estimez pas les petites qualités que vous possédez. Cela peut être votre capacité à écouter attentivement, votre volonté d'aider les autres, ou même votre aptitude à trouver de l'humour dans les situations quotidiennes.

Acceptez les compliments: Lorsque quelqu'un vous complimente, acceptez-le avec gratitude au lieu de le minimiser. En recevant les compliments de manière sincère, vous renforcez votre estime de soi et la confiance en vos qualités.

Évitez l'autocritique excessive: L'autocritique excessive peut obscurcir vos qualités. Soyez conscient des pensées négatives et autocritiques qui peuvent surgir et faites un effort conscient pour les remettre en question.

Comprenez que chaque personne est unique et possède une combinaison unique de qualités. Il n'y a pas de liste définitive des qualités que vous "devriez" avoir. Appréciez-vous pour ce que vous êtes et reconnaissez que vos qualités individuelles contribuent à votre singularité et à votre valeur en tant que personne. En identifiant vos qualités et en acceptant qui vous êtes, vous ferez des pas importants vers une image positive de soi et une estime de soi accrue.

Célébrez vos réussites

Célébrer vos réussites, peu importe leur taille, est un moyen puissant de renforcer votre estime de soi et votre confiance en vous. Souvent, nous avons tendance à minimiser nos accomplissements ou à les comparer à ceux des autres, ce qui peut diminuer notre perception de notre propre valeur. Cependant, chaque victoire, aussi petite soit-elle, est une étape vers votre croissance et votre progrès personnels. Voici quelques façons de célébrer vos réussites:

Reconnaissance interne: Commencez par reconnaître intérieurement vos réussites. Prenez un moment pour apprécier l'effort, le temps et le dévouement que vous avez investis pour atteindre vos objectifs, peu importe leur taille.

Notez vos réussites: Gardez une trace de vos réussites dans un journal ou à un endroit où vous pouvez les voir facilement. Cela sert de rappel visuel constant du progrès que vous avez fait au fil du temps.

Célébration symbolique: Célébrez vos réalisations de manière symbolique. Vous pouvez allumer une bougie, rédiger une lettre de célébration pour vous-même ou faire une promenade tranquille pour réfléchir à vos réussites.

Partagez avec les autres: Partager vos réussites avec des amis, de la famille ou des collègues de confiance peut être une source de soutien et de motivation. Ils peuvent se réjouir pour vous et vous rappeler à quel point vous avez accompli des choses incroyables.

Offrez-vous des récompenses: Récompensez-vous de manière significative après avoir atteint un objectif. Cela peut être quelque chose de simple, comme regarder un film que vous aimez, acheter quelque chose que vous désirez ou prendre du temps pour vous détendre et prendre soin de vous.

Réfléchissez sur le progrès: En regardant en arrière, réfléchissez sur le progrès que vous avez fait. Comparez où vous étiez avant avec où vous êtes maintenant et observez comment vos actions et vos efforts ont contribué à ce changement positif.

Cultivez une attitude de gratitude: En célébrant vos réussites, cultivez une attitude de gratitude. Reconnaissez les personnes, les ressources et les circonstances qui vous ont soutenu tout au long du chemin.

Acceptez les défis: Comprenez que relever les défis et surmonter les obstacles est également un accomplissement digne de célébration. Chaque fois que vous surmontez un défi, vous grandissez et renforcez votre résilience.

Célébrez vos réussites comme un acte d'amour-propre et de reconnaissance de votre propre valeur. Chaque pas vers vos objectifs, aussi petit soit-il, est une démonstration de votre capacité et de votre détermination. En cultivant l'habitude de célébrer vos réussites, vous nourrissez une estime de soi saine et construisez une base solide pour une image positive de vous-même.

Éloignez-vous de la comparaison

Le piège de la comparaison est un défi courant qui peut affecter négativement notre image de soi et notre estime de soi. Lorsque nous nous comparons aux autres, nous nous plaçons dans une position défavorable, car nous avons tendance à nous concentrer uniquement sur les réalisations des autres et à ignorer nos propres succès. Stratégies pour s'éloigner de la comparaison et valoriser son parcours unique:

Pratiquez la conscience: Soyez attentif aux moments où vous vous surprenez à vous comparer aux autres. Reconnaissez ces pensées sans jugement et autorisez-vous à vous en éloigner.

Rappelez-vous des différences: Gardez à l'esprit que chaque personne a une histoire de vie unique, avec des expériences, des défis et des circonstances différentes. Se comparer aux autres est injuste car cela ne prend pas en compte ces différences.

Concentrez-vous vers l'intérieur: Au lieu de regarder vers l'extérieur et de comparer vos réalisations à celles des autres, concentrez-vous sur votre propre cheminement. Mettez l'accent sur votre croissance personnelle, sur vos réalisations et sur les progrès que vous réalisez.

Définissez vos propres critères de succès: Au lieu de mesurer votre succès en fonction des réalisations des autres, définissez vos propres critères de succès. Demandez-vous ce qui est important pour vous et comment vous pouvez atteindre vos propres objectifs et aspirations.

Célébrez vos différences: Célébrez les caractéristiques, qualités et réalisations qui vous sont propres. Reconnaissez que votre singularité est ce qui rend votre expérience précieuse et significative.

Évitez l'excès sur les réseaux sociaux: Les réseaux sociaux peuvent intensifier la comparaison, car les gens partagent souvent seulement les aspects positifs de leur vie. Si vous vous sentez affecté par la comparaison sur les réseaux sociaux, envisagez de limiter le temps que vous y passez.

Pratiquez l'empathie: Au lieu d'envier les réalisations des autres, pratiquez l'empathie. Reconnaissez que tout le monde fait face à des défis et des luttes, même s'ils ne sont pas visibles extérieurement.

Cultivez l'authenticité: Cherchez à être authentique et sincère au lieu de vous conformer à des normes externes. Valorisez qui vous êtes et les contributions uniques que vous apportez au monde.

Construisez une communauté positive: Entourez-vous de personnes qui vous soutiennent, apprécient votre histoire et encouragent votre croissance. Une communauté positive peut vous aider à maintenir une perspective saine sur vos réalisations.

En vous éloignant de la comparaison et en valorisant votre propre expérience, vous construisez une base solide pour une image de soi positive et saine. Prenez conscience que votre parcours est unique et digne de respect et de célébration, indépendamment de la manière dont il se compare à l'histoire des autres personnes.

Définissez des objectifs réalistes

Définir des objectifs réalistes est essentiel pour construire une image de soi positive et renforcer votre confiance en vous. Des objectifs atteignables vous permettent d'expérimenter le progrès de manière tangible, ce qui peut accroître votre motivation et votre sentiment d'accomplissement. Voici des façons de définir des objectifs réalistes et de travailler pour les atteindre:

Clarifiez vos priorités: Avant de définir un objectif, évaluez vos priorités et ce qui compte vraiment pour vous. Avoir une vision claire de ce que vous souhaitez accomplir vous aidera à diriger votre énergie de manière efficace.

Soyez spécifique: Définissez vos objectifs de manière précise et mesurable. Au lieu d'un objectif vague comme "améliorer ma santé", définissez quelque chose comme "faire de l'exercice physique pendant au moins 30 minutes, trois fois par semaine".

Divisez en étapes plus petites: Divisez vos objectifs en étapes plus petites et plus gérables. Cela rendra le processus plus accessible et vous aidera à suivre votre progression de manière plus tangible.

Utilisez la stratégie SMART: Utilisez l'acronyme SMART pour vous assurer que vos objectifs sont spécifiques, mesurables, atteignables, pertinents et dotés d'une échéance définie. Cela vous aide à éviter les objectifs vagues ou inatteignables.

Tenez compte du temps et des ressources: Évaluez combien de temps et de ressources vous pouvez consacrer à l'atteinte de votre objectif. Prenez en considération votre emploi du temps, vos engagements existants et toutes contraintes de temps ou de ressources.

Fixez des délais réalistes: Définissez des délais réalistes et atteignables. Évitez de fixer des délais trop courts qui pourraient provoquer un stress supplémentaire, mais ne prolongez pas non plus les délais indéfiniment, car cela pourrait saper votre motivation.

Suivez votre progression: Tenez un registre de votre progression à mesure que vous travaillez vers votre objectif. Cela vous gardera non seulement motivé, mais vous permettra aussi de voir à quel point vous avez avancé.

Apprenez des défis: Faire face à des défis fait partie de toute progression vers un objectif. Au lieu de vous décourager, considérez les défis comme des opportunités d'apprentissage et de croissance.

Ajustez selon les besoins: Soyez prêt à ajuster vos objectifs selon les besoins. À mesure que vous acquérez des idées et de l'expérience, des ajustements peuvent être nécessaires pour vous assurer que vos objectifs restent alignés sur vos aspirations.

Célébrez les progrès: À mesure que vous atteignez des jalons et des étapes vers votre objectif, célébrez ces succès. Célébrer les progrès contribue à renforcer votre confiance en vous et votre estime de soi.

Définir des objectifs réalistes et travailler pour les atteindre contribue non seulement à l'épanouissement personnel, mais renforce également votre confiance en vous au fil du temps. Rappelez-vous que chaque étape vers vos objectifs est une réussite qui mérite d'être célébrée.

Pratiquez l'auto-réflexion positive

La pratique de l'auto-réflexion positive est un outil puissant pour renforcer votre image de soi et votre confiance en vous. Prendre régulièrement du temps pour réfléchir à vos réalisations, vos qualités et vos moments de confiance et de fierté peut aider à renforcer votre perception positive de vous-même. Voici des stratégies pour incorporer l'auto-réflexion positive dans votre vie:

Créez un espace tranquille: Trouvez un endroit calme et paisible où vous pouvez vous concentrer sur vos réflexions sans distractions. Cela peut être un coin douillet dans votre maison, un endroit en plein air ou n'importe quel espace où vous vous sentez à l'aise.

Établissez un moment régulier: Définissez un horaire régulier pour l'auto-réflexion positive. Cela peut être quotidien, hebdomadaire ou selon votre préférence. Établir une routine aide à intégrer cette pratique de manière cohérente.

Énumérez vos réalisations: Commencez par dresser une liste de vos réalisations, grandes et petites. Cela peut inclure des réussites académiques, professionnelles, personnelles et tout ce qui vous a rendu fier. Rappelez-vous des défis que vous avez surmontés pour atteindre ces succès.

Reconnaissez vos qualités: Identifiez vos qualités, talents et compétences. Notez les caractéristiques que vous appréciez en vous-même, telles que l'empathie, la créativité, la persévérance et d'autres qualités qui vous rendent unique.

Revivez des moments de confiance: Rappelez-vous des moments où vous vous êtes senti confiant et fier de vos actions. Cela peut être une présentation réussie, une conversation difficile que vous avez menée ou toute situation où vous avez fait preuve de courage.

Exprimez de la gratitude envers vous-même: Écrivez des lettres ou des notes de gratitude pour vous-même. Reconnaissez la valeur intrinsèque que vous possédez et exprimez votre appréciation pour votre parcours personnel.

Pratiquez la compassion envers vous-même: Pendant que vous réfléchissez à vos réalisations, soyez doux et compatissant envers vous-même. Évitez de vous critiquer et cultivez plutôt une attitude positive d'acceptation de soi.

Tenez un journal de réflexion: Pensez à tenir un journal dédié à l'auto-réflexion positive. Écrire vos pensées, vos sentiments et vos idées peut aider à approfondir la pratique et à suivre votre évolution au fil du temps.

Visualisez votre futur positif: En plus de revisiter le passé, visualisez l'avenir avec confiance et optimisme. Imaginez-vous atteignant vos objectifs et menant une vie épanouie et accomplie.

Sachez que la construction d'une image de soi positive est un processus continu qui demande de la patience et de l'authenticité. À mesure que vous pratiquez ces stratégies, vous créerez une base solide pour une estime de soi saine et une confiance durable en vous-même.

Acceptation du corps: Cultiver l'amour-propre indépendamment des apparences

L'acceptation du corps est un élément fondamental de l'estime de soi et de l'image corporelle positives. Malheureusement, de nombreuses personnes luttent contre le mécontentement lié à leur apparence physique. Cultiver l'amour-propre indépendamment des apparences est crucial pour une santé mentale et émotionnelle solide. Voici des approches pour promouvoir l'acceptation du corps:

Défiez les normes irréalistes

Dans un monde où les normes de beauté sont souvent dictées par les médias et les réseaux sociaux, il est essentiel de défier ces normes irréalistes et de cultiver l'amour-propre indépendamment des apparences. Voici des stratégies pour vous aider à faire face aux normes de beauté inatteignables et à développer une relation saine avec votre propre image corporelle:

Reconnaissez la diversité des corps: Rappelez-vous que la diversité des corps est naturelle et belle. Chaque personne est unique et a une composition génétique qui détermine son apparence. Valorisez et célébrez la variété des formes et des tailles corporelles.

Démystifiez les idéaux de beauté irréalistes: Remettez en question les idéaux de beauté inatteignables promus par les médias. Reconnaissez que de nombreuses images que nous voyons sont retouchées et manipulées pour correspondre à des normes inaccessibles. Faites la distinction entre la réalité et la représentation idéalisée.

Soyez attentif aux messages positifs: Cherchez à consommer du contenu qui promeut la positivité corporelle et l'acceptation de soi. Suivez des personnes et des médias qui célèbrent la diversité et remettent en question les normes de beauté nocives.

Pratiquez la gratitude pour votre corps: Chaque jour, prenez un moment pour pratiquer la gratitude pour votre corps. Reconnaissez toutes les choses incroyables que votre corps vous permet de faire, depuis vous déplacer et explorer jusqu'à ressentir des émotions et vivre des expériences.

Évitez l'autocritique destructrice: Lorsque des pensées autocritiques surgissent, remettez-les en question. Demandez-vous si ces pensées sont réalistes et saines. Cultivez la compassion envers vous-même et traitez-vous avec gentillesse, tout comme vous le feriez avec un ami.

Habillez-vous pour vous sentir bien: Choisissez des vêtements qui vous font vous sentir à l'aise et en confiance, indépendamment des tendances de la mode. La mode devrait être une expression de qui vous êtes, pas un moyen de vous conformer à des normes.

Pratiquez l'acceptation graduelle: Accepter pleinement votre corps peut être un processus progressif. Commencez par reconnaître les parties de vous que vous aimez et travaillez progressivement vers une acceptation plus large.

Prenez soin de votre corps avec amour: Nourrissez-vous de manière saine, pratiquez des exercices physiques que vous aimez et prenez soin de votre corps avec amour. Priorisez le bien-être au lieu de chercher à vous conformer à des normes externes.

Recherchez du soutien: Si vous avez du mal à cultiver une relation positive avec votre image corporelle, envisagez de rechercher un soutien professionnel. La thérapie ou le conseil peuvent être des ressources précieuses pour travailler sur les questions liées à l'image de soi.

Défier les normes irréalistes de beauté est un acte d'autonomisation personnelle. En cultivant l'amour-propre et en acceptant votre corps tel qu'il est, vous vous libérez des attentes nocives et créez de l'espace pour une estime de soi saine et positive. Sachez que vous êtes plus que votre apparence extérieure et méritez le respect et l'amour, indépendamment des normes de la société.

Pratiquez les soins du corps

Pratiquer les soins du corps est essentiel pour promouvoir non seulement une bonne santé physique, mais aussi pour renforcer votre estime de soi et votre amour-propre. Les soins du corps doivent être considérés comme un acte d'amour-propre et de bien-être, non comme une quête obsessionnelle de la perfection. Voici des façons de prendre soin de votre corps de manière saine et compatissante:

Nutrition consciente: Bien se nourrir est une façon de nourrir votre corps et de lui fournir les nutriments nécessaires à son bon fonctionnement. Au lieu d'adopter des régimes restrictifs ou extrêmes, optez pour une alimentation équilibrée, riche en légumes, fruits, protéines maigres, glucides complexes et graisses saines.

Hydratation adéquate: Boire de l'eau est essentiel pour maintenir votre corps hydraté et fonctionner correctement. L'hydratation peut également contribuer à la santé de la peau et des organes internes.

Exercice que vous aimez: Faire régulièrement de l'exercice physique apporte de nombreux avantages, dont le renforcement musculaire, l'amélioration de la santé cardiovasculaire et la libération d'endorphines, qui contribuent au bien-être émotionnel. Choisissez des activités que vous aimez et qui s'intègrent à votre mode de vie.

Respectez vos limites: Pendant l'exercice, respectez les limites de votre corps. Ne forcez pas ou ne pratiquez pas d'exercices intenses qui causent de la douleur ou un inconfort excessif. L'exercice devrait être un moyen de se sentir bien, pas une source de stress.

Privilégiez le repos: Un repos adéquat est essentiel pour la récupération du corps et le maintien de la santé mentale. Assurez-vous de dormir suffisamment chaque nuit pour vous réveiller rafraîchi et plein d'énergie.

Écoutez votre corps: Apprenez à écouter les signaux de votre corps. Si vous êtes fatigué, donnez-vous la permission de vous reposer. Si vous avez faim, mangez. Accordez de l'attention aux besoins de votre corps et répondez-y avec bienveillance.

Évitez l'autocritique: En prenant soin de votre corps, évitez de tomber dans le piège de l'autocritique. Au lieu de vous concentrer sur la manière dont votre corps se compare à des normes externes, concentrez-vous sur la façon dont vous vous sentez. Priorisez la santé, le bien-être et l'amour-propre.

Appréciez les réalisations: Tout comme dans la construction de l'estime de soi, célébrez les réalisations que vous atteignez en matière de soins du corps. Choisir chaque option saine est un pas vers votre bien-être.

Comprenez que les soins du corps sont une pratique continue et individualisée. L'objectif est de se sentir bien et en bonne santé, en respectant et en valorisant votre corps tel qu'il est. En pratiquant les soins du corps avec amour et compassion, vous renforcez votre relation avec vous-même et contribuez à une vie plus équilibrée et satisfaisante.

Parlez-vous avec douceur

Changer la façon dont vous vous parlez est une étape fondamentale pour construire une image de soi positive et renforcer votre estime de soi.

Au lieu de vous engager dans une autocritique constante, il est important de cultiver l'auto-compassion et de vous parler avec douceur et bienveillance.

Reconnaître vos pensées: Soyez attentif aux pensées négatives et autodestructrices qui surgissent. En prenant conscience de ces pensées, vous pouvez les interrompre et les remplacer par des déclarations plus douces et positives.

Traitez-vous comme un ami: Imaginez que vous parlez à un ami cher qui traverse une période difficile. Comment parleriez-vous à cette personne? Appliquez le même niveau de tendresse et de compréhension en vous parlant.

Cultivez l'auto-compassion: Au lieu de vous juger sévèrement pour vos erreurs ou difficultés, pratiquez l'auto-compassion. Reconnaissez que tout le monde traverse des moments d'échec et que cela ne diminue pas votre valeur en tant que personne.

Affirmations positives: Créez des affirmations positives qui reflètent votre image de soi désirée. Par exemple, dites-vous: "Je mérite l'amour et le respect", "Mes imperfections ne me définissent pas", "Je suis suffisant tel que je suis".

Remettez en question les pensées déformées: Lorsque des pensées autodestructrices surviennent, remettez en question leur validité. Demandez-vous si ces pensées sont basées sur des faits réels ou s'il s'agit de distorsions négatives.

Pratiquez l'auto-compassion en période de difficulté: Lorsque vous êtes confronté à des défis, au lieu de vous critiquer, offrez-vous des mots d'encouragement et de soutien. Sachez que vous méritez de la compassion, tout comme n'importe qui d'autre.

Acceptez vos imperfections: Accepter vos imperfections est une partie essentielle de l'auto-compassion. Au lieu de chercher à être parfait, acceptez-vous en tant que personne en évolution constante.

Respectez votre corps: Traitez votre corps avec respect et appréciation. Au lieu de vous concentrer sur l'apparence, concentrez-vous sur la manière dont votre corps vous permet de vivre, de bouger et d'expérimenter la vie.

Célébrez vos efforts: Célébrez les efforts que vous faites pour vous traiter avec douceur et amour-propre. Chaque pas vers une plus grande auto-compassion est une victoire significative.

En vous parlant avec gentillesse et en cultivant l'auto-compassion, vous construisez une relation plus saine et positive avec vous-même. Cela contribue non seulement à une image de soi positive, mais aussi à une plus grande résilience émotionnelle et au bien-être général. Gardez à l'esprit que vous méritez tout l'amour, la tendresse et le respect que vous offririez à toute autre personne dans votre vie.

Célébrez la fonction et la santé

Une partie cruciale de la construction d'une image de soi positive et de la culture de l'amour-propre consiste à apprendre à valoriser votre corps pour sa fonction et sa santé, plutôt que de se concentrer uniquement sur l'apparence. Voici des façons de changer votre perspective et de célébrer votre corps de manière plus saine:

Reconnaissez les réalisations de votre corps: Au lieu de vous concentrer uniquement sur l'esthétique, reconnaissez les incroyables réalisations que votre corps accomplit chaque jour. Il vous permet de vous déplacer, de respirer, de ressentir et d'expérimenter le monde qui vous entoure.

Pratiquez la gratitude pour votre corps: Prenez le temps de réfléchir aux choses que votre corps fait pour vous. Remerciez pour votre capacité à voir, entendre, toucher, goûter et sentir. Ce sont des expériences précieuses que votre corps vous offre.

Célébrez les compétences de votre corps: Valorisez les compétences de votre corps, que ce soit danser, courir, cuisiner ou toute autre activité que vous aimez. Concentrez-vous sur la façon dont ces compétences enrichissent votre vie et apportent de la joie.

Appréciez la santé intérieure: Comprenez que la santé va au-delà de l'apparence extérieure. Valorisez le bon fonctionnement de vos organes, de vos systèmes et l'énergie que votre corps possède pour affronter le quotidien.

Pratiquez les soins de santé: Prendre soin de votre corps avec des pratiques saines, comme une alimentation équilibrée, de l'exercice régulier et un sommeil adéquat, est une façon de montrer de l'amour-propre et de la gratitude pour votre santé.

Développez des habitudes positives: Concentrez-vous sur le développement d'habitudes qui favorisent le bien-être de votre corps, plutôt que de suivre des tendances axées uniquement sur l'esthétique.

Évitez la comparaison: Évitez de comparer votre corps aux normes de beauté inatteignables présentées par les médias. Prenez conscience que la diversité des corps est naturelle et belle, et qu'il n'existe pas un seul modèle de beauté.

Pratiquez l'acceptation: Accepter votre corps tel qu'il est, avec toutes ses caractéristiques uniques, est une étape importante vers l'amour-propre. Adoptez vos caractéristiques individuelles et célébrez votre singularité.

En adoptant une mentalité de célébration de la fonction et de la santé de votre corps, vous développez une relation plus positive et saine avec lui. Cela contribue non seulement à une image de soi positive, mais aussi à un bien-être émotionnel et mental plus équilibré. Sachez que votre corps est une partie précieuse de qui vous êtes et mérite d'être valorisé pour tout ce qu'il est capable d'accomplir.

Pratiquez la gratitude envers votre corps

La pratique de la gratitude envers votre corps est un moyen puissant de cultiver une attitude positive envers vous-même et votre propre corps. En reconnaissant et en appréciant les nombreuses façons dont votre corps vous soutient et vous permet de vivre votre vie, vous construisez une base solide pour une image de soi positive et un amour-propre sain. Voici quelques façons d'incorporer la gratitude envers votre corps dans votre vie quotidienne:

Pratique quotidienne de la gratitude: Prenez un moment chaque jour pour exprimer votre gratitude envers votre corps. Que ce soit en vous réveillant le matin, avant de vous coucher le soir ou à tout moment que vous choisissez. Prenez le temps de réfléchir à ce que votre corps a accompli pendant la journée.

Reconnaître vos réalisations quotidiennes: Remerciez votre corps pour ses réalisations quotidiennes, qu'elles soient grandes ou petites. Cela peut inclure la capacité de vous lever du lit ou d'accomplir des tâches quotidiennes.

Apprécier votre mobilité: Reconnaissez la capacité de vous déplacer, de marcher, de danser et d'explorer le monde qui vous entoure. Nous prenons souvent la mobilité pour acquise, mais la gratitude pour cette capacité peut apporter une perspective renouvelée.

Valoriser votre santé: Souvenez-vous que la santé est un atout précieux. Remerciez pour la santé de votre cœur, de vos poumons, de votre système digestif et d'autres systèmes qui fonctionnent pour vous maintenir en vie et en bonne santé.

Ressentez la joie du toucher: Reconnaissez comment votre corps éprouve le toucher, que ce soit en étreignant un être cher, en sentant la texture d'un objet ou en savourant un délicieux repas.

Remerciez pour votre énergie: L'énergie que votre corps vous donne pour accomplir vos activités quotidiennes est un cadeau précieux. Remerciez pour chaque moment où vous vous sentez plein d'énergie et prêt à affronter la journée.

Cultivez une mentalité positive: En pratiquant la gratitude envers votre corps, vous commencez à cultiver une mentalité positive envers vous-même. Cela peut influencer positivement votre estime de soi et votre image de soi.

Soyez doux avec vous-même: Comprenez que la gratitude ne doit pas être une pression supplémentaire. Si vous ne vous sentez pas reconnaissant tous les jours, c'est normal. Il s'agit d'incorporer cette pratique de manière douce et sans jugement.

Cultiver une estime de soi positive et une image de soi saine est un processus continu. Cela nécessite de la compassion envers soi-même, des pratiques conscientes et un engagement envers l'acceptation de qui vous êtes, indépendamment des circonstances extérieures. En adoptant ces pratiques, vous construisez une base solide pour une image de soi plus positive et un amour-propre durable.

9
RÉSILIENCE ET ADVERSITÉ

Comme les arbres qui plient mais ne rompent pas, nous sommes capables de surmonter les tempêtes.

La vie est pleine de hauts et de bas, de défis et de triomphes. La résilience est la capacité de faire face aux adversités, de surmonter les obstacles et d'en sortir plus fort qu'auparavant. Dans ce chapitre, nous explorerons le concept de résilience, comment transformer les adversités en croissance personnelle et comment construire une résilience émotionnelle pour faire face aux revers de la vie.

Comprendre la résilience: Surmonter les défis et en sortir plus fort

La résilience ne concerne pas seulement le fait de surmonter les obstacles ; c'est la capacité de s'adapter et de grandir à partir d'expériences difficiles. Lorsque nous sommes confrontés à des adversités, la résilience nous permet non seulement de survivre, mais aussi de prospérer. Voici quelques façons de comprendre et de cultiver la résilience:

Acceptation du changement

La vie est un flux constant de changements et de transformations. La capacité d'accepter et de s'adapter à ces changements est essentielle pour développer la résilience. L'acceptation du changement ne signifie pas que vous devez toujours aimer tous les changements ou les considérer comme toujours positifs, mais plutôt reconnaître qu'ils font partie inévitable de l'expérience humaine. L'importance de l'acceptation du changement et comment la développer:

Reconnaître la nature transitoire: Rien dans la vie n'est statique. Les circonstances, les gens et même vous-même évoluent constamment. Accepter que tout est en mouvement peut vous aider à vous préparer émotionnellement aux changements.

Lâcher prise du contrôle excessif: Souvent, nous luttons contre le changement parce qu'il nous sort de notre zone de confort et nous fait sentir que nous avons perdu le contrôle. Cependant, la vraie force vient de la capacité à s'adapter et à trouver de nouvelles façons de faire face aux situations.

Affronter l'inconnu: Les changements apportent souvent l'inconnu, ce qui peut être effrayant. En acceptant le changement, vous ouvrez la porte à de nouvelles expériences et opportunités de croissance.

Apprendre de l'adversité: Souvent, le changement s'accompagne de défis et d'adversités. En acceptant ces défis comme faisant partie du parcours, vous pouvez trouver des moyens d'apprendre d'eux et de devenir plus résilient.

Flexibilité mentale: L'acceptation du changement nécessite une flexibilité mentale. Cela signifie être prêt à réévaluer vos croyances, vos plans et vos perspectives à mesure que les circonstances évoluent.

Pratiquer le non-attachement: L'attachement rigide aux choses telles qu'elles étaient dans le passé peut causer de la souffrance lorsque le changement se produit. Pratiquer le détachement et l'adaptabilité aide à réduire la résistance au changement.

Vivre dans le moment présent: L'acceptation du changement est souvent liée à la capacité de vivre dans le moment présent. En vous concentrant sur l'ici et maintenant, vous pouvez mieux faire face aux changements au fur et à mesure qu'ils se présentent.

L'acceptation du changement n'est pas une tâche facile, surtout lorsque nous sommes confrontés à des changements importants et inattendus. Cependant, développer cette compétence au fil du temps peut renforcer votre résilience et votre capacité à faire face aux défis de la vie de manière plus équilibrée. Rappelez-vous que, tout comme les saisons changent et que le cycle de la vie continue, vous avez également la capacité de vous adapter et de grandir, quelles que soient les changements qui se présentent sur votre chemin.

Renforcer la mentalité

L'une des clés de la résilience est d'adopter une mentalité de croissance, où vous voyez les défis non pas comme des obstacles insurmontables, mais comme des opportunités d'apprentissage et de développement personnel. La mentalité de croissance est basée sur la croyance que vos compétences et capacités peuvent être développées avec le temps grâce à l'effort, la pratique et le dévouement. Voici des moyens de renforcer cette mentalité:

Reformulez les défis: Au lieu de voir les défis comme des problèmes impossibles, considérez-les comme des opportunités pour développer de nouvelles compétences et surmonter des limitations.

Soyez ouvert à l'apprentissage: Considérez chaque défi comme une leçon précieuse. Demandez-vous ce que vous pouvez apprendre de la situation et comment vous pouvez appliquer cet apprentissage à l'avenir.

Soyez persévérant: La mentalité de croissance implique persistance et résilience. Au lieu d'abandonner face aux difficultés, voyez-les comme une chance de continuer à essayer et à s'améliorer.

Adoptez une attitude positive: Gardez une attitude positive face aux défis, même lorsque les choses semblent difficiles. Croyez en votre capacité à surmonter les adversités.

Célébrez l'effort: Au lieu de vous concentrer uniquement sur les résultats finaux, célébrez l'effort et le dévouement que vous mettez pour relever les défis. Le progrès est une réalisation en soi.

Explorez de nouvelles approches: Soyez prêt à essayer différentes approches pour résoudre les problèmes et surmonter les obstacles. Apprenez des essais et des erreurs, en ajustant vos stratégies si nécessaire.

Cultivez l'auto-compassion: Soyez conscient qu'il est normal de ne pas être parfait. La mentalité de croissance consiste à accepter vos défauts et erreurs comme faisant partie du processus d'apprentissage.

Visualisez le succès: Imaginez-vous surmonter les défis et atteindre vos objectifs. Visualiser le succès peut renforcer votre détermination et votre motivation.

Cherchez l'inspiration: Lisez des histoires de personnes qui ont fait face à des adversités et surmonté des obstacles. Leurs histoires peuvent offrir des idées et de l'inspiration pour votre propre parcours.

Concentrez-vous sur le progrès: Au lieu de vous comparer aux autres, concentrez-vous sur votre propre progression. Chaque petit pas vers votre objectif est une victoire.

Développer une mentalité de croissance nécessite de la pratique et de la persévérance, mais les avantages sont significatifs. En adoptant cette approche, vous deviendrez non seulement plus résilient face aux défis, mais vous vivrez également une croissance personnelle continue. Sachez que le voyage a autant de valeur que la destination et que chaque défi que vous affrontez est une opportunité de vous renforcer et d'évoluer.

Recherche de solutions

L'une des principales caractéristiques de la résilience est la capacité de se concentrer sur la recherche de solutions plutôt que de rester coincé dans les problèmes. Lorsque vous faites face à l'adversité avec une mentalité axée sur la résolution, vous êtes plus susceptible de surmonter les obstacles de manière efficace et constructive. Voici des stratégies pour développer la capacité à rechercher des solutions en période difficile:

Gardez votre calme: Affronter des défis peut être stressant, mais rester calme est essentiel pour trouver des solutions. Respirez profondément et donnez-vous un moment pour vous calmer avant de commencer à traiter le problème.

Analysez la situation: Avant d'agir, comprenez pleinement la situation. Identifiez les principaux défis, obstacles et facteurs qui contribuent au problème.

Divisez en étapes plus petites: Divisez le problème en étapes plus petites et plus gérables. Cela rend la situation moins écrasante et vous permet de vous concentrer sur des solutions spécifiques pour chaque étape.

Explorez différentes approches: Soyez ouvert à envisager différentes façons de relever le défi. Il n'y a pas toujours une seule bonne solution, et explorer plusieurs options peut conduire à de meilleurs résultats.

Demandez de l'aide: N'hésitez pas à demander de l'aide et des conseils à des personnes en qui vous avez confiance. Parfois, une perspective externe peut apporter de nouvelles idées et perspectives.

Utilisez les ressources disponibles: Identifiez les ressources dont vous disposez pour relever le défi. Cela peut inclure des connaissances, des compétences, du temps, des personnes et des outils.

Soyez flexible: Soyez prêt à ajuster vos approches à mesure que vous obtenez plus d'informations. La flexibilité est cruciale pour s'adapter aux changements de circonstances.

Apprenez des expériences passées: Réfléchissez aux situations similaires que vous avez rencontrées par le passé. Qu'est-ce qui a fonctionné? Qu'est-ce qui n'a pas fonctionné? Utilisez ces expériences pour guider vos décisions.

Gardez le cap sur les solutions: Pendant que vous travaillez pour surmonter le problème, concentrez-vous sur les actions qui vous mèneront vers la résolution. Évitez de vous attarder sur les aspects négatifs de la situation.

Célébrez les victoires: Au fur et à mesure que vous trouvez des solutions et surmontez les obstacles, célébrez chaque victoire, aussi petite soit-elle. Cela renforcera votre confiance pour faire face à de futurs défis.

Se rappeler que la recherche de solutions est une partie essentielle de la résilience peut vous aider à aborder l'adversité avec une approche plus positive et efficace. Au lieu de vous sentir vaincu par les problèmes, vous devenez un résolveur actif, capable de surmonter les obstacles et d'atteindre un résultat positif. La résilience se construit au fil du temps, à mesure que vous pratiquez et perfectionnez ces compétences en résolution de problèmes.

Réseaux de soutien

Au milieu des adversités, l'un des outils les plus précieux que vous puissiez avoir est un réseau de soutien solide. Amis, famille, mentors et collègues de confiance forment un réseau de soutien émotionnel et pratique qui joue un rôle crucial dans votre capacité à surmonter les défis avec résilience. Considérations importantes sur la façon de construire et tirer parti des réseaux de soutien:

Communiquez vos besoins: Il est essentiel de communiquer à vos proches lorsque vous traversez des difficultés. Partager vos sentiments et défis peut ouvrir la porte au soutien émotionnel et pratique.

Identifiez les bonnes personnes: Cherchez dans votre vie des personnes qui ont fait preuve d'empathie, de compréhension et de soutien par le passé. Ce sont ces personnes qui seront probablement disposées à aider en cas de difficultés.

Diversité dans le réseau: Avoir une variété de personnes dans votre réseau de soutien peut être utile. Amis, famille, collègues et mentors peuvent offrir des perspectives et des types de soutien différents.

Réciprocité: Rappelez-vous que les réseaux de soutien fonctionnent dans les deux sens. Soyez prêt à soutenir les autres également lorsqu'ils rencontrent des défis.

Écoute attentive: Lorsque vous recevez du soutien, appréciez l'occasion de partager vos sentiments et préoccupations. De même, soyez prêt à écouter attentivement quand quelqu'un de votre réseau a besoin de soutien.

Définir des limites: Bien qu'il soit important de rechercher du soutien, il est également crucial de définir des limites saines. Cela garantit que vous ne vous surchargez pas ou ne mettez pas une pression indue sur vos relations.

Remercier et reconnaître: Exprimez votre gratitude aux personnes qui sont à vos côtés pendant les adversités. Exprimer votre appréciation renforce les liens et crée un environnement de soutien continu.

Demander de l'aide avec honnêteté: Si vous faites face à des défis qui dépassent votre capacité à faire face seul, n'hésitez pas à demander de l'aide. Ce n'est pas un signe de faiblesse, mais plutôt de courage et de conscience de soi.

Participer à des communautés de soutien: En plus des liens personnels, vous pouvez rechercher des groupes ou des communautés partageant des intérêts ou des expériences similaires. Ces groupes peuvent offrir un espace sûr pour partager et obtenir du soutien.

Valoriser la diversité du soutien: Chaque personne dans votre réseau de soutien peut apporter quelque chose d'unique. Certaines personnes peuvent fournir des conseils pratiques, tandis que d'autres peuvent offrir du réconfort émotionnel. Valorisez la diversité des contributions.

Gardez à l'esprit que les réseaux de soutien sont à double sens. Pendant que vous recevez du soutien en période difficile, il est également important d'être prêt à soutenir les autres quand ils en ont besoin. Les liens que vous cultivez au fil du temps peuvent devenir une source précieuse de résilience, vous permettant d'affronter les défis avec plus de confiance et de détermination.

Auto-soin

En période d'adversité, l'auto-soin devient un outil essentiel pour renforcer votre résilience émotionnelle et physique. Prioriser l'auto-soin est un acte d'amour-propre qui vous permet de faire face aux défis avec plus de clarté mentale, d'équilibre émotionnel et de force physique. Voici les éléments clés de l'auto-soin qui peuvent contribuer de manière significative à votre résilience:

Gestion du stress: Le stress est une réaction naturelle aux adversités, mais une gestion adéquate est cruciale. Des pratiques telles que la méditation, la respiration profonde, le yoga et la pleine conscience peuvent aider à réduire le stress et l'anxiété.

Sommeil adéquat: Le sommeil joue un rôle crucial dans la résilience. Assurez-vous de dormir suffisamment pour permettre à votre corps et à votre esprit de récupérer correctement.

Alimentation nutritive: Une alimentation équilibrée et nutritive peut fournir à votre corps les nutriments nécessaires pour faire face aux défis. Assurez-vous d'inclure une variété d'aliments sains dans vos repas.

Activité physique: L'exercice régulier contribue non seulement à votre santé physique, mais a également un impact positif sur votre bien-être émotionnel. Trouvez des façons de bouger qui vous plaisent.

Activités relaxantes: Accordez du temps à des activités qui vous détendent et vous revitalisent. Cela peut inclure la lecture, l'écoute de musique, la pratique d'un passe-temps ou passer du temps dans la nature.

Temps pour vous-même: Réservez des moments pour prendre soin de vous, sans distractions. Cela peut simplement impliquer de vous reposer, de pratiquer la méditation ou de faire quelque chose que vous aimez vraiment.

Établissement de limites saines: Établissez des limites claires pour protéger votre énergie émotionnelle et physique. Sachez quand dire "non" et quand demander de l'aide.

Recherche d'aide professionnelle: Si vous rencontrez des difficultés émotionnelles importantes, chercher de l'aide auprès d'un professionnel de la santé mentale fait partie intégrante de l'auto-soin.

Liens sociaux: Maintenez des liens significatifs avec des amis, de la famille et d'autres personnes qui vous apportent un soutien émotionnel. Le soutien social est un élément clé de la résilience.

Pratiques de relaxation: Explorez des pratiques de relaxation telles que la méditation, la pleine conscience et la relaxation progressive pour apaiser l'esprit et soulager la tension.

Temps de loisir: Accordez-vous du temps pour faire des choses que vous aimez, sans pression ni obligations. Les loisirs sont un moyen vital de recharger vos batteries.

Gestion du temps: Organiser votre temps de manière efficace peut aider à réduire le stress et à créer de l'espace pour l'auto-soin.

Apprendre à dire "oui" à vous-même: Pratiquez à mettre vos propres besoins en priorité de temps en temps, sans vous sentir coupable.

L'auto-soin n'est pas un luxe, mais une partie essentielle de la construction de la résilience. Lorsque vous prenez bien soin de vous, vous êtes mieux à même de relever efficacement les défis et de maintenir une perspective positive, même en temps difficiles. Comprenez qu'en prenant soin de vous, vous investissez dans votre propre capacité à faire face à l'adversité avec courage et force.

Transformer les adversités en croissance: Apprentissage des moments difficiles

Les adversités ne doivent pas seulement être considérées comme des obstacles à surmonter; elles peuvent également être des occasions de croissance personnelle et de développement. En abordant les adversités avec une mentalité d'apprentissage, vous pouvez transformer les moments difficiles en précieuses leçons de vie:

Réflexion et auto-évaluation

La capacité à transformer les adversités en croissance est un signe de résilience. En faisant face aux défis et aux moments difficiles, la réflexion et l'auto-évaluation jouent un rôle crucial dans le processus d'apprentissage et de croissance à partir des expériences. Voici comment incorporer la réflexion et l'auto-évaluation pour favoriser la croissance personnelle:

Prendre du temps pour la réflexion: Après avoir traversé une adversité, prenez un moment pour vous éloigner de l'agitation du moment et réfléchir à ce qui s'est passé. Cela vous permet de prendre du recul et de mieux comprendre la situation.

Identifier les leçons apprises: Demandez-vous ce que vous avez appris de l'expérience. Quelles étaient les leçons précieuses que vous pouvez appliquer dans la vie? Identifier ces leçons aide à transformer l'adversité en un apprentissage positif.

Évaluer vos réactions: Évaluez comment vous avez réagi face à l'adversité. Cela inclut vos émotions, vos pensées et vos comportements. Identifier les schémas de réaction peut vous aider à mieux comprendre comment faire face aux défis à l'avenir.

Reconnaître votre croissance: Considérez comment l'adversité vous a aidé à grandir et à évoluer en tant que personne. Reconnaissez les façons dont vous êtes devenu plus fort, plus résilient et mieux capable de relever les défis.

Identifier les ressources et le soutien: Réfléchissez aux ressources et au soutien que vous avez cherchés ou trouvés pendant l'adversité. Cela peut inclure des amis, de la famille, des professionnels de la santé mentale ou d'autres sources de soutien. Reconnaissez l'importance de ces ressources.

Envisager des stratégies alternatives: Demandez-vous comment vous auriez pu aborder la situation différemment. Il ne s'agit pas de vous blâmer, mais d'identifier des stratégies alternatives qui pourraient être utiles à l'avenir.

Pratiquer l'auto-compassion: Soyez bienveillant envers vous-même lorsque vous réfléchissez à l'adversité. Évitez de vous critiquer pour la façon dont vous avez géré la situation. Adoptez plutôt une attitude d'auto-compassion et comprenez que tout le monde est confronté à des défis.

Définir des intentions futures: Sur la base des leçons apprises, définissez des intentions pour l'avenir. Demandez-vous comment vous aimeriez faire face à des défis similaires à l'avenir. Cela peut vous aider à guider vos actions et vos décisions.

Intégrer la croissance: Emportez avec vous l'apprentissage et la croissance acquis. Intégrez ces leçons dans votre vie quotidienne et appliquez-les chaque fois que vous êtes confronté à des difficultés.

La réflexion et l'auto-évaluation ne contribuent pas seulement à tirer parti des adversités, mais elles contribuent également au développement personnel continu. En faisant face aux défis avec une approche d'apprentissage, vous vous donnez les moyens de devenir plus résilient et de trouver du sens et de la croissance dans toutes les expériences de la vie.

Identifier les points forts

Les adversités nous mettent souvent à l'épreuve, mais elles nous offrent également l'opportunité de découvrir et de reconnaître nos propres points forts et capacités. Identifier ces points forts non seulement augmente notre estime de soi, mais nous aide également à aborder les défis futurs avec plus de confiance. Voici comment identifier et reconnaître vos points forts pendant les adversités:

Conscience de soi: Soyez attentif à vos propres pensées, émotions et actions pendant les moments difficiles. Observez comment vous gérez le stress, quelles stratégies vous utilisez et comment vous restez résilient.

Réflexion après le défi: Après avoir surmonté une adversité, prenez le temps de réfléchir aux actions que vous avez entreprises pour la surmonter. Considérez les décisions que vous avez prises, les stratégies qui ont fonctionné et comment vous avez géré émotionnellement la situation.

Résilience démontrée: Demandez-vous quels aspects de votre résilience ont été remarquables pendant les moments difficiles. Cela peut inclure votre capacité à vous adapter, persister et récupérer après un revers.

Compétences acquises: Identifiez les compétences que vous avez acquises ou améliorées pendant les adversités. Cela peut aller des compétences pratiques aux compétences émotionnelles, telles que la capacité à faire face au stress et à l'incertitude.

Soutien offert et reçu: Reconnaissez comment vous vous êtes soutenu et avez soutenu les autres pendant les défis. Cela inclut à la fois le soutien pratique et émotionnel que vous avez offert ou reçu.

Courage et persistance: Rappelez-vous des moments où vous avez eu le courage d'affronter des situations difficiles et la persistance pour continuer malgré les difficultés. Ce sont des manifestations de votre force intérieure.

Flexibilité et adaptation: Identifiez les moments où vous avez été capable de vous adapter à des circonstances en constante évolution. La capacité de s'ajuster est un signe de résilience.

Empathie et compassion: Reconnaissez votre capacité à faire preuve d'empathie et de compassion envers vous-même et envers les autres en période de défis. Cette qualité montre votre connexion émotionnelle et votre capacité à soutenir les autres.

Acceptation et apprentissage: Valorisez votre capacité à accepter les adversités comme faisant partie de la vie et à en apprendre de ces expériences. L'apprentissage continu est un signe de croissance personnelle.

En identifiant vos points forts au milieu des adversités, vous construisez une image plus solide et positive de vous-même. Cela vous permet également d'aborder les défis futurs avec confiance, sachant que vous avez les ressources internes pour surmonter les obstacles et grandir à partir des expériences difficiles.

Apprentissage à partir des erreurs

Faire des erreurs est une part inévitable de la vie, et bien souvent, notre réaction face à ces erreurs peut influencer significativement notre développement personnel et notre résilience. Plutôt que de s'accuser et de se sentir vaincu par les erreurs commises, il est essentiel d'adopter une perspective d'apprentissage. Les erreurs ne doivent pas être des sources de honte ; elles peuvent être transformées en opportunités précieuses pour la croissance et l'amélioration personnelle. Voici des façons d'apprendre de vos erreurs et de les utiliser comme des tremplins pour le développement:

Acceptez l'imperfection: Reconnaissez que tout le monde fait des erreurs et que l'imperfection est une partie naturelle de l'expérience humaine. Ne soyez pas trop dur envers vous-même; au lieu de cela, considérez vos erreurs comme des moments d'apprentissage.

Réfléchissez aux leçons: Après avoir commis une erreur, prenez du temps pour réfléchir à ce qui s'est passé. Demandez-vous ce que vous pouvez apprendre de cette situation, quelles ont été les conséquences de l'erreur et comment vous pourriez agir différemment à l'avenir.

Identifiez les lacunes dans vos connaissances: Souvent, les erreurs surviennent en raison de lacunes dans nos connaissances ou compétences. Identifiez les domaines où vous pourriez avoir besoin de plus d'informations ou de formation pour éviter de commettre la même erreur à l'avenir.

Ajustez vos stratégies futures: Utilisez vos erreurs comme base pour ajuster vos stratégies et approches futures. Pensez à ce que vous pourriez faire différemment pour éviter des situations similaires à l'avenir.

Cultivez l'auto-compassion: Au lieu de vous punir pour une erreur, pratiquez l'auto-compassion. Prenez conscience que tout le monde fait des erreurs, et que vous méritez de la gentillesse et de la compréhension, tout comme n'importe qui d'autre.

Transformez le négatif en positif: Regardez au-delà de l'erreur et considérez comment vous pouvez transformer une situation négative en quelque chose de positif. Cela peut impliquer de rechercher des solutions créatives ou de transformer une erreur en une occasion de démontrer votre résilience.

Croissance personnelle: Comprenez que la croissance survient souvent par l'expérience. Faire des erreurs et faire face aux conséquences de ces erreurs peut conduire à une meilleure connaissance de soi et à un autodéveloppement.

Affrontez la peur de l'erreur: Parfois, la peur de faire des erreurs peut nous empêcher de prendre des risques et de poursuivre nos objectifs. Apprenez à embrasser le risque calculé et à faire face à la peur de l'erreur, en sachant que vous pouvez tirer des leçons précieuses en cours de route.

Redéfinissez le sens de l'erreur: Redéfinissez le sens de l'erreur dans votre esprit. Au lieu d'être un échec, considérez-le comme une étape vers le succès, car chaque erreur apporte avec elle l'opportunité d'apprendre et de grandir.

Rappelez-vous que les erreurs sont des opportunités d'apprentissage qui peuvent aider à minimiser l'autocritique et la honte qui accompagnent souvent les erreurs. En adoptant une mentalité d'apprentissage et de croissance, vous pouvez transformer les erreurs en catalyseurs positifs pour le développement personnel et la résilience.

Changement de perspective

La manière dont nous percevons les adversités peut avoir un impact profond sur notre capacité à les affronter et à en tirer profit. Plutôt que de voir les moments difficiles comme des obstacles insurmontables, il est possible d'adopter un changement de perspective et de considérer les adversités comme faisant partie intégrante du parcours humain. Ce changement d'état d'esprit peut ouvrir des portes vers la sagesse, la connaissance de soi et la croissance personnelle. Voici des façons de changer votre perspective face aux adversités:

Acceptation de la nature humaine: Reconnaissez qu'affronter des défis est une part naturelle de l'expérience humaine. Personne n'est à l'abri des difficultés et nous rencontrons tous des moments difficiles à un moment donné de nos vies.

Opportunité d'autocognition: Voyez les adversités comme des occasions de mieux vous connaître. Lorsque nous sommes confrontés à des défis, nous sommes souvent amenés à examiner nos émotions, croyances et valeurs. Cela nous permet de grandir et de nous développer en tant qu'individus.

Renforcement de la résilience: Les adversités mettent notre résilience et notre capacité d'adaptation à l'épreuve. En affrontant ces défis de front, nous pouvons renforcer notre résilience émotionnelle et mentale, nous rendant plus aptes à faire face à des situations difficiles futures.

Apprentissage continu: Chaque adversité apporte avec elle une précieuse leçon. En abordant les défis comme des opportunités d'apprentissage, vous pouvez acquérir de nouvelles compétences, connaissances et idées qui peuvent être appliquées dans d'autres domaines de votre vie.

Changement de priorités: Au milieu des adversités, nous réévaluons souvent nos priorités et nos valeurs. Cette réflexion peut nous aider à diriger nos énergies vers ce qui compte vraiment et à abandonner ce qui ne contribue pas à notre bien-être.

Croissance personnelle: Faire face aux adversités exige que nous sortions de notre zone de confort. Ce processus de surmonter les obstacles peut conduire à la croissance personnelle et à l'élargissement des limites de ce que nous croyions être possible.

Empathie et compréhension: Passer par des difficultés peut augmenter notre empathie et notre compréhension des défis auxquels sont confrontées d'autres personnes. Cela peut renforcer nos liens avec les autres et nous rendre plus compatissants.

Focus sur les solutions: En changeant de perspective, vous vous concentrez moins sur les problèmes eux-mêmes et plus sur les solutions. Cela peut vous permettre d'aborder les défis de manière plus pragmatique et proactive.

Transformation de l'énergie négative: Au lieu de vous laisser consumer par la négativité des adversités, transformez cette énergie en motivation pour surmonter les obstacles et atteindre vos objectifs.

Transformer les adversités en croissance exige une mentalité ouverte à l'apprentissage et une volonté d'explorer ce que chaque défi peut enseigner. Chaque fois que vous faites face à une adversité de manière constructive, vous pavez la voie vers un moi plus fort, plus sage et plus résilient.

Construction de la résilience émotionnelle: Stratégies pour mieux faire face aux revers

La résilience émotionnelle est la capacité à faire face aux hauts et aux bas émotionnels de la vie de manière saine et constructive. Développer cette résilience émotionnelle peut vous aider à affronter les revers avec plus de confiance et d'équilibre émotionnel:

Développement de l'intelligence émotionnelle

Le développement de l'intelligence émotionnelle est essentiel pour faire face efficacement à l'adversité et construire la résilience. L'intelligence émotionnelle consiste à reconnaître, comprendre et gérer vos propres émotions, ainsi que celles des autres. En cultivant cette capacité, vous pouvez aborder les défis de manière plus équilibrée et prendre des décisions éclairées en période d'adversité. Aspects importants du développement de l'intelligence émotionnelle:

Reconnaissance des émotions: La première étape pour développer l'intelligence émotionnelle est d'apprendre à reconnaître vos émotions. Cela implique d'être attentif à vos sentiments et de pouvoir identifier les différentes nuances émotionnelles que vous traversez.

Compréhension des émotions: Comprendre les émotions nécessite d'explorer les causes sous-jacentes de vos sentiments. Demandez-vous pourquoi vous vous sentez d'une certaine manière et quels pensées, événements ou situations peuvent influencer vos émotions.

Acceptation et validation des émotions: Toutes les émotions sont valables, même celles considérées comme négatives, comme la tristesse, la colère ou la peur. L'intelligence émotionnelle consiste à accepter vos émotions sans jugement et à vous permettre de ressentir ce que vous ressentez.

Régulation émotionnelle: Une partie essentielle de l'intelligence émotionnelle est la capacité à réguler vos émotions. Cela implique de trouver des moyens sains de faire face aux émotions intenses, comme pratiquer des techniques de relaxation, de méditation, d'exercice physique ou d'exprimer vos sentiments de manière constructive.

Empathie: Développer de l'empathie, c'est-à-dire la capacité de comprendre et de partager les sentiments des autres, fait également partie intégrante de l'intelligence émotionnelle. Cela vous permet de mieux vous connecter avec les autres, de créer des liens plus forts et de comprendre leurs perspectives.

Prise de décisions éclairées: Lorsque vous êtes conscient de vos émotions et de celles des autres, vous pouvez prendre des décisions plus éclairées en période d'adversité. Cela évite que vos émotions ne prennent le dessus et vous aide à choisir la meilleure approche pour faire face aux défis.

Communication efficace: L'intelligence émotionnelle est également liée à la communication efficace. Savoir exprimer vos émotions de manière claire et respectueuse, tout comme comprendre les émotions des autres, peut améliorer considérablement la façon dont vous gérez les situations difficiles.

Le développement de l'intelligence émotionnelle nécessite une pratique constante et de la conscience de soi. À mesure que vous renforcez cette compétence, vous serez mieux préparé à faire face aux revers avec résilience, empathie et une approche constructive. L'intelligence émotionnelle non seulement contribue à améliorer votre capacité à faire face aux défis, mais elle favorise également des relations plus saines, des prises de décision plus conscientes et un plus grand bien-être émotionnel.

Pratique de la réponse positive

La pratique de la réponse positive est une stratégie essentielle pour développer la résilience face aux adversités. Au lieu de réagir de manière impulsive ou négative aux défis, cette approche consiste à prendre du recul, à évaluer la situation de manière objective et à choisir une réponse plus constructive. Étapes pour mettre en œuvre la pratique de la réponse positive dans votre vie:

Conscience de soi: La première étape consiste à être conscient de vos réactions et schémas de réponse face aux défis. Observez comment vous avez tendance à réagir et quelles émotions prédominent dans différentes situations.

Prenez du recul: Lorsque vous êtes confronté à une adversité, évitez de réagir immédiatement. Accordez-vous un moment pour respirer et prendre du recul. Cela aide à éviter les réponses impulsives basées sur des émotions intenses.

Évaluez la situation: Analysez objectivement la situation. Quels sont les faits en jeu? Quelles sont les différentes façons d'interpréter la situation? Quelles sont les conséquences possibles de différentes actions?

Choisissez une réponse constructive: Au lieu de vous laisser emporter par des émotions négatives, choisissez une réponse qui soit constructive et conforme à vos objectifs. Demandez-vous: "Quelle est la meilleure façon de gérer cela?" ou "Comment puis-je transformer cette situation en une opportunité de croissance?"

Pratiquez l'empathie: En choisissant une réponse positive, essayez de comprendre le point de vue des autres personnes impliquées dans la situation. Cela contribue à promouvoir une communication efficace et la création de solutions collaboratives.

Gardez le focus sur les solutions: Concentrez-vous sur la recherche de solutions plutôt que sur le problème en lui-même. Demandez-vous: "Que puis-je faire pour résoudre ou améliorer cette situation?" et agissez en conséquence.

Apprenez des expériences passées: Réfléchissez à la manière dont vous avez géré des défis similaires par le passé. Qu'est-ce qui a bien fonctionné? Qu'est-ce qui pourrait être amélioré? Utilisez ces expériences comme apprentissage pour améliorer votre approche actuelle.

Cultivez le calme: Pratiquer des techniques de relaxation, telles que la respiration profonde ou la méditation, peut aider à cultiver le calme et la clarté mentale nécessaires pour choisir une réponse positive.

La pratique de la réponse positive demande de la patience et de l'autodiscipline. Bien que cela puisse être difficile au début, avec le temps et une pratique régulière, vous développerez la capacité de répondre de manière plus constructive aux défis. Cette approche renforce non seulement votre résilience, mais contribue également à de meilleures relations, des prises de décision plus conscientes et un sentiment général de bien-être émotionnel.

Renforcement de la résilience interne

Renforcer la résilience interne est un processus essentiel pour faire face efficacement aux adversités et aux défis. Cela implique de développer la capacité à affronter les difficultés avec confiance, adaptabilité et autonomie émotionnelle. En renforçant votre résilience interne, vous devenez plus apte à faire face aux hauts et aux bas de la vie de manière équilibrée et positive. Stratégies pour développer cette résilience interne:

Connaissance de soi: Comprendre vos émotions, vos déclencheurs et vos schémas de réponse est crucial pour renforcer la résilience interne. Cela vous permettra d'identifier les domaines spécifiques qui nécessitent plus d'attention et de développement personnel.

Construction de la confiance en soi: Cultivez la confiance en vos compétences et capacités. Souvenez-vous des expériences passées où vous avez surmonté avec succès des défis. Cela contribue à établir une base solide de confiance en soi.

Développement de l'autosuffisance émotionnelle: Travaillez sur le développement de l'autosuffisance émotionnelle, ce qui signifie avoir confiance en soi pour gérer vos émotions et faire face aux hauts et aux bas de la vie. Pratiquez l'autorégulation émotionnelle et évitez de trop dépendre des réponses émotionnelles des autres.

Résilience mentale: Cultivez une mentalité résiliente, où vous percevez les défis comme des opportunités de croissance et d'apprentissage. Développez la capacité à vous adapter aux changements et à trouver des solutions face aux obstacles.

Pratique de l'auto-soin: Donnez la priorité à l'auto-soin pour renforcer votre résilience interne. Cela implique de prendre soin de votre santé physique, mentale et émotionnelle. Pratiquer des activités relaxantes, de l'exercice, de la méditation et dormir suffisamment contribuent à votre capacité à gérer le stress.

Développement de réseaux de soutien: Bien que l'accent soit mis sur la résilience interne, disposer de solides réseaux de soutien tels que des amis et la famille reste important. Partager vos luttes et chercher des conseils peut enrichir votre perspective et vous apporter un soutien émotionnel.

Acceptation de l'incertitude: La vie est pleine d'incertitudes, et développer la résilience interne implique d'accepter que nous ne pouvons pas toujours contrôler toutes les situations. Apprenez à faire face à l'incertitude de manière saine et adaptative.

Développement des compétences en prise de décision: Améliorez vos compétences en prise de décision afin de pouvoir aborder les choix difficiles de manière plus confiante et assertive. Cela réduira l'indécision et le stress qui y est associé.

Apprentissage continu: Adoptez une approche d'apprentissage continu dans votre vie. Cherchez à acquérir de nouvelles compétences, connaissances et expériences qui contribuent à votre résilience et à votre croissance personnelle.

Le renforcement de la résilience interne est un processus continu qui demande dévouement et auto-transformation. Plus vous développez cette capacité, plus vous serez prêt à relever les défis que la vie présente inévitablement.

Culture de la flexibilité mentale

La flexibilité mentale est une compétence essentielle pour faire face aux complexités de la vie et surmonter les adversités. Elle implique la capacité de s'adapter, de s'ajuster et d'accepter les changements de manière constructive et positive. Développer cette compétence vous permet de naviguer plus efficacement à travers les incertitudes et les défis. Stratégies pour cultiver la flexibilité mentale:

Ouvrez-vous à de nouvelles perspectives: Soyez prêt à voir les situations sous différents angles. En adoptant une perspective plus large, vous pouvez trouver des solutions innovantes et des approches alternatives aux défis.

Pratiquez la tolérance à l'ambiguïté: La vie est souvent ambiguë et incertaine. Développer la tolérance à l'ambiguïté vous aide à vous sentir plus à l'aise dans des situations inconnues et à faire face à l'anxiété qui y est associée.

Soyez ouvert aux changements: Au lieu de résister aux changements, soyez prêt à les accepter. Rappelez-vous que le changement est constant dans la vie et peut conduire à des opportunités de croissance et de développement.

Pratiquez la pleine conscience: La pratique de la pleine conscience vous aide à être présent dans le moment actuel et à accepter ce qui se passe sans jugement. Cela renforce votre capacité à vous adapter à des situations en constante évolution.

Apprenez des adversités: Considérez les adversités comme des opportunités d'apprentissage et de croissance. En considérant les défis comme des expériences d'apprentissage, vous pouvez devenir plus flexible dans votre approche de la vie.

Développez la résilience émotionnelle: La flexibilité mentale est liée à votre capacité à gérer vos émotions de manière saine. Pratiquez la régulation émotionnelle pour pouvoir répondre aux situations de manière équilibrée, au lieu de réagir de manière impulsive.

Évitez le perfectionnisme: Le perfectionnisme peut créer de la rigidité dans votre approche de la vie. En vous éloignant du désir de perfection, vous devenez plus flexible et ouvert aux imperfections naturelles de l'existence.

Pratiquez l'adaptation: Apportez des changements intentionnels dans votre routine, même petits, pour développer votre capacité à vous adapter à différentes circonstances.

Acceptez l'incertitude: L'incertitude fait partie inévitable de la vie. Développer la flexibilité mentale implique d'accepter que nous ne pouvons pas toujours avoir toutes les réponses et que c'est ok.

La flexibilité mentale est une compétence qui peut être améliorée avec le temps grâce à la pratique et à l'engagement. Plus vous vous efforcez de la cultiver, plus vous serez équipé pour faire face aux changements et aux adversités avec résilience et une attitude positive.

Stratégies de gestion du stress

En période d'adversité, le stress peut devenir une présence constante dans nos vies. Apprendre à gérer le stress de manière saine est essentiel pour renforcer la résilience émotionnelle et faire face aux défis avec plus de sérénité. Voici des stratégies efficaces pour la gestion du stress:

Méditation: La méditation est une pratique qui consiste à se concentrer sur la respiration et la pleine conscience. Elle aide à calmer l'esprit, à réduire le stress et à favoriser un état de relaxation profonde.

Exercices de respiration: Des techniques de respiration, telles que la respiration profonde, peuvent aider à réduire rapidement le stress. Ces techniques se concentrent sur une respiration lente et profonde pour apaiser le système nerveux.

Activités relaxantes: S'engager dans des activités relaxantes, telles qu'écouter de la musique douce, pratiquer le yoga, prendre un bain chaud ou lire un livre, peut aider à réduire les niveaux de stress et à favoriser un état de tranquillité.

Pratique de la pleine conscience: La pleine conscience consiste à être présent dans le moment présent, sans jugement. La pratique de la pleine conscience peut aider à réduire l'anxiété et le stress en se concentrant sur l'expérience actuelle plutôt que sur les inquiétudes futures.

Exercice physique: L'activité physique régulière est un moyen puissant de réduire le stress. La libération d'endorphines pendant l'exercice contribue à améliorer l'humeur et à faire face au stress de manière plus saine.

Parlez à quelqu'un: Partagez vos préoccupations et vos sentiments avec un ami de confiance, un membre de la famille ou un professionnel de la santé mentale peut aider à soulager le stress. Parfois, parler de ce qui se passe peut apporter un soulagement.

Établissez des limites: Apprenez à dire non lorsque c'est nécessaire et à établir des limites saines dans votre vie. Cela peut contribuer à réduire la surcharge de tâches et de responsabilités qui peuvent contribuer au stress.

Pratiquez l'auto-soin: Prenez le temps de prendre soin de vous. Faites des activités qui vous apportent de la joie et de la détente, comme des passe-temps, de la lecture ou tout simplement du repos.

Dormez bien: Le manque de sommeil peut augmenter le stress et affecter négativement votre capacité à faire face aux défis. Donnez la priorité à un sommeil adéquat pour vous sentir plus émotionnellement équilibré.

Évitez la surmultitâche: Diviser votre attention entre de nombreuses tâches peut augmenter le stress. Concentrez-vous sur une tâche à la fois pour améliorer l'efficacité et réduire la sensation d'être submergé.

Essayez différentes stratégies de gestion du stress pour découvrir celles qui fonctionnent le mieux pour vous. Sachez que l'objectif n'est pas d'éliminer complètement le stress, mais plutôt de développer des compétences pour y faire face de manière saine et efficace. Intégrer ces pratiques dans votre vie quotidienne peut contribuer de manière significative à renforcer votre résilience émotionnelle face à l'adversité.

Communication efficace

La communication joue un rôle crucial dans la construction de la résilience émotionnelle et dans la manière dont nous faisons face aux défis. Avoir des compétences en communication efficaces nous permet d'exprimer nos sentiments, besoins et préoccupations de manière saine, tout en écoutant et en comprenant les autres. Les aspects importants de la communication efficace et comment ils contribuent à la résilience:

Expression émotionnelle: La résilience ne consiste pas à réprimer les émotions, mais à les exprimer de manière constructive. En pratiquant une expression émotionnelle appropriée, vous pouvez libérer des sentiments accumulés, éviter de retenir le stress et améliorer le bien-être émotionnel.

Écoute active: La capacité d'écouter avec empathie est essentielle pour une communication efficace. En écoutant attentivement les autres, vous montrez du respect et de la compréhension, créant des liens plus profonds et renforçant les relations.

Résolution des conflits: La communication efficace est essentielle pour résoudre les conflits de manière constructive. Apprendre à exprimer vos préoccupations de manière calme et non accusatoire, tout en étant capable d'écouter le point de vue des autres, aide à éviter les escalades de conflit et à trouver des solutions satisfaisantes.

Communication assertive: L'assertivité consiste à exprimer vos opinions, sentiments et besoins de manière claire et respectueuse. Être assertif vous permet de défendre vos intérêts sans être agressif et en maintenant en même temps le respect mutuel.

Empathie: La capacité de se mettre à la place de l'autre et de comprendre ses perspectives et ses sentiments est essentielle pour une communication efficace. L'empathie crée des liens plus profonds et contribue à créer un environnement de soutien mutuel.

Communication non violente: L'approche de la communication non violente consiste à exprimer vos sentiments et besoins de manière ouverte et honnête, tout en évitant de blâmer ou de juger les autres. Cela favorise la compréhension et aide à éviter les malentendus.

Clarté et précision: Lorsque vous communiquez vos préoccupations et besoins, soyez clair et précis dans vos mots. Évitez les ambiguïtés qui pourraient conduire à des malentendus et des conflits.

Communication en période de stress: En période d'adversité, il est particulièrement important de rester calme et clair dans votre communication. Une communication efficace peut aider à réduire le stress et à résoudre les problèmes de manière plus efficiente.

Construction de relations: La communication efficace renforce les relations en créant un environnement de confiance et de respect. Les relations saines sont un facteur important dans la construction de la résilience émotionnelle.

Communication interne: En plus de la communication avec les autres, il est important de pratiquer la communication interne. Développer un dialogue interne positif et constructif peut aider à relever les défis avec plus de confiance en soi et de résilience.

Investir dans l'amélioration de vos compétences en communication peut avoir un impact significatif sur votre capacité à faire face à l'adversité de manière efficace. Communiquer de manière ouverte, empathique et constructive renforce non seulement vos relations interpersonnelles, mais contribue également à une résilience émotionnelle plus robuste face aux défis de la vie.

Culture de l'empathie

L'empathie est une compétence émotionnelle fondamentale pour développer la résilience et faire face à l'adversité de manière plus efficace. Cela implique la capacité de se mettre à la place de l'autre, de comprendre ses sentiments et perspectives, et de répondre avec compréhension et compassion. Cultiver l'empathie renforce non seulement les relations interpersonnelles, mais favorise également un environnement de soutien mutuel, contribuant ainsi à la résilience émotionnelle. Voici quelques moyens de cultiver l'empathie dans votre vie:

Auto-empathie: Commencez par développer de l'empathie pour vous-même. Reconnaissez vos propres sentiments, comprenez vos besoins et traitez-vous avec gentillesse et compassion, même lorsque vous êtes confronté à des défis.

Écoute active: Pratiquez l'écoute attentive des autres. Lorsque quelqu'un partage ses inquiétudes ou ses expériences, montrez de l'intérêt et validez ses sentiments. Cela renforce les liens et crée un environnement de soutien.

Évitez les jugements: Lorsque vous interagissez avec les autres, évitez les jugements hâtifs. Rappelez-vous que chaque personne a sa propre histoire et des contextes uniques qui façonnent ses expériences.

Posez des questions ouvertes: Posez des questions ouvertes qui encouragent les autres à partager davantage leurs sentiments et leurs pensées. Cela démontre un intérêt sincère et vous permet de mieux comprendre leurs perspectives.

Pratiquez l'empathie cognitive et émotionnelle: L'empathie cognitive implique de comprendre les pensées et perspectives des autres, tandis que l'empathie émotionnelle consiste à comprendre et à se connecter à leurs émotions. Les deux sont importants pour établir des relations empathiques.

Mettez-vous à la place de l'autre: Imaginez ce que vous ressentiriez dans la situation de l'autre. Cela aide à créer un sentiment de connexion et de compréhension.

Faites preuve de soutien: Lorsque quelqu'un est confronté à des défis, offrez un soutien sincère. Cela peut se faire par des paroles d'encouragement, des gestes de solidarité ou en offrant votre aide.

Pratiquez la patience: Il n'est pas toujours facile de comprendre pleinement les expériences des autres. Pratiquez la patience et soyez prêt à écouter, même si leur point de vue diffère du vôtre.

Reconnaître la diversité: Reconnaissez et valorisez les différences entre les personnes. L'empathie implique d'accepter la variété des expériences et des perspectives.

Apprenez de l'empathie: En développant de l'empathie, vous en apprenez également beaucoup sur les émotions humaines et comment établir des liens plus profonds. Cela enrichit vos compétences en communication et en résilience.

Cultiver l'empathie enrichit non seulement vos liens avec les autres, mais renforce également votre capacité à faire face à l'adversité. En créant un environnement de compréhension et de soutien mutuel, vous construisez un réseau de soutien émotionnel qui contribue à votre résilience émotionnelle. L'empathie favorise non seulement des relations saines, mais vous aide également à relever les défis avec plus de compréhension et de compassion, aussi bien pour vous-même que pour les autres.

La résilience n'est pas seulement une caractéristique innée; c'est une compétence qui peut être développée avec le temps. En comprenant le concept de résilience, en apprenant à transformer les adversités en croissance personnelle et en pratiquant des stratégies pour développer la résilience émotionnelle, vous serez prêt à relever les défis de la vie avec plus de force, de confiance et d'adaptabilité.

10

L'IMPORTANCE DU BIEN-ÊTRE PERSONEL

Le bien-être personnel est un cadeau que nous nous faisons pour épanouir notre meilleure version.

Le bien-être personnel est une pratique fondamentale pour maintenir le bien-être physique, émotionnel et mental tout au long de la vie. Cela implique des actions intentionnelles et délibérées visant à prendre soin de soi de manière globale, en tenant compte de tous les aspects de la vie. Dans ce chapitre, nous explorerons la signification du bien-être personnel, comment l'incorporer dans votre routine quotidienne et comment éviter l'épuisement grâce à des pratiques saines.

Définition du bien-être global

Le bien-être personnel ne se limite pas seulement aux soins du corps physique, il englobe tous les aspects de votre santé et de votre bien-être. Cela inclut l'attention portée aux besoins émotionnels, mentaux, spirituels et sociaux. Le bien-être global reconnaît que tous ces domaines sont interconnectés et jouent un rôle important dans votre qualité de vie. Principaux domaines à considérer lors de la pratique du bien-être global:

Santé physique

Prendre soin de sa santé physique est un pilier essentiel du bien-être global. En priorisant le bien-être de votre corps, vous établissez une base solide pour une vie saine et active. Voici quelques façons de prendre soin de votre santé physique:

Nutrition adéquate: Une alimentation équilibrée et nutritive fournit à votre corps les nutriments essentiels dont il a besoin pour fonctionner de manière efficace. Donnez la priorité à une variété d'aliments, y compris des fruits, des légumes, des protéines maigres, des grains entiers et des graisses saines. Évitez de consommer en excès des aliments ultratransformés, riches en sucres ajoutés, en graisses saturées et en sodium.

Hydratation: Une hydratation adéquate est essentielle pour maintenir le bon fonctionnement de votre corps. L'eau joue un rôle essentiel dans la digestion, l'absorption des nutriments, la régulation de la température corporelle et l'élimination des déchets. Restez hydraté tout au long de la journée en buvant de l'eau régulièrement et en ajustant votre consommation en fonction des activités physiques, de la météo et des besoins individuels.

Exercice régulier: La pratique régulière d'exercices physiques apporte de nombreux avantages pour la santé. Choisissez des activités que vous aimez et qui conviennent à votre style de vie, telles que la marche, la course, la natation, le yoga, la musculation ou la danse. L'exercice aide à renforcer les muscles, à améliorer la flexibilité, à augmenter l'endurance cardiovasculaire et à libérer des endorphines, qui sont des hormones du bien-être.

Sommeil adéquat: Le sommeil est essentiel pour la récupération et la régénération du corps. Établissez une routine de sommeil régulière, vous permettant de dormir de 7 à 9 heures par nuit. Un sommeil de qualité contribue à la fonction cognitive, à l'équilibre hormonal, à la réparation cellulaire et à la santé mentale. Créez un environnement propice au sommeil, avec un matelas confortable, une température appropriée et en réduisant l'exposition à la lumière avant le coucher.

Gestion du stress: Le stress chronique peut avoir un impact négatif sur la santé physique. Pratiquez des techniques de gestion du stress telles que la méditation, la pleine conscience, des exercices de respiration et des activités relaxantes. Trouvez des moyens sains de faire face au stress, en le réduisant et en favorisant un sentiment de calme et d'équilibre.

Consultations médicales: Prendre régulièrement des rendez-vous médicaux est important pour surveiller votre santé physique. Faites des examens de routine tels que des analyses de sang, des mesures de la pression artérielle et des examens de santé préventifs. Cela aide à identifier tôt d'éventuels problèmes de santé et vous permet de prendre des mesures préventives.

Éviter les comportements nocifs: Évitez les comportements nuisibles à la santé tels que la consommation excessive d'alcool, le tabagisme et l'usage de substances illicites. Ces habitudes peuvent avoir un impact négatif sur votre santé physique et augmenter le risque de maladies chroniques.

En prenant soin de votre santé physique, vous investissez dans votre propre bien-être à long terme. N'oubliez pas que de petits changements positifs dans votre style de vie peuvent avoir un grand impact sur votre qualité de vie et sur votre capacité à profiter de toutes les dimensions du bien-être global.

Santé émotionnelle

La santé émotionnelle joue un rôle crucial dans votre bien-être général. Prioriser votre santé mentale implique de prendre soin de votre esprit de manière proactive, en développant des compétences pour faire face aux défis émotionnels et en cultivant un esprit équilibré. Voici quelques façons de prendre soin de votre santé émotionnelle:

Techniques de gestion du stress: Le stress fait partie inévitable de la vie, mais la façon dont vous y faites face peut faire la différence. Pratiquer des techniques de gestion du stress, telles que la méditation, la pleine conscience et les exercices de respiration, aide à réduire l'anxiété et à accroître le sentiment de calme. Ces pratiques peuvent vous aider à vous connecter avec le moment présent et à réduire le rumination mentale.

Connaissance de soi: Accroître votre conscience de vos propres sentiments, émotions et schémas de pensée est essentiel pour la santé émotionnelle. Soyez attentif à vos pensées et sentiments et, lorsque nécessaire, remettez en question les pensées négatives ou déformées. Cela peut aider à éviter l'amplification des émotions négatives.

Expression émotionnelle: Trouver des moyens sains d'exprimer vos émotions est essentiel pour maintenir la santé émotionnelle. Parlez de vos sentiments avec des amis de confiance ou des membres de votre famille, ou envisagez de tenir un journal pour exprimer vos émotions. L'expression émotionnelle peut aider à libérer les sentiments refoulés et à soulager le poids émotionnel.

Recherche de soutien professionnel: Si vous êtes confronté à des défis émotionnels complexes, rechercher l'aide d'un thérapeute ou d'un psychologue est une option précieuse. Ces professionnels peuvent offrir des conseils, des techniques d'adaptation et un espace sûr pour explorer les problèmes émotionnels profonds. N'hésitez pas à demander de l'aide lorsque cela est nécessaire.

Cultiver des relations saines: Les relations sociales positives ont un impact significatif sur votre santé émotionnelle. Restez en contact avec des amis et des membres de votre famille qui offrent soutien et compréhension. Avoir des personnes avec qui vous pouvez partager vos sentiments peut créer un sentiment de connexion et d'appartenance.

Établir des limites saines: Définir des limites saines dans vos interactions sociales et vos engagements est essentiel pour protéger votre santé émotionnelle. Apprenez à dire "non" lorsque c'est nécessaire et réservez du temps pour vous, pour des activités relaxantes et pour recharger vos batteries.

Promouvoir le bien-être général: Gardez à l'esprit que votre santé émotionnelle est liée à d'autres domaines de votre bien-être. Prendre soin de votre santé physique, pratiquer des activités de loisirs que vous aimez et cultiver des relations saines contribue également à votre santé émotionnelle.

La santé émotionnelle est un processus continu qui nécessite de l'attention, de la pratique et de l'auto-soin constant. En adoptant des pratiques saines de gestion du stress, en développant la connaissance de soi et en recherchant du soutien lorsque c'est nécessaire, vous établirez une base solide pour un esprit équilibré et émotionnellement sain.

Santé mentale

La santé mentale est un aspect fondamental de votre bien-être général. Prioriser la santé mentale implique de prendre soin de votre esprit de manière proactive, en développant des stratégies pour maintenir un esprit sain et équilibré. Voici des détails sur la manière de prendre soin de votre santé mentale de manière globale:

Techniques de gestion du stress: Le stress fait partie de la vie, mais vous pouvez apprendre à y faire face de manière efficace. Des techniques telles que la méditation, la pleine conscience et les exercices de respiration aident à réduire l'anxiété et à augmenter la résilience émotionnelle. La pratique régulière de ces techniques peut aider à apaiser l'esprit, améliorer la concentration et favoriser un sentiment de paix intérieure.

Connaissance de soi et autorégulation: Connaître vos propres schémas de pensée, émotions et réactions est essentiel pour la santé mentale. Soyez attentif aux pensées négatives ou déformées et mettez-les en question en vous basant sur des preuves objectives. L'autorégulation implique la capacité de contrôler consciemment vos émotions et réactions, en évitant les réponses impulsives.

Recherche d'aide professionnelle: Si vous êtes confronté à des défis émotionnels plus profonds, chercher de l'aide auprès d'un thérapeute ou d'un psychologue est une option précieuse. Ces professionnels peuvent vous offrir un soutien spécialisé, des techniques d'adaptation et une perspective objective sur vos préoccupations. N'hésitez pas à rechercher de l'aide quand c'est nécessaire.

Promotion de la pensée positive: Cultiver une mentalité positive peut avoir un impact significatif sur votre santé mentale. Pratiquez la focalisation sur le présent, la gratitude et la visualisation positive. En dirigeant votre attention vers les aspects positifs de la vie, vous pouvez réduire les schémas de pensée négatifs et cultiver une perspective optimiste.

Établissement de routines et de structures: Avoir une routine régulière contribue à maintenir la stabilité émotionnelle. Le manque de structure peut accroître l'anxiété et le stress. Établissez des horaires pour les activités, le sommeil, le travail et les loisirs, créant ainsi un sentiment de prévisibilité et de contrôle.

Intégration d'activités de loisirs: Les activités qui procurent du plaisir et de la détente sont essentielles pour la santé mentale. Accordez du temps aux passe-temps, aux centres d'intérêt et aux moments de loisirs. Ces activités peuvent servir de pause nécessaire face au stress quotidien et favoriser le bien-être émotionnel.

Alimentation équilibrée et santé mentale: La relation entre l'alimentation et la santé mentale est significative. Priorisez une alimentation équilibrée riche en nutriments tels que les acides gras oméga-3, les vitamines du complexe B et les antioxydants. Ces nutriments sont associés au bon fonctionnement du cerveau.

Limitation de l'utilisation de la technologie: Bien que la technologie soit utile, une utilisation excessive des appareils électroniques peut affecter la santé mentale. Établissez des limites pour le temps passé sur les appareils et favorisez des moments de déconnexion pour recharger l'esprit.

La santé mentale nécessite des soins continus et proactifs. En adoptant des pratiques de gestion du stress, en cherchant du soutien en cas de besoin et en cultivant une mentalité positive, vous renforcez votre résilience émotionnelle et favorisez un esprit sain et équilibré.

Santé spirituelle

La santé spirituelle est une partie essentielle de l'autosoins global, car elle implique une connexion profonde avec quelque chose de plus grand que soi-même. Bien que la spiritualité soit une expérience hautement individuelle, la cultiver peut apporter des avantages significatifs pour votre santé mentale et émotionnelle. Détails sur la manière de nourrir votre santé spirituelle:

Connexion avec le sens et le but: La dimension spirituelle implique la recherche d'un sens et d'un but dans la vie. Cela peut être atteint en réfléchissant à vos croyances, vos valeurs et vos objectifs. Lorsque vous vous connectez à un but plus élevé, vous êtes mieux préparé à faire face aux défis avec une perspective positive.

Pratiques de réflexion et de méditation: La méditation et les pratiques de réflexion sont de puissantes façons de cultiver la santé spirituelle. La méditation apaise non seulement l'esprit, mais aide également à créer un espace intérieur pour l'introspection et la connexion spirituelle. Les pratiques de réflexion, comme tenir un journal de gratitude ou poser des questions profondes, peuvent également contribuer à la croissance spirituelle.

Connexion avec la nature: Beaucoup de gens trouvent une connexion spirituelle profonde en s'engageant avec la nature. Passer du temps à l'extérieur, contempler la beauté naturelle et se sentir partie intégrante du monde autour de vous peut apporter une sensation de paix et d'harmonie.

Cultivation des valeurs et de l'éthique: La dimension spirituelle est également liée à vos valeurs et à votre éthique. Identifier et vivre selon des valeurs significatives aide à créer une base solide pour votre santé spirituelle. Cela peut impliquer la pratique de la compassion, de la générosité et du respect envers tous les êtres.

Développement de l'empathie et de la compassion: Cultiver la spiritualité implique souvent de développer l'empathie et la compassion pour soi-même et pour les autres. La capacité de se connecter avec les expériences et les sentiments des autres peut conduire à des relations plus saines et à une approche plus compatissante face à l'adversité.

Rituels et pratiques spirituelles: Les rituels et les pratiques spirituelles peuvent varier largement d'une personne à l'autre. Cela peut inclure des prières, des rituels de gratitude, des cérémonies de connexion ou toute autre activité qui vous aide à vous sentir connecté à la spiritualité.

La dimension spirituelle est une partie précieuse de votre bien-être général. En cultivant cette connexion avec quelque chose de plus grand, vous pouvez trouver un sentiment d'équilibre, de but et de sens qui renforce votre résilience et votre capacité à faire face aux défis avec une perspective positive.

Relations sociales

Les relations sociales sont des piliers essentiels de l'autosoins global et du bien-être émotionnel. Cultiver des relations saines et significatives peut avoir un impact profond sur votre qualité de vie. Voici des façons de nourrir vos relations sociales:

Soutien émotionnel et connexion: Les relations saines offrent un soutien émotionnel vital lors des moments de joie et de défis. Avoir des amis, de la famille et des proches avec qui vous pouvez partager vos expériences, vos sentiments et vos préoccupations vous procure un sentiment de connexion et d'appartenance.

Réduction de l'isolement et de la solitude: L'interaction sociale joue un rôle important dans la réduction de l'isolement et de la solitude. Rester impliqué dans des activités sociales et maintenir le contact avec les personnes chères contribue à créer un sentiment de communauté et de soutien.

Activités sociales et interactions significatives: Participer à des activités sociales, des rencontres et des réunions avec des amis et de la famille renforce non seulement les liens, mais apporte également de la joie et du plaisir à votre vie. Engager des conversations significatives et partager des expériences enrichissantes contribue à un sentiment de but.

Communication efficace: Pratiquer une communication efficace est essentielle pour construire et maintenir des relations saines. Cela implique d'écouter attentivement, d'exprimer ses sentiments de manière respectueuse et d'être prêt à résoudre les conflits de manière constructive.

Partage d'expériences et de soutien: Les relations saines offrent un espace sûr pour partager vos expériences, vos joies et vos défis. Avoir des personnes en qui vous pouvez avoir confiance pour offrir du soutien et des conseils est crucial pour votre bien-être émotionnel.

Diversité des relations: N'oubliez pas que vos relations sociales prennent différentes formes, telles que des amis, de la famille, des collègues et des mentors. Chaque type de relation offre différentes formes de soutien et d'enrichissement.

Établissement de limites saines: Rappelez-vous qu'établir des limites saines dans vos relations est essentiel. Cela implique de veiller à ce que vos propres besoins soient également satisfaits et que les relations soient basées sur le respect mutuel.

En nourrissant vos relations sociales et en investissant du temps et de l'énergie dans des connexions significatives, vous construisez un système de soutien qui peut contribuer à renforcer votre résilience émotionnelle. Avoir des personnes en qui vous pouvez avoir confiance pour partager vos joies et vos défis rend votre parcours plus gratifiant et moins solitaire.

Développement personnel

Le développement personnel est un composant essentiel de l'autosoins global, vous permettant de grandir, d'apprendre et d'évoluer en tant qu'individu. En investissant dans votre croissance personnelle, vous vous enrichissez non seulement, mais renforcez également votre capacité à relever les défis et à profiter pleinement de la vie. Informations détaillées sur la manière de cultiver le développement personnel:

Définition des objectifs et des défis: Le développement personnel implique de définir des objectifs stimulants qui sont alignés sur vos intérêts et vos valeurs. En ayant des objectifs clairs, vous créez un sentiment de direction et de but dans votre vie, ainsi qu'une incitation à vous surpasser.

Apprentissage continu: La quête de l'apprentissage continu est l'un des piliers du développement personnel. Cela peut inclure la lecture de livres, la participation à des cours, l'acquisition de nouvelles compétences et l'exploration de sujets qui vous intriguent. L'apprentissage élargit non seulement vos horizons, mais garde également votre esprit actif et curieux.

Exploration des passe-temps et des centres d'intérêt: Consacrer du temps à des passe-temps et à des centres d'intérêt qui vous apportent de la joie et de la satisfaction est un moyen précieux de prendre soin de vous. Cela peut inclure des activités telles que la peinture, jouer d'un instrument de musique, cuisiner, écrire ou pratiquer des sports. L'exploration de nouveaux centres d'intérêt enrichit votre vie et offre une échappatoire créative.

Connaissance de soi: Le développement personnel implique également la connaissance de soi. Prenez le temps de mieux vous comprendre en identifiant vos valeurs, vos forces, vos faiblesses et les domaines dans lesquels vous souhaitez progresser. La connaissance de soi vous aide à prendre des décisions en accord avec vos besoins et vos aspirations.

Défi positif: En recherchant des défis positifs, vous vous sortez de votre zone de confort et stimulez votre croissance. Cela élargit non seulement vos compétences, mais augmente également votre confiance en votre capacité à surmonter les obstacles.

Établissement de priorités: Donnez la priorité aux activités qui contribuent à votre développement personnel. Bien que la vie puisse être occupée, consacrer du temps à cet aspect est crucial pour votre évolution continue.

Découverte de soi et accomplissement: Le développement personnel peut conduire à une plus grande découverte de soi et à un plus grand accomplissement. À mesure que vous vous lancez des défis, apprenez et grandissez, vous ressentez un sentiment de satisfaction personnelle et une augmentation de l'estime de soi.

Comprenez que le développement personnel est un voyage continu, et chaque pas que vous faites vers la croissance contribue à un sens plus profond du but et de la signification dans votre vie. En cultivant le développement personnel, vous investissez en vous-même, enrichissez votre perspective et êtes mieux préparé à relever les défis qui se présentent.

Loisirs et divertissement

Incorporer les loisirs et les moments de divertissement dans votre vie est essentiel pour favoriser un équilibre sain entre vos responsabilités et votre bien-être. Les loisirs ne sont pas seulement une indulgence, mais font partie intégrante de l'autosoins global. Voici comment donner la priorité aux loisirs et au divertissement dans votre quotidien:

Équilibre et soulagement du stress: Les loisirs jouent un rôle important dans l'équilibre des exigences de la vie quotidienne. Lorsque vous vous consacrez à des activités plaisantes et relaxantes, vous pouvez soulager le stress accumulé et recharger vos batteries, ce qui contribue à une plus grande résilience face aux défis.

Exploration de passe-temps: Quels que soient vos centres d'intérêt ou passions, consacrer du temps à un passe-temps que vous aimez est un moyen précieux d'incorporer les loisirs dans votre vie. Que ce soit cuisiner, faire du sport, jardiner, pratiquer l'art, la musique ou toute autre activité qui vous rend heureux et épanoui.

Déconnexion numérique: Les loisirs impliquent également de se déconnecter des distractions numériques et de vous permettre d'être présent dans l'instant. Cela peut inclure des promenades en plein air, la lecture d'un livre physique ou profiter d'une conversation en face à face avec des amis et des proches.

Création de souvenirs positifs: En prenant du temps pour des activités amusantes et relaxantes, vous créez des souvenirs positifs qui contribuent à votre bonheur à long terme. Ces expériences peuvent vous faire sourire lorsque vous vous en souviendrez.

Moments de recharge: Les loisirs offrent des moments de recharge, vous permettant de vous éloigner des soucis quotidiens. Cela revitalise votre esprit et augmente votre motivation à aborder vos responsabilités avec plus d'énergie.

Encouragement à la créativité: Les activités de loisirs stimulent souvent la créativité, ce qui est bénéfique pour l'esprit et le bien-être émotionnel. En vous engageant dans des activités créatives, vous pouvez trouver un moyen d'expression et libérer vos émotions.

Joie et satisfaction: Le divertissement et les loisirs procurent une sensation de joie et de satisfaction, ajoutant une touche de positivité à votre vie. Ces moments peuvent être une pause bienvenue dans votre routine, vous aidant à apprécier les petits plaisirs de la vie.

Incorporer les loisirs et le divertissement dans votre vie n'est pas seulement une indulgence, mais une nécessité pour votre santé et votre bien-être général. En donnant la priorité aux loisirs, vous prenez soin de votre esprit, de votre corps et de votre âme, favorisant un style de vie équilibré et heureux. N'oubliez pas de réserver régulièrement du temps pour des activités qui vous apportent de la joie et vous permettent de profiter de la beauté de la vie.

En embrassant tous ces aspects de l'autosoins global, vous créez une base solide pour une vie équilibrée et saine. Comprenez que chaque personne est unique, alors adaptez ces pratiques à vos besoins individuels.

Incorporer la routine de l'autosoins

Intégrer l'autosoins dans votre routine quotidienne est un moyen efficace de veiller à ce que vous preniez constamment soin de tous les aspects de votre bien-être. En créant une routine incluant des pratiques saines d'autosoins, vous établissez une base solide pour maintenir votre équilibre et votre bien-être à long terme. Stratégies pour incorporer l'autosoins dans votre vie:

Établir des priorités

Établir des priorités est une étape cruciale dans l'intégration de l'autosoins dans votre vie. En identifiant les domaines les plus importants pour vous, vous créez une base solide pour développer des habitudes saines qui favorisent votre bien-être global. Comment établir des priorités dans l'autosoins et évaluer vos besoins et objectifs:

Auto-évaluation: Commencez par réfléchir à vos besoins et objectifs personnels. Posez-vous des questions sur ce qui est important pour vous et sur ce que vous souhaitez accomplir en termes de santé physique, émotionnelle et mentale. Considérez les aspects que vous aimeriez améliorer ou renforcer dans votre vie.

Domaines de l'autosoins: L'autosoins englobe un large éventail de domaines, y compris la santé physique, émotionnelle, mentale, spirituelle, relationnelle et personnelle. Énumérez ces domaines et réfléchissez à ceux qui sont les plus pertinents pour vos besoins et objectifs actuels.

Priorisation claire: Une fois que vous avez identifié les domaines d'autosoins les plus significatifs pour vous, il est temps d'établir des priorités claires. Posez-vous des questions sur les domaines qui sont les plus urgents ou qui nécessitent plus d'attention en ce moment. Cela vous aidera à concentrer vos efforts et vos ressources sur ces domaines spécifiques.

Besoins et objectifs personnels: Prenez en compte vos besoins et objectifs personnels lorsque vous établissez vos priorités. Par exemple, si vous souhaitez améliorer votre santé physique, vous pouvez donner la priorité à l'activité physique régulière et à une alimentation équilibrée. Si vous cherchez à améliorer votre santé émotionnelle, vous pouvez vous concentrer sur les techniques de gestion du stress et les pratiques d'autosoins émotionnels.

Établir des priorités claires dans l'autosoins vous permet de concentrer votre énergie et vos efforts sur les domaines qui comptent le plus pour vous. Cela garantit que vous consacrez du temps et de l'attention aux aspects qui contribuent de manière significative à votre bien-être général et à votre bonheur.

Créez une routine

Établir une routine d'autosoins est une étape essentielle pour vous assurer de consacrer régulièrement du temps pour prendre soin de vous. En créant une structure cohérente dans votre vie, vous facilitez l'incorporation d'habitudes saines qui favorisent votre bien-être. Détails sur la création d'une routine d'autosoins efficace:

Identifiez les moments idéaux: Commencez par identifier les moments de la journée où vous pouvez consacrer du temps aux autosoins. Cela peut varier d'une personne à l'autre en fonction de votre emploi du temps et de vos préférences. Certains préfèrent commencer la journée par des pratiques d'autosoins, tandis que d'autres pensent qu'il est préférable de réserver du temps le soir.

Planifiez à l'avance: Programmez votre temps d'autosoins à l'avance. Réservez un créneau spécifique dans votre agenda afin d'avoir un engagement envers vous-même. Cela aide à éviter que d'autres engagements n'occupent ce temps et montre que vous valorisez votre bien-être.

Variété d'activités: Votre routine d'autosoins peut inclure une variété d'activités, de l'exercice physique aux pratiques de détente, en passant par la lecture, la méditation, le yoga, le temps en plein air, et bien d'autres. Essayez différentes activités pour découvrir celles qui sont les plus efficaces pour vous.

Équilibre entre les domaines: Lorsque vous créez votre routine d'autosoins, veillez à inclure des pratiques qui abordent divers domaines du bien-être, tels que la santé physique, émotionnelle, mentale et spirituelle. Cela contribue à maintenir un équilibre global dans votre vie.

Définissez des rappels: Si vous avez tendance à oublier vos moments d'autosoins, définissez des rappels sur votre téléphone ou votre calendrier. Ces rappels peuvent vous aider à rester responsable de vos pratiques régulières.

Adaptation aux changements: Votre routine d'autosoins peut nécessiter des ajustements au fil du temps en raison de changements dans votre emploi du temps ou votre situation. Soyez prêt à apporter des adaptations si nécessaire, mais donnez toujours la priorité au temps que vous consacrez à prendre soin de vous.

La constance est la clé: La constance est essentielle pour que la routine d'autosoins soit efficace. Même s'il y a des jours chargés, réservez du temps, même s'il est court, pour pratiquer l'autosoins. Cela contribue à maintenir les avantages au fil du temps.

En créant une routine d'autosoins, vous créez un espace dédié à vous-même, où vous pouvez vous ressourcer, vous détendre et favoriser votre bien-être. Cette routine deviendra une partie essentielle de votre journée, vous permettant de vous sentir plus équilibré, en meilleure santé et revitalisé.

Soyez flexible

Bien qu'établir une routine d'autosoins soit important, il est tout aussi essentiel d'être flexible et adaptable. La vie réserve souvent des imprévus, des changements de plans et des situations qui peuvent interférer avec votre routine planifiée. Voici comment cultiver la flexibilité dans votre routine d'autosoins:

Accepter la nature changeante de la vie: Comprenez que la vie est dynamique et ne suivra pas toujours un cours prévisible. Il y aura des moments où vous devrez ajuster votre routine en raison d'engagements inattendus, de changements d'horaires ou de circonstances imprévues. Au lieu de vous frustrer face à ces situations, voyez-les comme des opportunités pour pratiquer l'adaptation.

Plan de secours: Ayez un plan de secours en tête. Cela signifie que vous pouvez avoir des alternatives ou des versions plus courtes de vos pratiques d'autosoins qui peuvent s'intégrer lorsque le temps est limité. Par exemple, si vous aviez prévu une séance de yoga d'une heure, mais que vous manquez de temps, vous pouvez opter pour quelques minutes de respiration profonde et d'étirements rapides.

Profitez des petits moments: Trouvez des moyens d'intégrer des pratiques d'autosoins dans les courts moments de votre journée. Cela peut inclure quelques minutes de méditation avant une réunion, une courte promenade pendant la pause déjeuner ou même un moment pour apprécier la nature en attendant quelque chose.

Les ajustements ne signifient pas abandon: Il est important de comprendre que faire des ajustements dans votre routine d'autosoins ne signifie pas que vous abandonnez ou négligez votre santé. Au contraire, c'est une reconnaissance que la vie est variable et que vous vous engagez à trouver des moyens de continuer à prendre soin de vous, même lorsque les circonstances changent.

Adaptez-vous avec bienveillance: Lorsque vous devez ajuster votre routine, faites-le avec bienveillance envers vous-même. Évitez de vous blâmer de ne pas suivre rigoureusement le plan initial. Sachez que la flexibilité est une compétence précieuse et que votre engagement envers le soin de soi reste intact, quelles que soient les évolutions qui se produisent.

Cultiver la flexibilité dans votre routine d'autosoins vous permettra d'être plus résilient face aux changements et défis de la vie. En vous adaptant avec une mentalité positive, vous conservez votre capacité à prendre soin de vous, quelles que soient les circonstances.

Établissez des limites

Définir et maintenir des limites saines est une partie cruciale de l'autosoins. Établir ces limites vous permet de protéger votre santé physique, émotionnelle et mentale en évitant l'épuisement. L'importance d'établir des limites et comment le faire:

La valeur des limites: Établir des limites saines est une façon de montrer du respect pour vous-même et vos besoins. En définissant clairement ce que vous êtes prêt à faire et jusqu'où vous êtes prêt à vous engager, vous évitez de vous surcharger d'obligations excessives et d'activités qui ne contribuent pas à votre bien-être.

L'importance du "non": Apprendre à dire "non" quand c'est nécessaire est une compétence vitale pour l'autosoins. Dire "non" ne signifie pas que vous êtes égoïste ; cela signifie que vous accordez de la valeur à vos propres besoins et à votre équilibre. Lorsque vous acceptez trop d'engagements, vous pouvez finir par épuiser vos énergies, nuire à votre santé et réduire votre capacité à prendre soin de vous.

Identifier vos limites: Pour établir des limites efficaces, vous devez identifier vos propres besoins et capacités. Évaluez combien de temps et d'énergie vous avez disponible pour diverses activités, y compris le travail, les relations et l'autosoins. En connaissant vos limites, vous pouvez faire des choix plus conscients sur la façon de diriger votre énergie.

Prioriser le bien-être: Lorsque vous établissez des limites, vous mettez votre bien-être en premier. Évaluez si une activité ou un engagement est vraiment bénéfique pour vous. Si quelque chose interfère significativement avec votre autosoins ou génère un stress excessif, envisagez de dire "non" ou d'apporter des ajustements pour protéger votre équilibre.

Communiquer de manière respectueuse: Communiquer vos limites de manière respectueuse et assertive est essentiel. Exprimez vos limites de manière claire et directe, évitant le besoin de justifier excessivement vos choix. Gardez à l'esprit qu'il est parfaitement valable de refuser une invitation ou un engagement si cela interfère avec votre autosoins.

Apprenez à dire "oui" à vous-même: Établir des limites est une façon de dire "oui" à vos propres besoins. En définissant ces limites, vous créez de l'espace pour prendre soin de vous-même, cultiver le bien-être et éviter la surcharge. Prenez conscience qu'en prenant soin de vous-même, vous serez mieux équipé pour offrir du soutien et être présent dans les domaines importants de votre vie.

En établissant des limites saines, vous investissez dans votre propre bien-être et soutenez votre capacité à prendre soin de vous à long terme. Cela renforce non seulement votre santé physique et émotionnelle, mais contribue également à des relations plus équilibrées et une vie plus gratifiante.

Pratiquez la constance

La constance joue un rôle fondamental dans la transformation de l'autosoins en une habitude durable et efficace. Maintenir une pratique régulière de l'autosoins, même lorsque la vie devient mouvementée, est essentiel pour garantir que vous continuiez à récolter les avantages à long terme. Informations sur pourquoi la constance est cruciale et comment vous pouvez la pratiquer :

La base des habitudes saines : La constance est la base de la formation d'habitudes saines. Lorsque vous pratiquez régulièrement des soins personnels, ils deviennent une partie intégrante de votre routine et de votre mode de vie. Avec le temps, ces pratiques deviennent automatiques, ce qui facilite l'intégration de l'autosoins dans votre quotidien.

Maintenir l'équilibre : La vie présente souvent des défis et des périodes chargées, mais c'est pendant ces périodes que l'autosoins devient encore plus essentiel. La constance dans l'autosoins aide à maintenir l'équilibre, en réduisant les effets négatifs du stress et de l'épuisement. En continuant à prioriser votre bien-être, vous serez mieux préparé à relever les défis qui se présentent.

Prévention de l'épuisement : Lorsque vous êtes constant dans vos pratiques d'autosoins, vous prévenez l'épuisement. Plutôt que d'attendre que l'épuisement vous force à vous arrêter et à prendre soin de vous, la constance vous permet de recharger régulièrement vos énergies, vous maintenant dans un état de santé plus positif.

Engagement envers vous-même : En pratiquant la constance dans l'autosoins, vous démontrez un engagement envers vous-même et votre santé. Même lorsque la vie devient mouvementée, prendre le temps de prendre soin de vous renforce le message que votre bien-être est une priorité non négociable. Cet engagement continu renforce votre estime de soi et votre valeur personnelle.

Rappelez-vous que la constance est un processus et qu'il peut y avoir des moments où vous faites des écarts. L'important est de revenir à la pratique de l'autosoins sans vous blâmer. À mesure que vous pratiquez la constance, vous constaterez que l'autosoins deviendra une partie naturelle et essentielle de votre vie, contribuant à votre santé et à votre bonheur continu.

Essayez différentes activités

La diversité des activités d'autosoins vous permet de découvrir quelles pratiques correspondent le mieux à vos besoins et préférences individuels. Essayer différentes activités est un moyen de trouver celles qui apportent le plus de bienfaits, de plaisir et de soulagement dans votre parcours de soins personnels. Comment explorer différentes activités d'autosoins:

La découverte de l'autosoins personnel: Chaque individu est unique, et ce qui fonctionne comme autosoins pour une personne peut ne pas être le choix idéal pour une autre. En expérimentant une variété d'activités, vous vous donnez l'occasion de découvrir quelles pratiques résonnent avec vous sur les plans physique, émotionnel et mental.

Adaptation selon les besoins: Les besoins en matière d'autosoins peuvent varier avec le temps et les circonstances. Ce qui est bénéfique un jour peut ne pas être le meilleur choix un autre jour. Essayer différentes activités vous permet d'adapter vos autosoins à vos besoins et à ce qui se passe dans votre vie.

Pratiques physiques et mentales: Les activités d'autosoins varient largement, allant des activités physiques aux pratiques mentales et émotionnelles. Vous pouvez explorer des activités telles que la marche, la course, la natation, le yoga, la méditation, la peinture, l'écriture, la lecture, l'écoute de musique, entre autres. La clé est de choisir ce qui correspond à votre état actuel et à vos besoins.

Équilibre entre effort et détente: En essayant différentes activités d'autosoins, tenez compte de la variété d'expériences qu'elles offrent. Certaines activités peuvent être plus énergiques et stimulantes, tandis que d'autres peuvent être relaxantes et calmes. Trouver un équilibre entre ces types d'activités peut être bénéfique pour répondre à différents aspects de vos besoins.

Expérimentation continue: L'autosoins n'est pas statique ; c'est un processus en constante évolution. À mesure que vous traversez différentes phases de la vie, vos préférences et vos besoins en matière d'autosoins peuvent également changer. Par conséquent, soyez ouvert à l'expérimentation continue. Cela peut impliquer de revisiter des activités que vous n'avez pas pratiquées depuis un certain temps, ainsi que d'explorer de nouvelles pratiques qui attirent votre attention.

Rappelez-vous que l'autosoins est un voyage individuel, et l'exploration de différentes activités d'autosoins vous permet de créer une boîte à outils personnalisée pour prendre soin de votre santé physique, mentale, émotionnelle et spirituelle.

Adaptation au fil du temps

L'autosoins est un processus dynamique qui évolue à mesure que vous traversez différentes phases de la vie, faites face à de nouveaux défis et expérimentez des changements dans vos circonstances. Adapter vos pratiques d'autosoins au fil du temps est essentiel pour vous assurer que vous prenez soin de vous de manière efficace et pertinente. Voici comment vous adapter à l'autosoins au fil du temps:

L'importance de l'évaluation continue: Évaluer régulièrement vos pratiques d'autosoins est essentiel pour vous assurer qu'elles continuent de répondre à vos besoins. Ce qui fonctionne pour vous à un moment donné de votre vie peut ne pas être aussi efficace à un autre moment. La vie est en constante évolution, et vos priorités et responsabilités peuvent changer au fil du temps.

Identification des changements et des besoins: Soyez attentif aux changements dans votre vie, qu'ils soient positifs ou difficiles. Qu'il s'agisse d'un changement d'emploi, d'une nouvelle relation, de l'arrivée d'un enfant, de la retraite ou de toute autre transition, ces événements peuvent influencer vos besoins en matière d'autosoins. Identifiez comment ces changements peuvent vous affecter et ajustez vos pratiques en conséquence.

Flexibilité et adaptation: Être flexible quant à vos pratiques d'autosoins est crucial. Si vous constatez qu'une activité ou une approche ne vous apporte plus les mêmes avantages, soyez prêt à apporter des ajustements. Cela peut impliquer d'introduire de nouvelles pratiques, de modifier les pratiques existantes ou même d'éliminer celles qui ne vous sont plus bénéfiques.

Le rôle de la conscience de soi: La conscience de soi est essentielle pour percevoir quand il est temps d'ajuster vos pratiques d'autosoins. Faites attention à vos émotions, à votre niveau de stress, à votre énergie et à votre bien-être général. Ces signes peuvent indiquer si vos pratiques actuelles sont efficaces ou s'il est nécessaire de faire des changements.

Soutien externe: Parler à des amis, à la famille ou à des professionnels de la santé mentale peut vous aider à obtenir un point de vue extérieur sur vos pratiques d'autosoins. Ils peuvent offrir des perspectives sur des domaines que vous n'avez peut-être pas envisagés ou suggérer des ajustements bénéfiques.

Gardez l'esprit ouvert: Soyez ouvert à expérimenter de nouvelles approches d'autosoins à mesure que vous évoluez. Ce qui peut sembler hors de votre zone de confort initialement peut être exactement ce dont vous avez besoin dans une nouvelle phase de la vie. Autorisez-vous à explorer et à grandir avec vos pratiques.

L'évolution continue de l'autosoins: Rappelez-vous que l'autosoins est un processus en constante évolution, ce qui peut soulager la pression de trouver une formule parfaite. La capacité de s'adapter et d'ajuster vos pratiques d'autosoins démontre un engagement continu envers votre santé et votre bien-être.

Intégrer l'autosoins dans votre routine profite non seulement à vous-même, mais peut également avoir un impact positif sur votre santé, vos relations et votre qualité de vie en général. Le parcours de l'autosoins est un investissement constant dans votre bien-être, et l'adaptation est la clé pour vous assurer que vous prenez toujours soin de vous de la meilleure façon possible.

Éviter l'épuisement

Le manque d'autosoins peut conduire à l'épuisement physique et émotionnel, affectant négativement votre santé et votre qualité de vie. Reconnaître les signes de surcharge est crucial pour prévenir l'épuisement. Voici des moyens d'éviter l'épuisement et de mieux prendre soin de vous:

Soyez attentif aux signes

La vie moderne nous demande souvent beaucoup, et il est facile de tomber dans le piège de la surcharge. Reconnaître les signes que vous approchez de l'épuisement ou que vous y êtes déjà est crucial pour éviter des conséquences plus graves pour votre santé physique, mentale et émotionnelle. Soyez attentif aux signes de surcharge:

Fatigue constante: Un des premiers signes que vous pourriez être submergé est la fatigue constante. Si vous vous sentez épuisé même après une bonne nuit de sommeil ou si vous n'avez pas d'énergie pour effectuer des tâches simples, c'est un signe que votre corps réclame du repos.

Irritabilité et changements d'humeur: La surcharge peut également se manifester par de l'irritabilité, des explosions émotionnelles ou des changements d'humeur. Si vous remarquez que vous réagissez de manière excessive à des situations qui ne vous affecteraient normalement pas autant, c'est un signe que votre capacité à gérer le stress est compromise.

Difficulté de concentration et de prise de décisions: Lorsque nous sommes submergés, notre capacité de concentration et de prise de décisions peut être altérée. Si vous avez du mal à vous concentrer sur le travail ou les activités quotidiennes et à prendre des décisions impulsives, cela peut indiquer un niveau de stress nocif.

Manque de motivation et d'intérêt: La surcharge peut également entraîner une perte de motivation et d'intérêt pour les choses qui vous apportaient normalement de la joie. Si vous vous sentez apathique vis-à-vis des activités qui vous enthousiasmaient auparavant, il est important de prêter attention à ce signe.

Problèmes de sommeil et de santé physique: L'épuisement peut affecter votre sommeil, entraînant des problèmes tels que l'insomnie ou un sommeil fragmenté. De plus, la surcharge prolongée peut avoir un impact négatif sur votre santé physique, augmentant la susceptibilité aux maladies et réduisant la fonction immunitaire.

Respectez vos limites: La clé pour éviter l'épuisement est de respecter vos propres limites. Sachez quand il est temps de ralentir, de dire non aux engagements supplémentaires et de prioriser l'autosoins. Ignorer les signes de surcharge peut entraîner l'épuisement, le burnout et des problèmes de santé plus graves.

L'importance d'un autosoins régulier: La pratique régulière de l'autosoins est un moyen efficace de prévenir la surcharge. En prenant le temps de prendre soin de vous, vous rechargez vos énergies et développez la résilience pour faire face aux défis de la vie. Gardez à l'esprit que prendre soin de vous n'est pas de l'égoïsme, mais un investissement dans votre propre santé et bien-être.

Soyez attentif aux signes que votre corps et votre esprit envoient et n'hésitez pas à ajuster votre routine pour soulager la surcharge. Si nécessaire, recherchez de l'aide professionnelle, telle que la thérapie ou le conseil, pour apprendre des stratégies efficaces de gestion du stress et prévenir des problèmes plus graves liés à la surcharge.

Prenez des pauses régulières

Dans un monde de plus en plus rapide et exigeant, il est essentiel de réserver régulièrement des moments tout au long de la journée pour faire des pauses et recharger vos énergies. Les pauses ne sont pas seulement un luxe ; elles sont une nécessité pour maintenir votre bien-être physique, mental et émotionnel. L'importance de prendre des pauses régulières inclut:

Rénovation de l'énergie: Prendre des pauses tout au long de la journée vous permet de renouveler votre énergie physique, mentale et émotionnelle. Même une courte pause peut aider à revitaliser votre esprit et à recharger votre corps, vous rendant plus alerte et productif.

Amélioration de la concentration et de la productivité: Lorsque vous êtes constamment concentré sur une tâche, il est facile de se sentir mentalement fatigué et de perdre en clarté. Prendre régulièrement des pauses améliore votre concentration, vous permettant de reprendre vos activités avec un esprit plus clair et productif.

Réduction du stress: Le stress continu sans pauses peut conduire à l'accumulation de tension et d'anxiété. Prendre des moments pour se détendre et respirer profondément pendant la journée contribue à réduire le stress et favorise un sentiment de calme.

Prévention de la fatigue mentale: La fatigue mentale survient lorsque votre esprit est surchargé et épuisé. Prendre régulièrement des pauses contribue à prévenir la fatigue mentale, permettant à votre esprit de se reposer et de récupérer avant d'aborder de nouvelles tâches.

Rappelez-vous que les pauses n'ont pas besoin d'être longues pour être efficaces. Trouvez un rythme qui fonctionne pour vous et votre style de travail. Prendre des moments pour des pauses régulières démontre de l'autocompassion et un engagement envers votre santé et votre bien-être général. C'est une pratique simple mais puissante qui peut avoir un impact positif significatif sur votre qualité de vie.

Pratiquez l'autoréflexion

La pratique de l'autoréflexion est un outil précieux pour maintenir un équilibre sain entre vos responsabilités et vos besoins personnels. Elle implique de prendre régulièrement du temps pour se connecter à soi-même, évaluer comment vous vous sentez et vous assurer que vous accordez la priorité à votre bien-être. Voici des façons de pratiquer l'autoréflexion pour un auto-soin durable:

Connexion à soi-même: L'autoréflexion est un moment de pause au milieu de l'agitation de la vie quotidienne. C'est un espace où vous pouvez vous reconnecter à vous-même, explorer vos sentiments et pensées, et gagner une compréhension plus profonde de vos propres besoins et désirs.

Évaluation de l'équilibre: Pendant l'autoréflexion, vous pouvez évaluer comment vous équilibrez vos responsabilités avec vos besoins personnels. Posez-vous la question: "Est-ce que je prends bien soin de moi? Est-ce que je prends du temps pour des activités qui me procurent de la joie et de la détente?" Cela vous aide à identifier les domaines où vous pourriez vous surmener et où vous pouvez ajuster votre approche.

Signaux d'alerte: L'autoréflexion vous permet également de reconnaître les signaux d'alerte indiquant un déséquilibre. Si vous vous sentez constamment stressé, épuisé, irrité ou émotionnellement débordé, ce sont peut-être des signes qu'il est temps d'ajuster votre approche et de consacrer plus de temps à l'auto-soin.

Définition des priorités: L'autoréflexion vous aide à définir des priorités claires. En évaluant vos responsabilités et vos besoins personnels, vous pouvez identifier ce qui est le plus important pour votre bien-être et vous concentrer sur ces aspects.

L'autoréflexion n'est pas simplement une activité occasionnelle, mais un engagement continu envers vous-même. En prenant régulièrement du temps pour vous autoréfléchir, vous investissez dans votre santé physique, émotionnelle et mentale. Cela vous permet de maintenir un équilibre sain dans votre vie et d'apporter les ajustements nécessaires pour un auto-soin durable et efficace.

Demandez de l'aide

Demander de l'aide est un acte de courage et d'auto-compassion, essentiel pour maintenir des soins personnels efficaces et durables. Souvent, la surcharge ou l'épuisement peuvent nous amener à penser que nous devons tout gérer seuls, mais ce n'est pas vrai. En demandant du soutien, vous renforcez votre réseau de soutien et permettez à d'autres de partager le fardeau de vos responsabilités. Voici des façons de demander de l'aide de manière saine et efficace:

Reconnaître le besoin d'aide: Il est important d'être conscient des signes que vous vous sentez submergé ou incapable de faire face à vos responsabilités seul. Cela peut inclure des sentiments d'épuisement constant, d'irritabilité, de difficulté de concentration et de manque de motivation. Si vous remarquez ces signes, c'est un indicateur qu'il est temps de demander de l'aide.

Mettre en avant votre réseau de soutien: Votre réseau de soutien comprend des amis, des membres de votre famille, des collègues et des professionnels de la santé. Ces personnes sont là pour vous soutenir et peuvent offrir des perspectives, des conseils et une aide pratique. N'hésitez pas à faire appel à eux lorsque vous avez besoin d'aide.

Rompre avec la stigmatisation: Demander de l'aide n'est pas un signe de faiblesse. En fait, c'est un signe de prise de conscience de soi et de respect de soi. Les soins personnels impliquent de reconnaître vos propres limites et de prendre des mesures pour préserver votre bien-être. Accepter l'idée de demander de l'aide contribuera à briser la stigmatisation associée au besoin de soutien.

La force dans la vulnérabilité: Demander de l'aide est un acte de vulnérabilité, mais c'est aussi un acte de courage. Cela montre que vous êtes prêt à reconnaître vos besoins et à rechercher les ressources disponibles pour les satisfaire. Accepter le soutien des autres renforce vos relations et favorise des soins personnels plus efficaces et équilibrés. Sachez que vous n'êtes pas seul et qu'il y a des personnes prêtes à tendre la main quand vous en avez besoin.

Apprenez à dire non

La capacité de dire non est fondamentale pour votre auto-soin et votre bien-être. Bien qu'il soit naturel de vouloir aider et faire plaisir aux autres, accepter trop de tâches et d'engagements peut conduire à la surcharge et à l'épuisement. Apprendre à dire non de manière assertive et respectueuse est une façon puissante de protéger votre temps, votre énergie et votre santé mentale. Voici des façons de développer cette compétence:

Reconnaître l'importance de dire non: Dire "non" ne signifie pas être égoïste ou impoli. Au contraire, c'est une manière d'honorer vos propres limites et besoins. Lorsque vous en faites trop, vous pouvez compromettre votre bien-être et votre efficacité dans d'autres domaines de la vie.

Évaluation des engagements: Avant d'accepter de nouvelles tâches ou responsabilités, prenez un moment pour évaluer votre charge actuelle. Demandez-vous si vous avez réellement le temps et l'énergie nécessaires pour vous consacrer à cette nouvelle responsabilité.

Communiquer clairement: Lorsque vous dites non, soyez clair et direct. Vous n'avez pas besoin de fournir d'excuses élaborées ou de vous justifier de manière excessive. Une réponse simple et honnête, telle que "En ce moment, je n'ai pas la capacité d'assumer plus de tâches", suffit.

Proposer des alternatives: Si possible, proposez des alternatives ou des suggestions. Par exemple, vous pouvez dire: "Je ne peux pas aider pour le moment, mais peut-être pouvons-nous trouver quelqu'un d'autre qui le peut" ou "Je suis un peu débordé en ce moment, mais je peux aider après cette date."

Défendre votre temps et votre énergie: Comprenez qu'il est tout à fait acceptable de prioriser votre propre bien-être. Dire "non" n'est pas un signe de faiblesse, mais plutôt de conscience de soi et d'auto-compassion.

Pratiquer le non avec gratitude: Parfois, dire non est une manière de préserver votre capacité à donner le meilleur de vous-même lorsque cela compte vraiment. En disant non aux choses qui ne sont pas alignées avec vos priorités, vous libérez de l'espace et de l'énergie pour les choses qui comptent vraiment.

Apprendre de l'expérience: Gardez à l'esprit que savoir dire non est un processus continu. Cela peut être difficile au début, surtout si vous avez l'habitude de dire oui automatiquement. Avec le temps, cependant, cette compétence deviendra plus naturelle et vous apportera des avantages durables.

Cultiver des relations saines: Dire non implique également d'établir des limites saines dans vos relations. Les personnes qui valorisent votre bien-être respecteront vos décisions et comprendront lorsque vous aurez besoin de dire non.

Sachez que dire non est un acte d'auto-soin et un moyen de protéger votre santé mentale et émotionnelle. En établissant des limites et en équilibrant vos responsabilités, vous vous donnez les moyens de mener une vie plus équilibrée et satisfaisante.

Ajustez vos attentes

L'attente fait naturellement partie de la vie, mais lorsqu'elle n'est pas gérée correctement, elle peut entraîner des sentiments de pression, de stress et d'épuisement. Ajuster vos attentes à un niveau réaliste est une stratégie essentielle pour protéger votre bien-être émotionnel et maintenir un sentiment d'équilibre. Voici des façons de pratiquer l'ajustement des attentes:

Reconnaître l'importance de l'ajustement: Des attentes irréalistes peuvent créer un cycle de mécontentement et de frustration. Accepter que tout ne peut pas être atteint ou contrôlé de manière parfaite est une étape cruciale pour réduire le stress et la surcharge.

Définir les priorités: Lorsque vous ajustez vos attentes, il est important d'identifier vos priorités. Demandez-vous quelles sont les principales et réalisables pour le moment. Concentrez-vous sur ce qui est essentiel pour vous et peut être atteint avec les ressources et le temps disponibles.

Éviter le perfectionnisme: Le perfectionnisme est un piège courant qui peut conduire à des attentes irréalistement élevées. Reconnaissez que rechercher la perfection est souvent inaccessible et peut causer plus de stress que de bienfaits. Cherchez plutôt l'excellence dans un cadre réaliste.

Pratiquer l'auto-compassion: Soyez gentil avec vous-même lorsque les choses ne se passent pas comme prévu. Rappelez-vous que tout le monde fait face à des défis et à des moments où les choses ne se passent pas comme prévu. Au lieu de vous critiquer, pratiquez l'auto-compassion et reconnaissez vos efforts.

Établir des objectifs réalistes: Lorsque vous fixez des objectifs, assurez-vous qu'ils sont atteignables dans les circonstances actuelles. Les objectifs réalistes prennent en compte vos ressources, votre temps et votre capacité. Diviser les objectifs plus importants en étapes plus petites peut également les rendre plus réalisables.

Pratiquer la flexibilité: La vie est imprévisible et ne se déroule pas toujours comme prévu. Soyez prêt à ajuster vos attentes lorsque les situations changent. La flexibilité vous permet de vous adapter aux changements et d'éviter des frustrations inutiles.

Célébrer les réalisations: En ajustant vos attentes, il est également important de reconnaître et de célébrer vos réalisations, aussi petites soient-elles. Apprécier les progrès que vous faites vers vos objectifs contribue à maintenir une perspective positive.

Chercher de l'aide et du soutien: Si vous vous sentez dépassé ou avez du mal à ajuster vos attentes, envisagez de demander de l'aide à des amis, à votre famille ou à des professionnels de la santé mentale. Avoir un point de vue extérieur peut vous aider à évaluer vos attentes de manière plus objective.

En pratiquant l'ajustement des attentes, vous construisez une base solide pour une vie équilibrée et saine. En définissant des objectifs réalistes, en pratiquant l'auto-compassion et en adoptant une approche flexible, vous pouvez réduire le stress et la surcharge, vous permettant de vous concentrer sur ce qui est le plus important pour votre bien-être.

Fais ce qui te fait du bien

Une partie fondamentale de l'auto-soin est de donner la priorité aux activités qui apportent de la joie, de la détente et de la satisfaction personnelle. Faire ce qui te fait du bien n'est pas seulement un luxe, mais une nécessité pour maintenir un équilibre sain dans la vie. Voici des façons de choisir et de consacrer du temps à des activités qui contribuent à ton bien-être:

Identifier les activités qui te font du bien: Commence par identifier les activités qui te procurent réellement de la joie et de la satisfaction. Pense à des passe-temps, des centres d'intérêt ou des hobbies que tu aimes, ainsi qu'aux interactions sociales qui te rendent enthousiaste et énergisé.

Créer de l'espace pour les loisirs: Les loisirs jouent un rôle essentiel dans la réduction du stress et l'amélioration du bien-être. Réserve régulièrement du temps dans ton emploi du temps pour te consacrer à des activités récréatives, comme regarder un film, lire un livre, pratiquer un sport ou tout ce que tu trouves amusant.

Explorer de nouveaux centres d'intérêt: Essayer de nouvelles activités peut être excitant et enrichissant. Sois ouvert à l'exploration d'intérêts que tu as toujours voulu essayer. Cela peut inclure apprendre à jouer d'un instrument, cuisiner une nouvelle recette ou participer à des activités artistiques.

Valoriser l'interaction sociale: Les relations sociales positives ont un impact significatif sur notre bien-être. Prends le temps de passer du temps avec des amis, de la famille ou des collègues qui partagent des centres d'intérêt similaires. Participer à des activités sociales peut aider à renforcer les liens et à créer des souvenirs heureux.

Trouver un équilibre: Trouver un équilibre entre les obligations et les activités plaisantes est essentiel. Bien qu'il soit important de remplir ses responsabilités, il est également vital de réserver du temps pour soi. L'équilibre aide à prévenir la surcharge et l'épuisement.

Adopter un esprit ludique: Garde un esprit ludique lorsque tu te consacres à des activités qui te font du bien. Rire, jouer et s'amuser sont des moyens puissants de réduire le stress et d'améliorer l'humeur.

Pratiquer la pleine conscience: Lorsque tu t'engages dans des activités qui te procurent de la joie, pratique la pleine conscience. Sois pleinement présent dans l'instant, absorbe les détails et savoure l'expérience.

Ajuster le focus: Parfois, nous nous impliquons tellement dans nos obligations que nous oublions de nous consacrer à ce qui nous fait du bien. Garde à l'esprit qu'il est essentiel de prendre du temps pour ce qui te procure de la joie pour un bien-être sain.

L'auto-soin est une pratique continue qui implique une attention constante à tes besoins physiques, émotionnels et mentaux. En pratiquant un auto-soin complet et en intégrant des habitudes saines dans ta routine, tu crées une base solide pour un bien-être durable. De plus, être attentif aux signes d'épuisement et prévenir la surcharge est essentiel pour garantir que tu prends soin de toi de manière efficace. Prends conscience que investir dans ton bien-être est un investissement précieux dans ta qualité de vie et ton bonheur.

11

TROUVER DU SENS ET DE LA JOIE DANS LE QUOTIDIEN

Chaque instant, même le plus simple, recèle le potentiel de remplir notre vie de sens et de joie.

Dans un monde agité et rempli de responsabilités, il est facile de se perdre dans la routine et d'oublier de chercher des moments de sens et de joie. Cependant, trouver du sens dans votre vie quotidienne et cultiver la joie est essentiel pour promouvoir un bien-être durable et un sentiment d'accomplissement. Dans ce chapitre, nous explorerons des pratiques et des stratégies pour intégrer le sens et la joie dans votre vie quotidienne, vous permettant de vivre avec plus de dessein et de satisfaction.

Pratiquer la pleine conscience: Cultiver le bonheur dans le moment présent

La pleine conscience, également connue sous le nom de mindfulness, est une pratique qui consiste à être pleinement présent dans l'instant présent. Cela signifie porter une attention consciente à chaque action, pensée ou sensation, sans jugement. La pleine conscience peut être un outil puissant pour trouver du sens et de la joie dans votre vie quotidienne. Voici des façons de pratiquer la pleine conscience:

Attention à la respiration

La pratique de l'attention à la respiration est l'un des moyens les plus simples et puissants d'entrer en contact avec le moment présent et de calmer l'esprit agité. En consacrant quelques minutes de votre journée à vous concentrer sur votre respiration, vous pouvez cultiver un sentiment de calme, de clarté mentale et de présence. Étapes pour pratiquer l'attention à la respiration:

Choisissez un endroit calme: Trouvez un endroit où vous pouvez être à l'aise et ne pas être interrompu. Cela peut être un coin tranquille de votre maison, un endroit en plein air ou tout environnement propice à la sérénité.

Posture confortable: Asseyez-vous ou allongez-vous dans une position qui vous convient. Maintenez le dos droit, permettant à l'air de circuler librement.

Fermez les yeux: Fermez doucement les yeux pour minimiser les distractions visuelles. Cela aide également à diriger votre attention vers l'intérieur.

Dirigez l'attention vers la respiration: Commencez à diriger votre attention vers votre respiration. Remarquez la sensation de l'air qui entre et sort de vos narines ou le mouvement de votre abdomen pendant que vous respirez.

Observez sans jugement: Autorisez-vous à observer la respiration sans juger ni essayer de changer quoi que ce soit. Si votre esprit commence à divaguer, ramenez doucement votre attention vers la respiration.

Ancrez-vous dans la respiration: Utilisez la respiration comme point d'ancrage. Chaque fois que vous remarquez que votre esprit s'est égaré dans des pensées, des préoccupations ou des distractions, revenez à la sensation de votre respiration.

Acceptez la nature de l'esprit: Il est normal que l'esprit divague. Au lieu de vous frustrer, reconnaissez que cela fait partie de l'expérience. Ramenez simplement doucement votre attention vers la respiration.

Pratiquez pendant quelques minutes: Commencez avec seulement quelques minutes et, à mesure que vous vous familiarisez avec la pratique, vous pouvez prolonger le temps. Même pratiquer pendant cinq à dix minutes peut apporter des avantages significatifs.

La pratique de l'attention à la respiration ne consiste pas à vider l'esprit de toute pensée. Il s'agit de cultiver une relation plus consciente et bienveillante avec votre expérience interne. À mesure que vous pratiquez régulièrement, vous pouvez remarquer que l'esprit commence à se calmer naturellement, vous permettant d'être plus présent et alerte dans votre vie quotidienne.

Manger en pleine conscience

Dans notre vie trépidante, nous avons souvent tendance à manger rapidement, distraitement et automatiquement. La pratique de manger en pleine conscience est un moyen puissant de porter une attention particulière à une activité quotidienne telle que manger. Cela nous aide non seulement à apprécier réellement la nourriture, mais aussi à cultiver une relation plus saine avec notre alimentation. Voici les étapes pour pratiquer la pleine conscience en mangeant:

Choisissez un moment calme: Sélectionnez un repas ou une collation pour pratiquer la pleine conscience en mangeant. Trouvez un endroit calme où vous pourrez manger sans distractions telles que les appareils électroniques ou la télévision.

Observez votre repas: Avant de commencer à manger, prenez un moment pour observer votre repas. Remarquez les couleurs, les textures et l'agencement des aliments dans l'assiette. Ressentez une sensation de gratitude d'avoir un repas devant vous.

Mâchez lentement: Pendant que vous mangez, mâchez chaque bouchée lentement et consciemment. Sentez la texture et le goût des aliments à mesure qu'ils se décomposent dans votre bouche. Cela améliore non seulement la digestion, mais vous permet également d'apprécier pleinement ce que vous mangez.

Soyez attentif aux sensations physiques: Faites attention aux sensations physiques pendant que vous mangez. Ressentez la sensation des aliments que vous avalez, le mouvement de votre mâchoire et la sensation de satiété au fur et à mesure que vous mangez.

Appréciez les saveurs: Concentrez-vous sur les saveurs des aliments. Remarquez les différentes saveurs, la douceur, le sel, l'acidité et l'amertume. Ressentez la richesse de chaque saveur et appréciez-la pleinement.

Évitez les jugements: Pratiquez la pleine conscience en mangeant sans juger. Ne qualifiez pas les aliments de "bons" ou de "mauvais". Au lieu de cela, observez vos réactions et préférences sans critique.

Ressentez la gratitude: Pendant que vous mangez, ressentez de la gratitude pour chaque aliment qui nourrit votre corps et vous procure de l'énergie. Cultivez une attitude d'appréciation pour la nourriture et l'occasion de vous nourrir.

Soyez présent: Si votre esprit commence à divaguer vers des pensées ou des préoccupations, ramenez doucement votre attention vers le repas. Soyez pleinement présent dans l'acte de manger.

La pratique de manger en pleine conscience transforme non seulement une activité quotidienne en un moment significatif, mais elle contribue également à développer une relation plus saine avec la nourriture et la nutrition. À mesure que vous prenez conscience de vos habitudes alimentaires et des sensations physiques, vous pouvez prendre des décisions alimentaires plus conscientes et alignées sur vos besoins. De plus, manger en pleine conscience peut accroître votre appréciation pour la nourriture et pour la vie en général, tout en nourrissant à la fois le corps et l'esprit.

Attention aux sens

La pratique de l'attention aux sens est un moyen efficace de se reconnecter avec le moment présent, en s'éloignant des distractions mentales et en plongeant dans les expériences sensorielles qui nous entourent. Notre vie quotidienne est remplie de stimuli sensoriels, mais nous passons souvent à côté sans vraiment les remarquer. Voici des façons de pratiquer l'attention aux sens et de cultiver une connexion plus profonde avec le monde qui vous entoure:

Observation des sons: Trouvez un endroit calme où vous pouvez vous asseoir ou rester debout. Fermez les yeux et commencez à observer les sons autour de vous. Écoutez attentivement les sons les plus proches et les plus éloignés. Accordez de l'attention aux détails sonores, tels que les tons différents et les rythmes. En faisant cela, vous ramenez votre attention au moment présent, laissant de côté les préoccupations passées ou futures.

Exploration des couleurs et des formes: Regardez autour de vous avec une attitude de curiosité. Observez les couleurs, les formes et les motifs qui vous entourent. Remarquez comment la lumière interagit avec les objets, créant des ombres et des points forts. En observant les couleurs vives, les détails subtils et les différentes textures, vous ancrez votre attention dans ce qui se passe en ce moment.

Accord avec le toucher: Sélectionnez un objet à proximité et touchez-le en pleine conscience. Ressentez sa texture, sa température et sa forme. Concentrez-vous sur la sensation de toucher l'objet, en l'explorant du bout des doigts. Cette pratique aide à diriger votre esprit vers les sensations physiques présentes, l'éloignant des préoccupations mentales.

Perception olfactive: Faites attention aux odeurs qui vous entourent. Inspirez profondément et identifiez les différentes senteurs que vous percevez. Peut-être est-ce l'odeur des fleurs, de la nourriture, de la terre humide ou même de l'air frais. Cette pratique vous connecte non seulement au moment présent, mais peut également évoquer des souvenirs et des sensations agréables.

Ralentissez et appréciez: À mesure que vous pratiquez l'attention aux sens, rappelez-vous de ralentir et d'apprécier réellement chaque expérience. N'hésitez pas à explorer différents sens à différents moments. Par exemple, vous pouvez commencer en observant les sons autour de vous, puis passer à l'observation des couleurs et des formes. L'idée est d'être totalement présent à chaque expérience sensorielle.

Sans jugement: Pratiquez l'attention aux sens sans jugement. Ne qualifiez pas les sons de "bons" ou "mauvais", les couleurs de "agréables" ou "désagréables", ou les sensations de "bonnes" ou "mauvaises". Observez simplement et ressentez, sans besoin de juger ou d'évaluer.

La pratique de l'attention aux sens est un puissant moyen de sortir du pilote automatique et de cultiver une connexion plus profonde avec le moment présent. En vous accordant avec les sensations qui vous entourent, vous cultivez un sentiment renouvelé d'appréciation pour la vie et le monde qui vous entoure. De plus, cette pratique peut aider à réduire le stress, l'anxiété et le rumination mentale, créant ainsi un espace pour vous sentir plus calme et centré.

La pleine conscience dans les activités quotidiennes

L'une des merveilles de la pleine conscience est sa capacité à transformer des tâches apparemment ordinaires en moments significatifs et enrichissants. En pratiquant la pleine conscience dans les activités quotidiennes, vous pouvez expérimenter une nouvelle profondeur de connexion avec le présent, quelle que soit votre occupation. Voici des façons d'apporter la pleine conscience à vos tâches quotidiennes:

Marcher en étant présent: Même pendant des activités simples comme marcher, il est possible de cultiver la pleine conscience. Sentez le contact de vos pieds avec le sol à chaque pas. Observez comment votre corps se déplace et comment votre respiration se synchronise avec le mouvement. Soyez conscient de votre environnement, en absorbant les visions et les sons autour de vous.

Prendre une douche avec gratitude: Prendre une douche peut être un moment relaxant et revigorant lorsque vous l'abordez avec pleine conscience. Sentez l'eau couler sur votre corps, percevez la température et le toucher de l'eau sur votre peau. Respirez profondément et soyez présent dans ce moment de soin personnel. Laissez l'eau emporter toute tension ou préoccupation.

Repas en pleine conscience: Faire des repas une pratique consciente peut améliorer votre relation avec la nourriture et accroître votre appréciation des saveurs. Avant de commencer à manger, prenez un moment pour observer l'apparence et l'odeur de votre nourriture. Pendant que vous mangez, mastiquez lentement, savourant chaque bouchée. Soyez conscient de la sensation de satiété que la nourriture apporte à votre corps.

Moments d'attente: Même les moments d'attente, comme faire la queue ou attendre quelqu'un, peuvent devenir des occasions pour la pleine conscience. Observez votre respiration pendant ces moments. Sentez le flux d'air entrant et sortant de vos poumons. Cela peut contribuer à maintenir votre esprit calme et détendu.

Créez des espaces mentaux: En apportant la pleine conscience aux activités quotidiennes, vous créez des espaces mentaux pour la tranquillité et la satisfaction. Mettez de côté l'habitude de vous perdre dans des pensées sur le passé ou le futur. En concentrant votre attention sur les tâches à accomplir, vous entraînez votre esprit à être plus présent et engagé.

La pratique de la pleine conscience dans les activités quotidiennes peut transformer votre routine en une série de moments enrichissants. À chaque tâche que vous effectuez en pleine conscience, vous cultivez la capacité d'être plus conscient, plus connecté à vous-même et plus présent dans le monde qui vous entoure. Peu importe ce que vous faites, rappelez-vous que la vie se passe ici et maintenant, et c'est dans ces moments que vous pouvez trouver un véritable sens et de la joie.

Développez la gratitude

La gratitude est une pratique transformative qui peut ouvrir les yeux sur l'abondance présente dans nos vies. Lorsque vous pratiquez régulièrement la gratitude, vous commencez à percevoir et à apprécier les petites et grandes bénédictions qui vous entourent. Voici des façons de développer la gratitude et de cultiver la joie dans votre quotidien:

Moment de gratitude quotidien: Choisissez un moment de votre journée pour vous connecter à la gratitude. Cela peut être le matin, au réveil, ou le soir, avant de vous coucher. Prenez quelques minutes pour réfléchir à ce pour quoi vous êtes reconnaissant. Cela peut contribuer à instaurer une note positive dans votre journée ou à conclure la journée avec un sentiment de satisfaction.

Liste de gratitude: Tenez un journal de gratitude où vous consignez régulièrement les choses pour lesquelles vous êtes reconnaissant. Cela peut être un cahier physique ou une note sur votre appareil électronique. Notez au moins trois choses que vous appréciez dans votre vie, que ce soit quelque chose de simple comme un sourire aimable, ou quelque chose de plus significatif comme une réalisation personnelle.

Gratitude pour le présent: Pratiquez la gratitude pour les choses présentes dans le moment. Pendant que vous effectuez vos activités quotidiennes, prenez le temps d'observer et de remercier. Cela peut être le repas nutritif que vous mangez, l'air frais que vous respirez ou la beauté de la nature qui vous entoure.

Cultivez l'appréciation: À mesure que vous pratiquez la gratitude, vous cultivez également un profond sentiment d'appréciation. La gratitude vous permet de voir la beauté dans les petites choses et d'apprécier les connexions humaines, les moments de joie et même les défis qui vous aident à grandir.

Partagez la gratitude: Exprimer la gratitude non seulement en interne, mais aussi en externe, peut renforcer les liens avec les autres. Dites "merci" à quelqu'un qui a fait quelque chose de gentil pour vous. Montrez votre reconnaissance à ceux qui vous soutiennent et font partie de votre vie.

Élargissez la perspective: À mesure que vous pratiquez la gratitude, vous pouvez remarquer que votre perspective commence à s'élargir. Vous commencez à voir au-delà des difficultés momentanées et à vous concentrer sur les aspects positifs qui remplissent votre vie.

La gratitude est un puissant outil pour la pleine conscience, car elle dirige votre attention vers ce qui est présent et positif dans le moment. En reconnaissant les bénédictions dans votre vie, vous ressentez naturellement une sensation de joie et de satisfaction. Gardez à l'esprit que la pratique de la gratitude ne nécessite pas de grands gestes ; c'est la reconnaissance sincère de ce que vous avez déjà qui fait toute la différence.

Pratiquer la pleine conscience est un cadeau que vous vous offrez. Chaque moment de pleine conscience est une opportunité de vous reconnecter à vous-même et au monde qui vous entoure. À mesure que vous approfondissez cette pratique, vous réaliserez que le bonheur ne réside pas quelque part loin, mais bien dans le moment présent. La pleine conscience nous aide à accueillir chaque moment avec un cœur ouvert, cultivant une profonde appréciation pour ce qui est vraiment important dans nos vies.

Cherchant des activités plaisantes: Redécouvrir des intérêts qui apportent de la joie

La quête du bonheur est intrinsèquement liée à la recherche et à la consécration de temps à des activités qui nous procurent un plaisir authentique et une satisfaction. Souvent, dans le tourbillon des responsabilités quotidiennes, nous négligeons ces intérêts qui peuvent être de précieuses sources de bonheur. En redécouvrant et en intégrant des activités plaisantes dans votre vie, vous ajoutez des couleurs vives à vos journées et créez des moments vraiment significatifs. Voici des moyens de chercher des activités plaisantes:

Se reconnecter avec ses passe-temps

Se remémorer et se reconnecter avec les passe-temps et les centres d'intérêt qui ont apporté de la joie par le passé est un moyen puissant de raviver votre esprit et de créer des moments de bonheur véritable. Souvent, en vieillissant et en assumant plus de responsabilités, ces intérêts peuvent avoir été mis de côté. Cependant, ramener ces passions dans votre vie peut apporter non seulement de la joie, mais aussi un profond sentiment d'accomplissement personnel. Voici des façons de renouer avec vos anciens passe-temps et centres d'intérêt:

Réfléchir sur vos passions passées: Prenez le temps de réfléchir aux passe-temps et aux centres d'intérêt qui vous ont apporté de la joie et de la satisfaction dans le passé. Cela peut être la sensation de jouer d'un instrument de musique, la joie de peindre un tableau, la créativité en cuisine, l'expression dans l'écriture, la liberté dans la danse ou la paix de l'exploration de la nature. Souvenez-vous des expériences positives et excitantes que vous avez eues en vous engageant dans ces activités.

Prioriser le temps pour les passe-temps: Parfois, la vie trépidante peut nous faire croire que nous n'avons pas de temps pour nos passe-temps. Cependant, il est important de donner la priorité à ces activités qui vous apportent de la joie et de l'accomplissement. Réservez un moment précis dans votre emploi du temps pour vous consacrer à votre passe-temps choisi. Cela peut être quelques heures par semaine ou même quelques minutes chaque jour. Créer un espace pour vos passions montre que vous valorisez votre propre bonheur.

S'adapter au changement: Parfois, vos intérêts peuvent avoir un peu changé depuis la dernière fois que vous vous êtes impliqué dans un passe-temps spécifique. Soyez ouvert à ces changements. Peut-être souhaitez-vous explorer différents aspects du même passe-temps ou essayer quelque chose de complètement nouveau. L'adaptation vous permet de maintenir l'enthousiasme et le sentiment de découverte.

Créer un espace inspirant: Créez un espace chez vous ou ailleurs où vous pouvez vous consacrer à votre passe-temps. Avoir un environnement dédié peut aider à créer un état d'esprit propice à la créativité et à l'immersion dans l'activité. Si vous revenez à la musique, par exemple, créez un espace où vous pouvez jouer sans distractions.

Partager avec les autres: Partager vos passe-temps et centres d'intérêt avec vos amis et votre famille peut être une expérience enrichissante. Cela vous permet non seulement de vous connecter avec les autres à travers des intérêts communs, mais peut aussi vous motiver à rester engagé. De plus, vous pouvez envisager de rejoindre des groupes ou des communautés en ligne liés à votre passe-temps pour rencontrer d'autres personnes partageant votre passion.

Se reconnecter avec ses passe-temps est un moyen de rajeunir votre esprit et d'apporter une dose de joie authentique à votre vie quotidienne. En plus de procurer des moments de satisfaction, ces activités peuvent aider à soulager le stress, à améliorer l'humeur et à favoriser un sentiment d'accomplissement personnel. Prenez donc le temps de vous perdre dans les passions passées et découvrez comment elles peuvent illuminer votre présent.

Explorer de nouvelles passions

La vie est pleine d'opportunités pour apprendre, grandir et expérimenter de nouvelles choses. Lorsque nous nous ouvrons pour explorer de nouvelles activités et centres d'intérêt, nous nous donnons la chance de découvrir de nouvelles sources de joie, de défier nos limites et de nourrir notre curiosité innée. L'exploration de nouvelles passions ne fait pas seulement élargir nos horizons, mais elle nous aide aussi à trouver une fraîcheur renouvelée dans nos vies. Voici des façons de vous aventurer dans de nouvelles activités et centres d'intérêt:

Cultiver la curiosité: Soyez attentif aux choses qui éveillent votre curiosité. Posez-vous la question de ce que vous avez toujours voulu apprendre ou expérimenter. Cela peut être quelque chose que vous avez vu dans un documentaire, dont vous avez entendu parler dans une conversation ou simplement quelque chose qui a suscité votre intérêt. Laissez-vous guider par cette curiosité et envisagez de plonger dans de nouveaux domaines.

Briser les barrières de la peur: Parfois, l'idée d'essayer quelque chose de nouveau peut être intimidante. La peur de l'inconnu peut nous empêcher de faire le premier pas. Cependant, rappelez-vous que l'exploration de nouvelles passions consiste à vous permettre de grandir et d'expérimenter. Ne vous inquiétez pas de la perfection ou du résultat final; concentrez-vous sur le plaisir du processus.

Définir des objectifs d'exploration: Établir des objectifs pour explorer de nouvelles passions peut être un moyen efficace de se motiver. Déterminez ce que vous souhaitez réaliser par rapport à cette nouvelle activité. Cela peut être aussi simple que de suivre quelques cours de peinture ou enfin de terminer un sentier de randonnée difficile. Établir des objectifs tangibles peut donner une direction à votre processus d'exploration.

Apprentissage continu: Lorsque vous explorez une nouvelle passion, soyez prêt à apprendre et à grandir en cours de route. Si vous débutez quelque chose de complètement nouveau, il peut y avoir une période d'apprentissage et d'adaptation. C'est normal et fait partie du parcours. Célébrez chaque petit progrès et savourez la sensation de découverte.

Partager des expériences: Partager votre voyage d'exploration avec des amis, des membres de votre famille ou des collègues peut être une expérience enrichissante. Ils peuvent vous offrir leur soutien, leurs encouragements et même se joindre à vous dans vos nouvelles aventures. De plus, écouter les expériences d'autres personnes déjà impliquées dans l'activité peut être inspirant.

Garder l'esprit ouvert: Gardez à l'esprit que l'exploration de nouvelles passions peut réserver des surprises inattendues. Vous pouvez découvrir des compétences ou des centres d'intérêt que vous n'avez jamais imaginés avoir. Soyez ouvert à toutes les possibilités et laissez-vous guider par votre cœur et votre intuition.

Explorer de nouvelles passions est un moyen passionnant d'ajouter de la couleur et de la vitalité à votre vie. Grâce à l'expérimentation et à la volonté de sortir de votre zone de confort, vous pouvez trouver de nouvelles sources de joie, de satisfaction et d'accomplissement. Comprenez que le voyage d'exploration est aussi précieux que la destination, alors profitez de chaque moment de cette marche vers la découverte de soi.

Temps de loisirs planifié

Dans notre vie trépidante, il est facile de tomber dans le piège de consacrer tout notre temps aux obligations et responsabilités, laissant peu de place pour le plaisir et la joie. Cependant, il est essentiel de reconnaître l'importance du temps de loisirs planifié comme moyen de nourrir notre âme, de recharger nos énergies et de trouver l'équilibre. En réservant des moments spécifiques pour participer à des activités qui vous apportent de la joie, vous témoignez d'un engagement actif envers votre bien-être émotionnel et mental. Voici des façons d'intégrer le temps de loisirs planifié dans votre vie:

Planifiez à l'avance: Tout comme vous planifieriez des rendez-vous professionnels ou des réunions importantes, réservez du temps dans votre agenda pour des activités de loisirs. Cela peut être une heure chaque soir pour lire un livre, un samedi après-midi pour explorer la nature ou quelques minutes chaque matin pour méditer. En planifiant à l'avance, vous donnez la priorité à votre bien-être.

Choisissez des activités qui apportent de la joie: Le temps de loisirs planifié doit être rempli d'activités qui vous apportent de la joie et de la détente. Demandez-vous: "Qu'est-ce qui me rend heureux?" Cela peut être un passe-temps que vous adorez, une activité créative, un sport que vous appréciez ou simplement ne rien faire, en appréciant le calme du moment.

Déconnectez-vous des distractions: Lorsque vous vous engagez dans votre temps de loisirs planifié, essayez de vous déconnecter des distractions technologiques et des soucis du quotidien. Réservez ce moment comme un espace sacré pour vous reconnecter avec vous-même et profiter du moment présent.

Variété et exploration: Bien qu'il soit génial d'avoir des activités favorites pour le temps de loisirs, il est également bénéfique de diversifier vos choix. Essayez de nouvelles choses et explorez différents centres d'intérêt pour maintenir l'expérience fraîche et excitante.

Pratiquez la pleine conscience: Pendant que vous profitez de votre temps de loisirs planifié, pratiquez la pleine conscience en étant pleinement présent dans l'activité. Mettez de côté les préoccupations et les distractions et concentrez-vous sur l'expérience. Cela amplifie les avantages de votre temps de loisirs, vous permettant de profiter pleinement de chaque moment.

Engagement envers vous-même: Prenez conscience que réserver du temps pour les loisirs planifiés n'est pas un luxe, mais une nécessité. C'est un acte d'auto-soin qui renforce votre santé mentale, émotionnelle et physique. En vous engageant dans cette pratique, vous donnez la priorité à votre propre bonheur et bien-être.

Flexibilité et adaptation: La vie peut être imprévisible, et il ne sera pas toujours possible de suivre un calendrier strict. Si quelque chose se présente et interfère avec votre temps de loisirs planifié, soyez flexible et adaptez-vous en conséquence. L'objectif est de créer un équilibre sain entre les obligations et les plaisirs, ce qui peut nécessiter quelques ajustements.

Comprenez que le temps de loisirs planifié n'est pas un luxe égoïste, mais une partie essentielle de prendre soin de vous-même. En réservant du temps pour participer à des activités qui vous apportent de la joie et de la détente, vous investissez dans votre bien-être et construisez une vie plus équilibrée et gratifiante.

Socialisation positive

Les liens que nous partageons avec nos amis et notre famille jouent un rôle significatif dans notre bonheur et notre bien-être. La socialisation positive implique de passer du temps avec des personnes qui partagent nos intérêts et nos valeurs, multipliant la joie et créant des souvenirs durables. En organisant des rencontres sociales impliquant des activités agréables, vous renforcez non seulement vos liens, mais vous construisez également un réseau de soutien émotionnel qui contribue à votre santé mentale et émotionnelle. Voici des façons de profiter de la socialisation positive:

Rencontres avec un but: Lors de la planification des rencontres sociales, envisagez des activités que tous peuvent apprécier et qui sont alignées sur les intérêts et les valeurs du groupe. Cela peut inclure des activités de plein air comme des pique-niques ou des randonnées, ou des activités plus relaxantes comme des séances de cinéma à domicile.

Activités ludiques: Introduisez des jeux de société, des cartes ou d'autres activités ludiques lors de vos rencontres sociales. Ces jeux fournissent non seulement du plaisir et des rires, mais stimulent également l'interaction et la connexion entre les participants.

Exploration créative: Intégrez des éléments créatifs dans vos rencontres, comme des soirées artistiques et artisanales, des séances de peinture ou même une soirée de cuisine. Ces activités stimulent non seulement la créativité, mais offrent également des opportunités pour partager des expériences uniques.

Expériences culturelles: Explorez des activités qui offrent une expérience culturelle unique, comme dîner dans un restaurant ethnique ou assister à un spectacle en direct. Ces expériences enrichissent la rencontre et fournissent une conversation intéressante.

Moments de réflexion: En plus des activités animées, prenez le temps pour des moments de réflexion plus profonde. Cela peut être une discussion sur les objectifs, les aspirations ou simplement le partage d'histoires de vie. Ces moments intimes renforcent les liens et approfondissent les connexions.

Création de souvenirs durables: La socialisation positive crée des occasions de créer des souvenirs durables et significatifs. Les rires partagés, les conversations profondes et les moments de connexion deviennent les histoires que vous emporterez avec vous au fil du temps.

Pratique de l'écoute active: Lors des rencontres, pratiquez l'écoute active en montrant un intérêt sincère pour les expériences et les sentiments des autres. Cela crée un espace sûr pour partager et renforce les relations.

En intégrant la socialisation positive dans votre vie, vous enrichissez vos relations et créez un réseau de soutien émotionnel qui contribue à votre bonheur et à votre bien-être. Les liens que vous cultivez pendant ces moments de joie et d'interaction peuvent être une source inestimable de soutien dans les moments difficiles et une source constante de joie tout au long de votre vie.

Gardez un journal de joie

Au milieu du tumulte de la vie quotidienne, nous laissons souvent passer les moments de joie et de satisfaction que nous vivons. Tenir un journal de joie est une pratique puissante qui nous permet de capturer et de célébrer ces moments spéciaux, cultivant un sentiment continu de gratitude et d'appréciation pour la vie. Un journal de joie nous aide non seulement à reconnaître ce qui nous rend heureux, mais il sert également de refuge d'inspiration et de réconfort dans les moments où nous sommes confrontés à des défis. Voici des façons d'intégrer un journal de joie dans votre vie:

Commencez avec un journal spécial: Choisissez un journal ou un carnet que vous réservez exclusivement pour vos entrées de joie. Il peut être aussi simple ou élaboré que vous le souhaitez, reflétant votre personnalité et votre style.

Capturer les moments: Prenez chaque jour un moment pour réfléchir aux activités, aux moments ou aux expériences qui vous ont apporté de la joie. Cela peut varier d'une agréable conversation avec un ami à la contemplation d'un coucher de soleil.

Détails vivants: Lorsque vous enregistrez ces moments de joie, soyez spécifique dans les détails. Décrivez les sensations, les émotions et les pensées qui accompagnent chaque expérience. Cela vous permet de revivre ces moments lorsque vous relisez vos entrées.

Exprimez votre gratitude: En plus de décrire les moments, exprimez également votre gratitude pour eux. Reconnaissez l'impact positif que ces expériences ont sur votre vie et pratiquez la gratitude de les avoir vécues.

Revisitez et revivez: Périodiquement, feuilletez votre journal de joie et rappelez-vous les moments que vous avez enregistrés. Cette pratique ne fait pas seulement ressurgir des sentiments positifs, mais ravive également la joie que vous avez ressentie initialement.

Inspirez-vous dans les moments difficiles: Lorsque vous êtes confronté à des défis ou à des moments difficiles, votre journal de joie devient un refuge d'inspiration. Relire vos entrées passées peut vous rappeler qu'il y a des moments de lumière, même dans les moments les plus sombres.

Partagez avec les autres: Si vous le souhaitez, partagez vos entrées de joie avec des amis proches ou des membres de votre famille. Cela renforce non seulement les liens, mais peut aussi inspirer d'autres à cultiver leur propre pratique de gratitude.

Créez un rituel quotidien: Intégrez l'écriture dans votre journée en créant un rituel quotidien pour enregistrer un moment de joie. Cela peut être le matin au réveil ou le soir avant de dormir.

En recherchant des activités plaisantes, vous investissez essentiellement dans votre bien-être émotionnel. Ces moments de joie peuvent fonctionner comme des ancres, vous rappelant que la vie est pleine d'expériences positives. En faisant de ces activités une partie régulière de votre vie, vous cultivez un environnement qui nourrit votre bonheur et contribue à un sentiment durable de satisfaction.

Créer un environnement positif: S'entourer d'éléments inspirant la positivité

L'environnement qui vous entoure joue un rôle important dans votre perspective et votre bien-être. Créer un environnement positif qui reflète vos valeurs et inspire la positivité peut augmenter votre sens du sens et de la joie. Voici des façons de créer un environnement qui contribue à votre bien-être:

Organisation et propreté

L'environnement qui nous entoure joue un rôle significatif dans notre santé émotionnelle et mentale. Un espace organisé et propre ne contribue pas seulement à un sentiment de tranquillité, mais peut aussi améliorer notre humeur, notre productivité et notre bien-être général. Créer un environnement positif est une manière tangible d'investir dans notre propre soin et bonheur. Voici comment intégrer l'organisation et la propreté dans votre vie pour créer un environnement qui soit un havre de positivité:

Nettoyage régulier: Planifiez régulièrement des moments pour nettoyer et ranger votre maison ou votre espace de travail. Cela améliore non seulement l'apparence, mais aide également à créer un sentiment d'ordre et de calme.

Désencombrement et simplification: En organisant, considérez ce dont vous avez réellement besoin et utilisez. Vous débarrasser des objets inutilisés ou superflus libère non seulement de l'espace, mais aussi de l'énergie émotionnelle.

Créez des zones fonctionnelles: Organisez votre espace en fonction de la fonctionnalité. Créez des espaces spécifiques pour différentes activités, comme le travail, la détente et la créativité. Cela aide à maintenir la clarté et le but dans chaque espace.

Touches personnelles: Ajoutez des éléments personnels qui vous font vous sentir bien dans votre environnement. Cela peut se faire à travers des couleurs, des décorations, des photos de moments heureux ou des objets ayant une signification particulière.

Lumière et ventilation: Maintenez votre environnement bien éclairé et aéré. La lumière naturelle et l'air frais ont un impact positif sur notre humeur et notre santé.

Réduisez le désordre: Le désordre peut provoquer du stress et de la désorganisation. Prenez le temps d'organiser les papiers, les matériaux et les objets, en veillant à ce que chaque chose ait un endroit désigné.

Créez des espaces de repos: Réservez des zones spécifiques pour le repos et la détente, où vous pouvez vous retirer pour vous recharger et vous ressourcer.

Regroupement et organisation visuelle: Gardez les objets similaires regroupés pour créer une sensation d'ordre visuel. Utilisez des boîtes, des étagères et des organiseurs pour maintenir tout en ordre.

Prenez soin des plantes: Si vous avez des plantes, prenez-en soin. Les plantes ajoutent non seulement de la beauté à l'environnement, mais peuvent également améliorer la qualité de l'air et apporter une sensation de vie à l'espace.

Célébrez le processus: L'organisation et le nettoyage ne doivent pas être des tâches ardues. Voyez-les comme des occasions d'auto-soin et célébrez les progrès que vous réalisez. Mettez votre musique préférée pendant que vous organisez ou prenez un moment pour admirer votre espace après le nettoyage.

Investir du temps dans l'organisation et le nettoyage de votre environnement est un moyen tangible de nourrir votre propre bonheur et bien-être. En créant un environnement qui reflète la positivité et l'harmonie, vous vous offrez un espace où la joie peut s'épanouir et prospérer.

Éléments inspirants

La manière dont nous décorons notre espace peut avoir un impact profond sur notre disposition émotionnelle et mentale. Les éléments inspirants rendent notre environnement visuellement attrayant, mais ils peuvent également stimuler la créativité, évoquer des sentiments positifs et apporter une sensation de joie. En ajoutant des touches d'inspiration à votre environnement, vous cultivez un espace où vous pouvez vous sentir motivé et revigoré. Voici des façons d'incorporer des éléments inspirants dans votre environnement:

Œuvres d'art et photographies: Choisissez des œuvres d'art ou des photographies qui résonnent émotionnellement avec vous. Cela peut être une peinture colorée, une image de la nature ou une photo d'un moment spécial. Ces éléments visuels peuvent servir de rappels constants des choses que vous aimez et appréciez.

Citations motivantes: Placez des citations inspirantes ou des paroles de sagesse à des endroits visibles. Ces messages peuvent servir de puissants rappels de vos objectifs, valeurs et aspirations.

Plantes et éléments naturels: Introduisez des plantes et des éléments naturels dans votre espace. Les plantes ajoutent non seulement une touche de beauté, mais apportent aussi une sensation de calme et de connexion avec la nature.

Espace créatif: Créez un espace dédié à la créativité. Cela peut être un coin pour écrire, peindre, dessiner, faire de l'artisanat ou toute autre activité qui stimule votre expression créative.

Objets signifiants: Placez des objets qui ont une signification spéciale pour vous. Cela peut inclure des souvenirs de voyages, des cadeaux d'êtres chers ou des objets qui représentent vos passions et vos intérêts.

Couleurs et textures: Choisissez des couleurs et des textures qui évoquent des sentiments de joie et de bien-être. Les couleurs vives et les tons doux peuvent avoir un impact positif sur votre état d'esprit.

Organisation inspirante: Gardez votre espace organisé de manière à vous inspirer. Utilisez des organiseurs, des étagères et des boîtes décoratives pour maintenir tout en ordre et accessible.

Espace de réflexion: Créez un petit espace pour la réflexion et la méditation. Il peut s'agir d'un coin tranquille avec des coussins, des bougies et des éléments qui favorisent la tranquillité.

Redéfinir l'espace: Parfois, il suffit de changer la disposition des meubles ou d'ajouter de nouveaux éléments décoratifs pour revitaliser l'environnement et apporter une nouvelle énergie.

Rituel quotidien: Créez un rituel quotidien pour apprécier les éléments inspirants dans votre espace. Cela peut être un moment de silence pour contempler l'art, lire une citation ou simplement admirer la beauté qui vous entoure.

En remplissant votre environnement d'éléments qui inspirent et élèvent votre esprit, vous créez un refuge de joie et de positivité. Votre espace devient plus qu'un simple lieu physique: il devient un sanctuaire qui reflète votre essence et soutient votre bien-être émotionnel.

Couleurs et éclairage

Le choix des couleurs et la qualité de l'éclairage dans un environnement peuvent avoir un impact significatif sur votre état d'esprit et votre bien-être général. Ces éléments ne décorent pas seulement l'espace, mais ils ont également la capacité de créer une atmosphère qui influence vos émotions, votre énergie et votre sensation de confort. En tenant compte des couleurs et de l'éclairage, vous pouvez créer un environnement qui favorise la positivité et l'harmonie. Détails sur la façon dont ces facteurs peuvent influencer votre espace:

Psychologie des couleurs: Les couleurs ont la capacité d'évoquer des émotions et des sentiments spécifiques. Par exemple, les tons de bleu peuvent transmettre le calme et la tranquillité, tandis que les tons jaunes peuvent représenter la joie et l'optimisme.

Choix conscient: Lors du choix des couleurs pour votre environnement, réfléchissez au climat émotionnel que vous souhaitez créer. Les couleurs plus douces et les tons pastel peuvent apporter une sensation de sérénité, tandis que les couleurs vives peuvent ajouter de l'énergie et de la vitalité.

Combinaisons harmonieuses: En combinant les couleurs, pensez à l'harmonie et à l'équilibre. Les couleurs complémentaires, analogues ou monochromes peuvent créer une sensation de cohésion et de confort visuel.

Éclairage naturel: La lumière naturelle est l'une des formes d'éclairage les plus saines et bénéfiques. Elle contribue à réguler l'horloge biologique, améliore l'humeur et apporte une sensation de connexion avec l'environnement extérieur.

Éclairage artificiel: Choisissez l'éclairage artificiel avec soin. L'éclairage général peut créer une atmosphère chaleureuse, tandis que l'éclairage directionnel peut mettre en valeur des éléments spécifiques de l'espace.

Température de couleur: La température de couleur de l'éclairage est également importante. Les lumières plus chaudes, similaires à la lumière du soleil du matin, peuvent créer une atmosphère relaxante, tandis que les lumières plus froides peuvent stimuler la concentration.

Reflet de votre personnalité: Choisissez des couleurs et un éclairage qui reflètent votre personnalité et votre style de vie. Cela vous aidera à vous sentir plus connecté à l'environnement.

Création d'ambiances: Gardez à l'esprit que différents environnements peuvent nécessiter différentes approches. Un espace de détente peut bénéficier de couleurs douces et d'un éclairage tamisé, tandis qu'une zone de travail peut nécessiter un éclairage plus vif pour favoriser la productivité.

En tenant compte des couleurs et de l'éclairage dans votre environnement, pensez non seulement à l'aspect esthétique, mais aussi à la manière dont ces éléments peuvent influencer positivement votre expérience quotidienne. Créer un espace équilibré, qui vous parle et favorise les sentiments de confort et de joie, est une étape importante pour cultiver un environnement qui contribue à votre bien-être émotionnel et mental.

Réduisez l'excès

Un moyen efficace de promouvoir un environnement positif et propice au bien-être est de réduire l'excès d'objets qui peuvent causer du désordre et des distractions. En le faisant, vous créez non seulement un espace physique plus organisé, mais libérez également de l'espace mental pour vous concentrer sur ce qui est vraiment important et significatif. Considérations pour vous aider à réduire l'excès dans votre vie:

Évaluez ce qui est nécessaire: Prenez le temps d'évaluer les objets dans votre espace. Interrogez-vous sur l'utilité et la valeur de chaque objet. Débarrassez-vous des choses qui ne contribuent plus à votre vie ou qui occupent simplement de l'espace.

Détachez-vous avec intention: Lorsque vous décidez de vous séparer de quelque chose, faites-le avec intention. Demandez-vous si l'objet est encore utile ou s'il apporte de la joie dans votre vie. L'approche de la méthode KonMari, par exemple, consiste à ne garder que ce qui "apporte de la joie".

Organisation fonctionnelle: Organisez vos affaires de manière fonctionnelle. Cela signifie attribuer un emplacement spécifique à chaque chose et garder les objets similaires ensemble. Avoir un système organisé facilite la recherche des choses et maintient l'espace en ordre.

Réduisez la surconsommation: Évitez d'accumuler plus de choses que vous n'en avez réellement besoin. Pratiquez la consommation consciente en évaluant si un objet est vraiment nécessaire avant de l'acheter.

Favorisez l'espace positif: En réduisant l'excès, vous créez un environnement qui permet à vos priorités et à vos véritables intérêts de ressortir. Débarrassez-vous des distractions visuelles inutiles pour vous concentrer sur les activités qui apportent de la joie et du sens.

Moins c'est plus: N'oubliez pas que moins peut être plus. Un espace moins encombré peut entraîner une plus grande clarté mentale, la tranquillité et une sensation d'espace ouvert.

Réévaluez régulièrement: La réduction de l'excès est un processus continu. Régulièrement, prenez le temps de réévaluer vos possessions et d'apporter les ajustements nécessaires. Cela vous aidera à maintenir votre espace organisé et en phase avec vos besoins et objectifs actuels.

La réduction de l'excès ne consiste pas seulement à créer un espace plus organisé, mais aussi à cultiver une mentalité de simplicité et de concentration. En vous libérant des objets inutiles, vous ouvrez de l'espace pour ce qui compte vraiment, favorisant un environnement qui soutient votre bien-être émotionnel, mental et spirituel.

Espaces relaxants

Avoir des espaces dédiés à la détente et à la réflexion dans votre maison est essentiel pour cultiver des moments de tranquillité au milieu de l'agitation quotidienne. Ces espaces offrent des refuges où vous pouvez vous déconnecter, recharger vos batteries et renouer avec vous-même. Voici des façons de créer des espaces relaxants dans votre maison:

Choisissez un endroit calme: Identifiez un endroit dans votre maison où vous pouvez créer un espace relaxant. Cela peut être un coin paisible dans votre chambre, un balcon ensoleillé ou même un petit espace dans un salon.

Décoration accueillante: Décorez l'espace avec des éléments qui évoquent le confort et l'accueil. Ajoutez des coussins moelleux, des couvertures douillettes et des meubles confortables pour créer une atmosphère invitante.

Éclairage doux: Optez pour un éclairage doux et tamisé dans cet espace. Des lampadaires, des lampes de table ou des bougies peuvent créer une ambiance sereine. L'éclairage doux contribue à créer une atmosphère relaxante.

Incorporez la nature: Si possible, placez l'espace près d'une fenêtre avec vue sur la nature. La présence de plantes peut aussi apporter une sensation de tranquillité et de connexion avec la nature.

Objets de réflexion: Ajoutez des éléments qui encouragent la réflexion et la pratique de la pleine conscience, tels qu'un coussin de méditation, un petit autel avec des objets significatifs ou un espace dédié à la lecture.

Technologie limitée: Gardez la technologie à l'écart de cet espace. Évitez la présence d'appareils électroniques qui pourraient vous distraire. C'est un endroit pour se déconnecter et se concentrer sur soi-même.

Routine de détente: Intégrez cet espace dans votre routine quotidienne de détente. Accordez quelques minutes chaque jour pour méditer, lire, écrire ou simplement vous asseoir en paix. Cela contribue à créer une association positive avec l'espace.

Personnalisation: Personnalisez l'espace selon vos préférences et vos centres d'intérêt. Ajoutez des éléments qui vous sont chers et qui vous aident à vous sentir à l'aise.

Pas de pression: Rappelez-vous que cet espace est là pour que vous puissiez vous déconnecter et vous détendre, pas pour vous sentir obligé de faire quelque chose de spécifique. Laissez-le être un endroit de liberté et de soulagement.

Créer des espaces relaxants dans votre maison est un moyen efficace de prendre soin de votre bien-être émotionnel et mental. Ces coins spéciaux offrent une pause dans le tumulte de la vie et procurent des moments de calme et de sérénité.

Musique et sons agréables

La musique et les sons ont le pouvoir de créer une atmosphère unique dans n'importe quel environnement. En choisissant soigneusement les types de musique et de sons que vous incorporez dans votre espace, il est possible de le transformer en un havre de paix et de joie. Voici des façons de profiter de la musique et des sons agréables pour améliorer votre environnement:

Choisissez le bon rythme et ton: La musique a une variété de rythmes et de tons, chacun capable d'évoquer différentes émotions. Choisissez des morceaux qui correspondent à l'atmosphère que vous souhaitez créer. Par exemple, des musiques douces et mélodiques peuvent favoriser le calme, tandis que des musiques plus animées peuvent apporter de l'énergie.

Créez des listes de lecture relaxantes: Constituez des listes de lecture avec des musiques ayant un effet relaxant sur vous. Cela peut être de la musique classique, des morceaux instrumentaux, des sons de la nature ou des musiques rappelant des souvenirs heureux. Jouez ces listes de lecture lorsque vous êtes dans votre espace de détente.

Sons de la nature: En plus de la musique, les sons naturels tels que le chant des oiseaux, le bruit des vagues de la mer ou le murmure d'un ruisseau peuvent créer une sensation de connexion avec la nature et favoriser la détente.

Moments de méditation sonore: Utilisez de la musique ou des sons relaxants en toile de fond pour des séances de méditation ou des moments de pleine conscience. La musique douce peut aider à apaiser l'esprit et à créer un environnement propice à la relaxation profonde.

Sons pour égayer l'humeur: En plus des sons relaxants, envisagez d'intégrer des musiques qui élèvent votre moral et favorisent des sentiments de bonheur et de joie. Des musiques au rythme entraînant ou aux paroles inspirantes peuvent transformer votre espace en un lieu de positivité.

Personnalisation: Le choix de la musique et des sons est personnel. Sélectionnez ce qui résonne en vous et vous apporte des émotions positives. Gardez à l'esprit que l'intention est de créer un environnement reflétant vos préférences et favorisant le bien-être.

Équilibre et modération: Maintenez un équilibre entre les moments avec de la musique et ceux de silence. Parfois, le silence est aussi nécessaire pour se détendre pleinement et écouter ses propres pensées.

Adaptation aux situations: Adaptez la sélection musicale en fonction de l'activité que vous êtes en train de faire. La musique animée peut être idéale pour les tâches, tandis que la musique calme est plus appropriée pour la détente.

Incorporer de la musique et des sons agréables dans votre environnement est un moyen efficace d'influencer positivement votre état d'esprit et de créer une atmosphère favorable à votre bien-être émotionnel. Créez une bande-son pour votre vie pleine d'harmonie et de joie.

Trouver du sens et de la joie au quotidien est un engagement continu envers vous-même. Pratiquer la pleine conscience, chercher des activités plaisantes et créer un environnement positif sont des moyens puissants de nourrir votre âme et de cultiver un bien-être durable. En adoptant ces pratiques dans votre vie, vous créez un espace où le bonheur est un choix conscient et où chaque moment peut être vécu avec sens et joie. N'oubliez pas qu'il est possible de trouver de la beauté et de la satisfaction dans les petites choses et que chaque jour offre l'opportunité de créer des moments significatifs.

12

LA QUÊTE DE L'AUTORÉFLEXION

L'autoréflexion nous guide à travers le labyrinthe de nos émotions, révélant des perspectives profondes sur qui nous sommes.

La quête de l'autoréflexion est une expérience de croissance personnelle et de connaissance de soi. Dans ce chapitre, nous explorerons l'importance de surmonter les rechutes et de reconnaître que le voyage de croissance personnelle est un processus continu.

Surmonter les rechutes: Stratégies pour faire face aux moments difficiles sans abandonner

Tout au long de la quête de l'autoréflexion et de la croissance personnelle, il est naturel de rencontrer des défis et des rechutes. L'important est de ne pas abandonner et de trouver des moyens de surmonter ces obstacles. Voici des stratégies pour faire face aux moments difficiles:

Pratiquez la compassion envers vous-même

Faire face aux rechutes fait partie intégrante de l'expérience de croissance personnelle et d'autoréflexion. Plutôt que de vous blâmer ou de vous sentir découragé lorsque cela se produit, il est essentiel d'adopter une approche d'auto-compassion. L'auto-compassion consiste à se traiter avec la même douceur, compréhension et empathie que vous offririez à un ami cher. Voici des moyens de pratiquer l'auto-compassion pendant les moments de rechute:

Reconnaître l'humanité partagée: Comprenez que tous les êtres humains sont confrontés à des défis et des moments difficiles dans leur vie. La rechute n'est pas un signe de faiblesse, mais plutôt une expérience partagée par tous.

Désamorcer l'autocritique: Évitez de tomber dans le piège de l'autocritique et de la dépréciation de soi. Au lieu de vous blâmer, rappelez-vous que personne n'est parfait et que tout le monde commet des erreurs.

Traitez-vous avec gentillesse: Lorsque vous avez l'impression d'être dur envers vous-même, arrêtez-vous et réfléchissez: "Comment traiterais-je un ami qui traverserait cela?" Offrez-vous des paroles douces et encourageantes.

Pratiquez l'auto-compassion en paroles: Parlez-vous de manière douce et encourageante. Évitez d'utiliser un langage négatif ou autocritique.

Acceptez vos émotions: Au lieu de tenter de réprimer ou de nier vos émotions lors d'une rechute, permettez-vous de ressentir ce que vous ressentez. Reconnaissez qu'il est normal d'éprouver des sentiments de frustration ou de déception.

Rappelez-vous de vos progrès: Rappeler les réussites et les progrès que vous avez accomplis jusqu'à présent dans votre voyage. Cela peut vous aider à mettre la rechute en perspective et à vous rappeler que vous êtes capable de surmonter les défis.

Cultivez une perspective d'apprentissage: Considérez chaque rechute comme une opportunité d'apprentissage. Demandez-vous ce que vous pouvez apprendre de la situation et comment vous pouvez appliquer cette leçon à l'avenir.

Visualisez le soutien d'un ami: Imaginez qu'un ami proche traverse la même situation. Comment lui offririez-vous du soutien et des encouragements? Appliquez ces mêmes attitudes envers vous-même.

Respirez et pratiquez l'auto-soin: En période de rechute, pratiquez des techniques de respiration profonde et d'autres activités d'auto-soin qui vous apportent confort et soulagement.

Permettez-vous de recommencer: Sachez que chaque jour est une nouvelle opportunité de recommencer. Une rechute ne définit pas votre trajectoire de croissance personnelle, et vous pouvez continuer à progresser vers vos objectifs.

L'auto-compassion est une compétence qui peut se développer avec le temps. Plus vous la pratiquez, plus elle devient naturelle dans les moments difficiles. En vous traitant avec gentillesse et compassion, vous établissez une base solide de résilience émotionnelle, ce qui vous aide à aborder les rechutes avec une mentalité positive et constructive.

Analysez la situation

Lorsque vous faites face à une rechute ou à un moment difficile dans votre parcours d'autoréflexion et de croissance personnelle, il est précieux de prendre le temps d'analyser la situation en profondeur. Analyser la situation consiste à réfléchir à ce qui a conduit à la rechute, en identifiant les déclencheurs, les émotions et les circonstances qui ont contribué à l'événement. Cette analyse peut fournir des perspectives précieuses sur vos vulnérabilités et vous permettre de développer des stratégies pour éviter ces schémas à l'avenir. Étapes à considérer lors de l'analyse de la situation:

Prise de conscience profonde: Prenez du recul par rapport à la situation immédiate et autorisez-vous à réfléchir avec calme et honnêteté. Cela implique d'explorer vos émotions, vos pensées et vos comportements impliqués dans la rechute.

Identification des déclencheurs: Demandez-vous quels ont été les déclencheurs de la rechute. Un déclencheur peut être une situation stressante, une émotion intense, un environnement difficile ou même une interaction sociale spécifique. Reconnaître ces déclencheurs est la première étape pour éviter des situations similaires à l'avenir.

Exploration des émotions: Analysez les émotions que vous ressentiez avant et pendant la rechute. Cela aurait pu être de l'anxiété, de la tristesse, de la colère ou d'autres émotions. Comprendre comment ces émotions ont influencé vos actions peut vous aider à développer des stratégies d'adaptation plus saines.

Circonstances pertinentes: Tenez compte des circonstances entourant la rechute. Cela peut inclure des facteurs externes tels que des événements stressants ou des facteurs internes tels que le niveau d'énergie, la santé physique ou les relations. Identifier ces circonstances peut vous aider à être plus conscient de quand elles peuvent affecter votre bien-être.

Schémas comportementaux: Analysez vos comportements et actions qui ont conduit à la rechute. Demandez-vous s'il y avait des schémas de comportement antérieurs qui ont contribué à la situation. Identifier ces schémas peut vous aider à prendre des mesures proactives pour les interrompre à l'avenir.

Réflexion impartiale: Essayez d'observer la situation de manière impartiale, comme si vous observiez un ami. Cela peut aider à éviter l'autocritique excessive et vous permettre de voir la situation de manière plus objective.

Leçons et stratégies: Après avoir identifié les déclencheurs, les émotions et les schémas, réfléchissez aux leçons que vous pouvez tirer de la situation. Considérez quelles stratégies d'adaptation pourraient être utiles pour éviter des rechutes similaires à l'avenir. Cela peut impliquer le développement de nouvelles compétences d'adaptation, la recherche de soutien ou l'élaboration d'un plan d'action pour les situations difficiles.

Gardez à l'esprit que l'analyse de la situation ne vise pas à vous blâmer, mais à obtenir des perspectives précieuses pour votre croissance personnelle. En comprenant mieux les dynamiques qui ont contribué à la rechute, vous êtes mieux équipé pour prendre des mesures proactives pour éviter des situations similaires à l'avenir et continuer à progresser dans votre parcours d'autoréflexion et de bien-être.

Apprenez des rechutes

Bien que les rechutes puissent être décourageantes, il est essentiel de comprendre qu'elles portent toutes en elles un potentiel d'apprentissage précieux. Chaque fois que vous faites face à une rechute dans votre parcours d'autoréflexion et de croissance personnelle, vous avez l'opportunité de gagner des perspectives profondes sur vous-même et de développer des stratégies plus efficaces pour l'avenir. Apprendre des rechutes est une approche constructive qui peut stimuler votre croissance et renforcer votre résilience émotionnelle. Voici comment tirer le meilleur parti de cette opportunité d'apprentissage:

Auto-exploration: Au lieu de vous concentrer uniquement sur la rechute elle-même, prenez le temps d'explorer les raisons sous-jacentes qui ont conduit à son occurrence. Demandez-vous quelles émotions, pensées ou situations ont déclenché la rechute. Cette exploration peut aider à découvrir des schémas et des vulnérabilités.

Identification de schémas: En examinant plusieurs rechutes, vous pouvez commencer à identifier des schémas récurrents. Cela peut inclure des déclencheurs communs, des émotions spécifiques ou des circonstances similaires. Identifier ces schémas vous permet d'être plus conscient et de prendre des mesures préventives.

Développement de stratégies: Sur la base des leçons apprises des rechutes, commencez à élaborer des stratégies d'adaptation plus efficaces. Cela peut impliquer d'apprendre de nouvelles compétences pour faire face au stress, de créer un plan d'action pour les situations difficiles ou de chercher du soutien en cas de besoin.

Résilience et autocompassion: Apprendre des rechutes peut renforcer votre résilience émotionnelle. En développant la capacité de récupérer après un revers, vous pratiquez également l'autocompassion. Rappelez-vous que tout le monde fait face à des défis, et se traiter avec gentillesse et compréhension est essentiel.

Cultiver des changements progressifs: En examinant les schémas et les déclencheurs ayant conduit à la rechute, vous pouvez commencer à apporter des changements progressifs dans votre vie. Cela peut impliquer d'ajuster votre routine, d'adopter de nouvelles pratiques d'auto-soins ou de prendre des mesures pour réduire l'exposition à des déclencheurs spécifiques.

Évaluation des progrès: Apprendre des rechutes vous permet également d'évaluer vos progrès au fil du temps. En observant comment vos réponses et réactions évoluent, vous pouvez constater des preuves tangibles de croissance et de développement personnel.

Acceptation et progression continue: Acceptez que les rechutes fassent partie du parcours de croissance personnelle. Au lieu de vous sentir vaincu, considérez chaque rechute comme une opportunité d'avancer. Le progrès est continu, et à chaque fois que vous apprenez et vous adaptez, vous vous rapprochez de vos objectifs.

Sachez que tirer des leçons des rechutes nécessite de la patience et de l'autocompassion. Il s'agit de vous habiliter à prendre des mesures plus conscientes et positives à l'avenir, plutôt que de rester ancré dans le passé. Chaque rechute est une chance de grandir, et cette approche d'apprentissage peut enrichir votre parcours d'autoréflexion et de bien-être émotionnel.

Demander du soutien

Dans les moments de difficulté et de rechute, chercher le soutien des personnes en qui vous avez confiance peut être une étape essentielle pour faire face aux défis et les surmonter. Amis, famille et professionnels de la santé mentale peuvent offrir un espace sûr pour exprimer vos émotions, partager vos inquiétudes et recevoir le soutien nécessaire. Voici comment vous pouvez chercher et recevoir du soutien pendant ces moments:

Communiquer ouvertement: N'ayez pas peur de partager ce que vous traversez avec les personnes proches de vous. Parler de vos luttes peut soulager la pression émotionnelle et offrir une issue à vos sentiments.

Choisir des confidents: Identifiez des personnes dans votre vie qui sont solidaires et empathiques. Choisissez des individus qui peuvent écouter sans jugement et offrir des mots réconfortants.

Professionnels de la santé mentale: Si vous êtes confronté à des défis émotionnels plus intenses, envisager de chercher un soutien professionnel auprès d'un thérapeute, psychologue ou psychiatre peut être extrêmement bénéfique. Ils ont l'expérience et les outils pour vous aider à naviguer dans les moments difficiles.

Groupes de soutien: Participer à des groupes de soutien peut offrir un réseau de personnes traversant des défis similaires. Cela crée un sentiment d'appartenance, de compréhension et d'échange d'expériences.

Écoute active: Lorsque vous vous ouvrez pour recevoir du soutien, permettez-vous d'être entendu et compris. L'écoute active est une partie vitale de la connexion émotionnelle et contribue à renforcer les liens avec les autres.

Perspectives extérieures: Parfois, les amis et la famille peuvent offrir des perspectives que vous n'avez peut-être pas considérées. Leurs observations et conseils peuvent vous aider à voir les situations différemment.

Apprentissage partagé: En partageant vos luttes, vous pouvez découvrir que vous n'êtes pas seul dans vos expériences. Cela peut être réconfortant et vous rappeler que d'autres personnes traversent également des défis similaires.

Respectez votre espace: Chercher du soutien ne signifie pas que vous devez tout partager avec tout le monde. Respectez vos limites et choisissez les personnes avec qui vous vous sentez le plus à l'aise pour partager.

Expression émotionnelle: Le soutien implique également de vous permettre d'exprimer vos émotions. Parler de ce que vous ressentez peut soulager la tension émotionnelle et apporter un sentiment de soulagement.

Auto-validation: Souvenez-vous que même en cherchant un soutien externe, votre validation interne est cruciale. Votre expérience et vos sentiments sont valides, quel que soit la façon dont les autres réagissent.

Chercher du soutien lors de moments difficiles est un acte de courage et d'autocompassion. Se connecter avec les autres peut vous aider à vous sentir moins isolé et plus renforcé pour faire face aux défis qui se présentent dans votre parcours d'autoréflexion et de croissance personnelle.

Reconnectez-vous avec vos objectifs

Au cours de votre parcours de croissance personnelle, il est naturel de rencontrer des moments où votre motivation et votre concentration peuvent vaciller. Dans ces situations, se reconnecter avec vos objectifs initiaux peut être une manière puissante de raviver votre motivation et de diriger vos efforts vers ce qui est important pour vous. Voici des moyens de vous reconnecter avec vos objectifs:

Réfléchir à vos motivations: Prenez le temps de vous rappeler les raisons pour lesquelles vous avez décidé de vous engager dans cette voie de croissance personnelle. Cela peut inclure l'amélioration de votre santé mentale, le développement de relations plus saines ou l'atteinte d'un sentiment plus profond de dessein.

Visualisation créative: Fermez les yeux et imaginez-vous atteignant vos objectifs. Visualisez à quoi ressemblera votre vie lorsque vous aurez atteint ce que vous désirez. Cette technique peut aider à créer une image mentale positive et motivante.

Notez vos objectifs: Écrire vos objectifs sur papier peut les rendre plus tangibles et concrets. Placez ce papier où vous pouvez le voir régulièrement comme rappel constant.

Décomposition des objectifs en étapes plus petites: Si vos objectifs vous semblent trop éloignés ou difficiles, divisez-les en étapes plus petites et plus atteignables. Chaque étape accomplie représentera un progrès vers l'objectif final.

Développez un mantra: Créez une affirmation positive en harmonie avec vos objectifs. Répétez ce mantra régulièrement pour garder vos objectifs présents dans votre esprit.

Créez un tableau de vision: Faites un tableau de vision visuel représentant vos objectifs et aspirations. Placez-y des images, des mots et des citations qui vous inspirent à continuer d'avancer.

Établissez des objectifs petits et mesurables: Définissez des objectifs spécifiques et mesurables liés à vos objectifs. À mesure que vous les atteignez, vous ressentirez un sentiment d'accomplissement et de progrès.

Rappelez-vous des avantages: Pensez aux avantages que vous obtiendrez en atteignant vos objectifs. Cela peut inclure plus de confiance en vous, un meilleur bien-être émotionnel ou des relations plus profondes.

Évaluez votre progrès: Évaluez régulièrement les progrès que vous avez réalisés vers vos objectifs. Cela peut vous aider à voir à quel point vous avez avancé et vous motiver à continuer d'avancer.

Flexibilité et adaptation: Gardez à l'esprit que vos objectifs peuvent évoluer à mesure que vous grandissez et apprenez. Si nécessaire, ajustez-les pour mieux refléter vos aspirations actuelles.

En vous reconnectant à vos objectifs, vous réaffirmez votre engagement envers vous-même et votre parcours de croissance personnelle. Cela peut être une source puissante de motivation, vous aidant à surmonter les défis et à continuer d'avancer, même lorsque le chemin devient plus difficile.

Adotez de petites actions positives

Pendant les moments de rechute ou de difficultés dans votre parcours de croissance personnelle, il est essentiel de se rappeler que de petites actions positives peuvent avoir un impact significatif sur votre rétablissement et votre résilience. Même lorsque les choses semblent difficiles, s'engager dans des actions d'auto-soin et de bonnes habitudes peut vous aider progressivement à reprendre le chemin du bien-être. Voici des façons d'adopter de petites actions positives:

Pratiquez l'auto-soin: Même si cela semble difficile, prenez le temps de prendre soin de vous. Cela peut inclure prendre un bain relaxant, faire une promenade paisible ou méditer quelques minutes.

Reconnaissez vos accomplissements: Rappelez-vous des réussites que vous avez déjà accomplies dans votre histoire. Même s'il semble que vous ayez fait un pas en arrière, vos réalisations précédentes restent valides et méritent d'être reconnues.

Définissez de petits objectifs: Fixez-vous de petits objectifs réalisables que vous pouvez atteindre, même en période difficile. Cela peut créer un sentiment d'accomplissement et de progrès.

Concentrez-vous sur le présent: Au lieu de vous inquiéter du passé ou du futur, concentrez-vous sur l'instant présent. Pratiquer la pleine conscience peut vous aider à vous sentir plus centré et calme.

Mangez de manière saine: Priorisez les aliments nutritifs qui contribuent à votre énergie et à votre bien-être général. Bien manger peut avoir un impact positif sur votre humeur et votre niveau d'énergie.

Parlez à quelqu'un: Partagez vos sentiments et vos préoccupations avec un ami de confiance, un membre de votre famille ou un professionnel de la santé mentale. Parfois, partager ce que vous traversez peut soulager le poids émotionnel.

Pratiquez des activités que vous aimez: Engagez-vous dans des activités qui vous apportent normalement de la joie et de la satisfaction. Cela peut être lire, écouter de la musique, faire de l'art ou toute autre chose que vous aimez.

Pratiquez la gratitude: Prenez un moment pour réfléchir aux choses pour lesquelles vous êtes reconnaissant. Cela peut vous aider à vous concentrer sur les aspects positifs de votre vie, même pendant des moments difficiles.

Établissez une routine: Maintenir une routine régulière peut vous procurer un sentiment de structure et de normalité, même lorsque vous rencontrez des difficultés.

Célébrez de petites victoires: Reconnaissez et célébrez chaque petite action positive que vous entreprenez. Cela peut renforcer votre confiance et vous motiver à continuer d'avancer.

Sachez que chaque petite action positive que vous entreprenez est un pas vers votre rétablissement et votre bien-être. Ne sous-estimez pas le pouvoir de ces actions pour apporter des changements positifs dans votre vie, même lorsque vous faites face à des rechutes ou à des moments difficiles. Le parcours de croissance personnelle est construit sur la résilience et la capacité à avancer, un pas à la fois.

Il est essentiel de comprendre que faire face à des rechutes fait partie du processus de croissance et de changement. Au lieu d'être des obstacles insurmontables, ces moments peuvent vous renforcer et offrir des opportunités d'améliorer vos compétences d'adaptation et votre connaissance de soi. Gardez à l'esprit que le parcours de croissance personnelle est une route pleine de virages, mais chaque virage représente une opportunité d'apprendre et de grandir.

Le voyage continu: Comprendre que la croissance personnelle est un processus constant

La croissance personnelle est un voyage continu, et l'auto-réflexion est un outil qui vous accompagnera tout au long du chemin. Il est important de reconnaître que le voyage de croissance personnelle n'a pas de fin définitive, mais qu'il s'agit d'un processus qui évolue avec le temps. Voici des perspectives à considérer:

Acceptez la fluidité

La vie est un parcours dynamique et en constante évolution. Tout comme les saisons changent et les rivières coulent, notre propre histoire personnelle est imprégnée de fluidité et de transformation. En embrassant la nature fluide de la vie, vous pouvez cultiver une approche plus flexible de votre croissance personnelle. Voici des façons d'accepter la fluidité et de s'adapter aux changements dans votre parcours:

Ouvrez-vous au changement: Reconnaissez que les changements sont naturels et inévitables. Au lieu de résister, adoptez une mentalité de curiosité et d'ouverture face aux changements qui peuvent survenir.

Réévaluation constante: De temps en temps, prenez le temps de réévaluer vos objectifs, intérêts et besoins. Ce qui était important pour vous à un moment de votre vie peut ne plus être pertinent à un autre.

Flexibilité des objectifs: Soyez prêt à ajuster vos objectifs à mesure que votre trajectoire progresse. Établir des objectifs réalistes et flexibles vous permet de vous adapter aux changements de circonstances.

Pratique de l'acceptation: Au lieu de résister aux situations qui échappent à votre contrôle, pratiquez l'acceptation. Cela ne signifie pas que vous ne pouvez pas chercher à vous améliorer, mais que vous êtes prêt à faire face aux circonstances de manière plus équilibrée.

Apprentissage du changement: Chaque changement dans votre parcours apporte des opportunités d'apprentissage. En affrontant de nouveaux défis ou transitions, demandez-vous ce que vous pouvez apprendre de la situation.

Cultiver la résilience: Accepter la fluidité nécessite de la résilience émotionnelle. Développez des compétences pour faire face à l'incertitude et aux défis, afin de vous adapter plus facilement.

Vivre le moment présent: Se concentrer sur le présent aide à embrasser la fluidité de la vie. Pratiquer la pleine conscience vous aide à être plus présent et à apprécier chaque moment, quelles que soient les circonstances.

Trouver des opportunités dans les changements: Voyez les changements comme des opportunités de croissance. Même quand un changement peut sembler difficile, il peut conduire à de nouvelles expériences et perspectives.

Soutien en temps de changement: Recherchez le soutien d'amis, de membres de la famille ou de professionnels de la santé mentale pendant les périodes de changement. Ils peuvent offrir des idées et un soutien émotionnel lors de transitions difficiles.

Cultiver l'auto-compassion: Soyez bienveillant envers vous-même face aux changements. Rappelez-vous que vous faites de votre mieux et méritez un traitement compatissant.

Accepter la fluidité de la vie est une étape importante pour naviguer à travers les changements et les défis dans votre voyage de croissance personnelle. En adoptant une mentalité d'adaptation et d'apprentissage continu, vous pouvez aborder les changements avec plus de confiance et de résilience. Chaque changement, aussi petit soit-il, est une opportunité de croissance et de découverte de soi.

Apprenez des défis

Les défis que vous rencontrez tout au long de votre parcours de croissance personnelle sont bien plus que de simples obstacles à surmonter. Ce sont des opportunités précieuses de croissance, d'apprentissage et d'amélioration de soi. Au lieu d'éviter ou de craindre les défis, considérez-les comme des trampolines pour votre développement. Voici des façons d'apprendre des défis et de les transformer en opportunités:

Redéfinissez votre perspective: Au lieu de voir les défis comme des adversaires, considérez-les comme des enseignants. Chaque défi apporte des leçons et des idées qui peuvent vous aider à grandir.

Développez la résilience: Faire face aux défis contribue à renforcer votre résilience émotionnelle. La résilience vous permet de vous remettre plus rapidement des adversités et de continuer à avancer.

Acquérir des compétences d'adaptation: Chaque défi exige que vous développiez des moyens sains de le relever. En affrontant les défis, vous apprenez à gérer le stress, l'anxiété et les émotions négatives.

Connaissance de soi: Les défis révèlent souvent des aspects de vous-même qui peuvent ne pas être aussi évidents en temps de confort. En relevant les défis, vous acquérez une compréhension plus profonde de vos forces et des domaines où vous pouvez progresser.

Transformation personnelle: En affrontant les défis, vous pouvez vivre une transformation personnelle significative. Ces expériences façonnent qui vous êtes et comment vous abordez la vie.

Apprenez à vous adapter: Les défis exigent souvent que vous vous adaptiez à de nouvelles situations et circonstances. Apprendre à s'adapter est une compétence précieuse dans tous les aspects de la vie.

Construisez la confiance: À mesure que vous surmontez les défis, votre confiance augmente. Chaque fois que vous relevez et surmontez un défi, vous vous prouvez que vous êtes capable de faire face à des situations difficiles.

Établissez des objectifs plus élevés: Surmonter un défi peut vous inciter à fixer des objectifs plus élevés et ambitieux. Réussir un défi peut vous donner la confiance nécessaire pour vous aventurer dans de nouveaux domaines.

Célébrez de petites victoires: En relevant les défis, célébrez chaque petite victoire en cours de route. Cela aide à maintenir votre motivation et à reconnaître les progrès que vous faites.

Cultivez la persistance: Les défis peuvent mettre à l'épreuve votre détermination et votre persévérance. Cultiver la persistance vous aide à persévérer même lorsque les obstacles semblent insurmontables.

Rappelez-vous que les défis sont des opportunités de croissance, vous pouvez les aborder avec une mentalité plus positive et proactive. Au lieu de craindre l'inconnu, embrassez-le comme une chance d'apprendre, de grandir et de devenir une meilleure version de vous-même. Chaque défi que vous surmontez vous rapproche de vos objectifs et contribue à votre croissance personnelle continue.

Cultivez la patience

Le parcours de croissance personnelle est une route qui s'étend devant vous, pleine de possibilités, de défis et d'apprentissages. Cultiver la patience dans ce voyage est essentiel, car la croissance personnelle ne se produit pas du jour au lendemain. C'est un processus progressif qui demande du temps, de l'effort et un engagement continu. Voici des façons de cultiver la patience pendant que vous avancez dans votre parcours de découverte de soi et de développement:

Définissez des attentes réalistes: Il est important de définir des attentes réalistes pour le processus de croissance personnelle. Reconnaissez que les changements significatifs prennent du temps et que les résultats ne sont pas immédiats.

Célébrez les petites victoires: Tout au long du parcours, célébrez chaque petite victoire, aussi petite soit-elle. Reconnaître et célébrer vos réalisations contribue à maintenir votre motivation et à vous rappeler que vous progressez.

Appréciez le processus: Au lieu de vous concentrer uniquement sur les résultats finaux, apprenez à apprécier le processus de croissance. Chaque étape, chaque apprentissage et chaque défi font partie du voyage.

Apprenez de l'impatience: Lorsque l'impatience survient, voyez-la comme une occasion d'apprentissage. Interrogez-vous sur la raison de votre impatience et sur la manière de travailler dessus. Cela contribue à développer la conscience de soi.

Pratiquez la pleine conscience: La pratique de la pleine conscience peut aider à cultiver la patience. La pleine conscience vous aide à vivre dans le moment présent et à accepter les choses telles qu'elles sont, sans précipitation vers des résultats immédiats.

Comprenez la nature de la croissance: Tout comme une plante grandit progressivement, votre croissance personnelle est également un processus continu. Comprenez que chaque pas que vous faites contribue à votre développement.

Visualisez le progrès: Prenez le temps de visualiser le progrès que vous souhaitez accomplir. Cela peut vous aider à rester concentré et motivé, même lorsque les résultats ne sont pas immédiats.

Apprenez à gérer la frustration: L'impatience conduit souvent à la frustration. Apprenez à gérer la frustration de manière saine, au lieu de la laisser entraver votre progression.

Développez la compassion envers vous-même: Soyez bienveillant envers vous-même tout au long du voyage. Reconnaissez qu'il est normal de se sentir impatient, mais rappelez-vous aussi que vous faites de votre mieux.

Célébrez le processus: Au lieu d'attendre d'avoir atteint vos objectifs finaux pour vous sentir accompli, célébrez chaque étape du processus. L'histoire elle-même est pleine de moments d'apprentissage et de croissance.

Cultiver la patience est une compétence qui bénéficie à tous les domaines de votre vie. Prenez conscience que chaque pas que vous faites, même s'il est petit, vous rapproche de vos objectifs. La patience vous aide non seulement à faire face aux défis, mais vous permet également de profiter pleinement de chaque moment de votre parcours de croissance personnelle.

Célébrez le progrès continu

Dans le parcours de croissance personnelle et de découverte de soi, il est essentiel de célébrer le progrès continu que vous réalisez, plutôt que de vous concentrer uniquement sur les objectifs finaux. Chaque jour où vous vous consacrez à l'auto-réflexion, à l'auto-soin et à la recherche d'une compréhension plus profonde de vous-même est un jour où vous investissez dans votre propre parcours vers le bien-être et l'évolution. Voici des façons de célébrer et de valoriser le progrès continu:

Reconnaissez les petites victoires: Au lieu d'attendre de grandes réalisations, reconnaissez les petites victoires qui surviennent en cours de route. Chaque petit pas est une réussite qui vous rapproche de votre objectif principal.

Gardez un journal de progression: Tenez un journal où vous enregistrez les étapes que vous avez franchies, les leçons que vous avez apprises et les changements que vous avez observés en vous-même. Cela vous permet de réfléchir au progrès au fil du temps.

Célébrez les moments d'auto-soin: Chaque fois que vous vous réservez un moment pour prendre soin de vous, vous faites un pas vers votre propre bien-être. Célébrez ces moments, car ils témoignent de votre engagement envers votre santé mentale et émotionnelle.

Appréciez les leçons apprises: Chaque défi que vous relevez apporte avec lui une précieuse leçon. Au lieu de regretter les difficultés, célébrez les leçons que vous apprenez et la sagesse que vous accumulez.

Visualisez votre progrès: Prenez un moment pour visualiser le progrès que vous avez accompli depuis le début de votre parcours. Cela peut vous donner une perspective plus claire de comment vous avez évolué au fil du temps.

Partagez avec les autres: Partager vos expériences et réalisations avec des amis, de la famille ou des mentors peut amplifier votre sentiment d'accomplissement. Ils peuvent vous offrir soutien et reconnaissance, vous rappelant à quel point vous avez progressé.

Créez un rituel de célébration: Établissez un rituel personnel pour célébrer votre progrès. Cela peut être allumer une bougie, écrire une lettre à vous-même ou faire quelque chose qui vous fait vous sentir spécial.

Pratiquez la gratitude: À chaque étape du progrès, pratiquez la gratitude. Remerciez d'avoir l'opportunité de grandir, d'apprendre et de devenir une version plus complète de vous-même.

Concentrez-vous sur le présent: Au lieu de vous inquiéter excessivement pour le futur ou de vous fixer sur les objectifs lointains, concentrez-vous sur chaque jour présent. Célébrez ce que vous faites actuellement pour devenir la personne que vous souhaitez être.

Souvenez-vous de votre parcours: Lorsque des moments de doute ou de frustration surviennent, rappelez-vous toutes les étapes que vous avez déjà franchies et les changements positifs que vous avez déjà réalisés. Cela peut renouveler votre motivation et votre perspective.

Célébrer le progrès continu est un moyen de nourrir votre motivation, votre estime de soi et votre sentiment d'accomplissement. Chaque pas que vous faites est une contribution significative à la construction d'une vie plus authentique et significative.

Gardez la curiosité

Le voyage de croissance personnelle et d'autoréflexion est une opportunité constante d'explorer, d'apprendre et de grandir. Maintenir une attitude de curiosité et d'ouverture est essentiel pour tirer le meilleur parti de ce chemin de découverte de soi. Voici des moyens de cultiver la curiosité et de s'engager pleinement dans votre voyage de croissance personnelle:

Interrogez-vous: Posez des questions sur vous-même, vos croyances, vos désirs et vos valeurs. Être prêt à questionner et à examiner vos propres perspectives peut conduire à des insights profonds et transformateurs.

Explorez de nouveaux domaines: Soyez ouvert à l'exploration de nouveaux domaines d'intérêt et de connaissance. Essayez des activités que vous n'avez jamais envisagées auparavant et soyez prêt à sortir de votre zone de confort.

Apprenez de la diversité: Recherchez des expériences et des perspectives différentes des vôtres. Interagir avec des personnes d'origines différentes, lire des livres variés et participer à des événements divers peut élargir votre compréhension du monde et de vous-même.

Acceptez l'incertitude: La curiosité conduit souvent à de nouvelles découvertes, mais peut aussi mener à l'incertitude. Soyez prêt à accepter l'inconnu et à explorer des territoires inexplorés dans votre parcours.

Observez sans jugement: Pratiquez l'observation sans jugement de vos propres expériences et émotions. Cela vous permet de comprendre vos réactions de manière plus objective et compréhensive.

Tenez un journal réflexif: Tenez un journal où vous enregistrez vos réflexions, questions et idées tout au long du parcours. Cela peut vous aider à suivre votre croissance et à saisir les moments d'apprentissage.

Adaptez-vous aux changements: La curiosité implique d'être prêt à s'adapter aux changements. À mesure que vous en apprenez plus sur vous-même, il peut être nécessaire d'ajuster vos objectifs, vos intérêts et vos perspectives.

Cultivez l'humilité: Reconnaissez qu'il y a toujours plus à apprendre et que personne n'a toutes les réponses. Cultiver l'humilité vous permet d'être ouvert à de nouvelles idées et approches.

Expérimentez sans peur: Soyez courageux en essayant de nouvelles choses, même s'il y a possibilité d'échec. Chaque expérience, positive ou non, contribue à votre croissance.

Célébrez la découverte: Célébrez chaque nouvelle découverte à votre sujet et chaque moment d'apprentissage. Reconnaissez que le parcours de la découverte de soi est précieux en soi, indépendamment des conclusions.

En maintenant un esprit curieux et ouvert, vous pouvez transformer votre parcours de croissance personnelle en une expérience enrichissante et excitante. La curiosité est la clé pour dévoiler les mystères de qui vous êtes et du potentiel infini qui réside en vous.

Remerciez pour le voyage

La pratique de la gratitude joue un rôle fondamental dans le parcours de l'autoréflexion et de la croissance personnelle. Même lorsque vous faites face à des défis et à des moments de difficulté, cultiver la gratitude peut apporter une nouvelle perspective et un sens à votre histoire. Voici des moyens d'incorporer la gratitude dans votre parcours de découverte de soi:

Trouvez des leçons dans les difficultés: Au lieu de vous concentrer uniquement sur les aspects négatifs des défis auxquels vous faites face, cherchez les précieuses leçons qu'ils peuvent offrir. Chaque difficulté est une opportunité d'apprentissage et de croissance.

Remerciez les opportunités de croissance: Reconnaissez que chaque moment de difficulté, d'inconfort ou d'incertitude est une opportunité de vous renforcer et d'évoluer. Le parcours d'autoréflexion apporte avec lui le potentiel de développement personnel durable.

Célébrez les progrès: Exprimez votre gratitude pour les petites victoires et les avancées que vous réalisez en cours de route. Chaque pas vers votre bien-être émotionnel et mental mérite reconnaissance et gratitude.

Appréciez l'auto-connaissance: Valorisez la profondeur de l'auto-connaissance que vous acquérez grâce à l'autoréflexion. Se connaître est un cadeau précieux qui peut avoir un impact positif sur tous les aspects de votre vie.

Remerciez pour le voyage en soi: Rappelez-vous que le voyage de découverte de soi est une expérience unique et personnelle. Remerciez pour l'opportunité d'explorer qui vous êtes, de remettre en question vos croyances et de grandir en tant qu'individu.

Voyez les réalisations avec gratitude: Lorsque vous atteignez des objectifs et des jalons dans votre parcours, reconnaissez ces réalisations avec gratitude. Chaque accomplissement est le reflet de l'effort et de l'engagement que vous vous êtes consacrés.

Pratiquez la gratitude quotidiennement: Prenez un moment chaque jour pour réfléchir aux choses pour lesquelles vous êtes reconnaissant dans votre expérience de croissance personnelle. Cela peut aider à maintenir une perspective positive, même dans les moments les plus difficiles.

Remerciez pour les soutiens: Reconnaître et remercier les personnes qui vous soutiennent dans votre parcours, que ce soit par des paroles d'encouragement, en écoutant vos préoccupations ou en offrant des conseils. Elles jouent un rôle significatif dans votre croissance.

Valorisez l'authenticité: Soyez reconnaissant pour chaque pas que vous faites vers plus d'authenticité avec vous-même. Le chemin de l'autoréflexion est une quête pour vivre en accord avec vos valeurs et vos véritables passions.

Appréciez le présent: Trouvez de la gratitude pour le moment présent, peu importe où vous en êtes dans votre parcours. Chaque moment est une opportunité d'apprentissage et de croissance, même s'il ne semble pas immédiatement évident.

La pratique de la gratitude vous permet de trouver du sens et de la valeur à chaque étape de votre parcours de croissance personnelle. Cultiver la gratitude enrichit non seulement votre perspective, mais contribue également à une mentalité positive et résiliente, vous permettant d'embrasser pleinement l'expérience de la découverte de soi.

En adoptant une mentalité de croissance continue et en embrassant la pratique de l'autoréflexion comme compagne constante, vous vous engagez sur un chemin de découverte de soi et de développement personnel. Le parcours est rempli de défis, d'apprentissages et de moments de réalisation. Chaque jour est une opportunité de devenir une version plus authentique et épanouie de vous-même, jetant ainsi les bases d'une vie pleine de sens et de bien-être durables.

Terminer le voyage de l'autoréflexion ne signifie pas atteindre une destination finale, mais embrasser la voie continue de la croissance, de l'apprentissage et de la connaissance de soi. En surmontant les rechutes et en adoptant le processus continu de croissance personnelle, vous construisez une vie plus significative et alignée sur votre vrai moi. Rappelez-vous que le voyage de l'autoréflexion est une marche pour toute une vie, pleine d'opportunités pour devenir la meilleure version de vous-même.

13
CHERCHER DE LAIDE PROFESSIONNELLE

Avec le soutien professionnel, nous trouvons le soutien et les outils pour transformer les défis en opportunités.

Le parcours d'autosoins et de croissance personnelle peut être gratifiant, mais il peut aussi être difficile. À certains moments, il peut être nécessaire de rechercher l'aide d'un professionnel pour faire face à des problèmes plus complexes ou pour recevoir des conseils spécialisés. Dans ce chapitre, nous explorerons le processus de reconnaissance du moment où une aide professionnelle est nécessaire, les approches thérapeutiques efficaces disponibles et comment maximiser les avantages du traitement en travaillant en partenariat avec un thérapeute.

Reconnaître quand une aide professionnelle est nécessaire

Le parcours d'autosoins et de croissance personnelle est une expérience unique et personnelle. Cependant, à certains moments, il peut devenir évident que l'orientation et le soutien d'un professionnel de la santé mentale sont nécessaires pour faire face à des défis plus complexes. Reconnaître ces moments et rechercher de l'aide professionnelle est une étape courageuse et essentielle pour prendre soin de votre santé mentale. Voici des signes indiquant qu'il est temps de rechercher de l'aide professionnelle:

Symptômes persistants

Si vous êtes aux prises avec des symptômes émotionnels, mentaux ou comportementaux qui persistent dans le temps, il est essentiel de reconnaître que l'aide d'un thérapeute peut être nécessaire. Les symptômes persistants peuvent varier en intensité et en nature, mais ils ont tous le potentiel d'impact significativement votre qualité de vie et votre fonctionnement quotidien. Reconnaître l'importance de rechercher de l'aide professionnelle est une étape vitale pour prendre soin de votre santé mentale et émotionnelle. Voici comment identifier et faire face aux symptômes persistants:

Anxiété constante: Si vous ressentez en permanence une sensation d'inquiétude, de peur ou d'appréhension qui interfère avec vos activités quotidiennes, c'est un signe que votre anxiété peut être hors de contrôle. La thérapie peut vous aider à apprendre des stratégies de gestion de l'anxiété, à identifier les déclencheurs et à travailler pour réduire l'intensité de ces sentiments.

Tristesse profonde: Ressentir de manière persistante de la tristesse, du vide ou du désespoir peut indiquer un état dépressif. La thérapie peut aider à comprendre les racines de cette tristesse et à développer des outils pour y faire face. De plus, un thérapeute peut vous aider à trouver des moyens de rechercher la joie et le sens même pendant les moments difficiles.

Irritabilité extrême: Si vous êtes constamment irritable, explosif ou avez peu de patience, cela peut être un signe que vos émotions ne sont pas gérées de manière saine. La thérapie peut vous aider à comprendre l'origine de cette irritabilité et à développer des compétences pour faire face aux émotions de manière plus équilibrée.

Insomnie récurrente: L'insomnie persistante, qu'il s'agisse de difficultés à s'endormir, de réveils nocturnes ou de réveils très tôt, peut gravement affecter votre bien-être physique et émotionnel. La thérapie peut enseigner des techniques d'hygiène du sommeil et des stratégies de relaxation pour améliorer la qualité du sommeil.

Changements d'humeur drastiques: Les fluctuations extrêmes de l'humeur, passant de moments d'euphorie à des périodes de profonde tristesse, peuvent indiquer des troubles de l'humeur tels que le trouble bipolaire. Un thérapeute peut aider à stabiliser ces états d'humeur et à développer des stratégies d'autorégulation.

Impact sur la qualité de vie: Les symptômes persistants n'affectent pas seulement vos émotions, ils peuvent aussi nuire à votre capacité à effectuer les tâches quotidiennes, à maintenir des relations saines et à profiter des choses que vous aimiez auparavant. Si vous remarquez que ces symptômes ont un impact significatif sur votre qualité de vie, c'est une forte indication qu'il est temps de rechercher de l'aide professionnelle.

Rappelez-vous que vous n'avez pas à faire face à ces défis seul. Un thérapeute qualifié peut vous aider à identifier les facteurs sous-jacents des symptômes persistants, à fournir des outils pour les gérer et à offrir un espace sûr pour exprimer vos préoccupations. Reconnaître le besoin d'une aide professionnelle est une étape courageuse vers les soins personnels et le bien-être mental.

Difficulté à gérer les situations

Parfois, la vie nous confronte à des situations qui peuvent devenir accablantes, exigeantes ou difficiles à gérer par nous-mêmes. Si vous traversez des moments où les situations quotidiennes se transforment en sources de stress intense, ou si des événements majeurs de la vie affectent votre capacité à fonctionner, chercher l'orientation d'un thérapeute peut être une stratégie efficace pour développer des façons saines de faire face. Reconnaître quand il est temps de rechercher de l'aide professionnelle est une étape importante pour préserver votre santé mentale et émotionnelle. Voici quelques façons de faire face aux difficultés dans les situations:

Charge quotidienne: Parfois, les exigences de la vie quotidienne peuvent s'accumuler et devenir écrasantes. Si vous vous sentez constamment stressé, anxieux ou incapable de faire face aux responsabilités quotidiennes, un thérapeute peut vous aider à développer des stratégies pour gérer le stress et prioriser vos besoins.

Événements significatifs: Les événements majeurs de la vie, tels que les pertes, les séparations, les changements d'emploi, les divorces ou les transitions, peuvent déclencher des émotions intenses et des défis émotionnels. Un thérapeute peut offrir un soutien émotionnel, vous aider à traiter vos émotions et développer des moyens de vous adapter aux changements.

Développement de stratégies d'adaptation: Un thérapeute qualifié peut vous enseigner des techniques efficaces pour faire face aux situations stressantes. Cela peut inclure des techniques de relaxation, des compétences en résolution de problèmes, une communication assertive et des stratégies d'autorégulation émotionnelle.

Renforcement de la résilience: La thérapie peut également vous aider à renforcer votre résilience, c'est-à-dire votre capacité à récupérer et à vous adapter face à l'adversité. En apprenant à relever les défis de manière constructive, vous serez mieux à même de faire face aux situations difficiles à l'avenir.

Exploration des ressources internes: Un thérapeute peut vous aider à découvrir vos ressources internes, telles que vos forces personnelles, vos compétences en matière d'adaptation existantes et des façons saines de faire face au stress. Cela peut vous permettre de vous sentir plus confiant dans la gestion des difficultés qui se présentent.

Connaissance de soi: Grâce à la thérapie, vous pouvez développer une meilleure connaissance de vous-même concernant vos réactions émotionnelles et vos schémas de comportement dans différentes situations. Cela vous permet de prendre des décisions plus éclairées et conscientes sur la façon d'aborder les défis.

Faire face à des situations difficiles ne doit pas être un fardeau que vous portez seul. L'orientation d'un thérapeute peut vous apporter du soutien, des perspectives et des outils qui vous aideront à affronter les difficultés de manière saine et constructive. Reconnaître le besoin d'aide et chercher l'orientation d'un professionnel est un pas courageux vers le renforcement de votre bien-être émotionnel.

Impact sur les relations

Les relations personnelles, professionnelles et sociales jouent un rôle fondamental dans notre vie et notre bien-être. Lorsque des problèmes émotionnels ou mentaux commencent à interférer négativement dans ces relations, c'est un signe clair qu'il est temps de chercher de l'aide professionnelle pour garantir des relations plus saines et une meilleure qualité de vie. Reconnaître quand vos défis personnels affectent vos interactions avec les autres et rechercher l'intervention d'un thérapeute est une étape importante pour cultiver des relations plus positives et gratifiantes. Voici des moyens de rechercher une aide thérapeutique lorsque les problèmes émotionnels affectent vos relations:

Conflits fréquents: Si vous êtes confronté à des conflits fréquents et des désaccords dans vos relations, que ce soit avec des partenaires, des membres de la famille, des amis ou des collègues, cela peut indiquer que des problèmes émotionnels non résolus contribuent aux problèmes. La thérapie peut aider à identifier les causes sous-jacentes des conflits et fournir des outils pour les résoudre de manière saine.

Isolement social: Lorsque des problèmes émotionnels ou mentaux entraînent un isolement social, vous éloignant des amis, de la famille et des activités sociales, cela peut aggraver la situation et nuire à votre santé mentale. Un thérapeute peut aider à explorer les raisons derrière cet isolement et à développer des stratégies pour renouer avec les autres.

Difficultés de communication: Les problèmes émotionnels peuvent affecter votre manière de communiquer avec les autres. Les difficultés à exprimer vos émotions, à comprendre les besoins des autres ou à maintenir un dialogue sain peuvent créer des barrières dans les relations. La thérapie peut améliorer vos compétences en communication et vous enseigner des stratégies pour faire face aux défis de communication.

Sentiments d'aliénation: Si vous vous sentez aliéné, déconnecté ou mal compris dans vos relations, cela peut avoir un impact significatif sur votre bien-être émotionnel. Un thérapeute peut vous aider à explorer ces sentiments et à travailler pour construire des relations plus empathiques et authentiques.

Concentration sur l'amélioration: En cherchant de l'aide professionnelle pour faire face aux problèmes émotionnels qui affectent vos relations, vous montrez un engagement envers la croissance personnelle et l'amélioration des interactions interpersonnelles. La thérapie vous aide non seulement à faire face aux défis actuels, mais aussi à développer des compétences pour maintenir des relations saines au fil du temps.

Compréhension des schémas relationnels: Un thérapeute peut vous aider à identifier les schémas répétitifs de comportement et de communication qui peuvent contribuer aux problèmes relationnels. En comprenant ces schémas, vous pouvez prendre des mesures pour les briser et établir de nouvelles façons d'interagir avec les autres.

Rechercher de l'aide thérapeutique lorsque des problèmes émotionnels ou mentaux impactent vos relations est un investissement précieux dans votre propre santé mentale et dans les connexions significatives de votre vie. Un thérapeute peut fournir du soutien, des outils et des perspectives pour améliorer la qualité de vos relations et favoriser un environnement émotionnellement sain pour vous et pour ceux qui vous entourent.

Isolement social et perte d'intérêt

L'isolement social et la perte d'intérêt pour des activités qui apportaient autrefois du plaisir sont des symptômes qui indiquent souvent la présence de problèmes émotionnels ou mentaux. Lorsque vous vous retrouvez en train de vous éloigner des interactions sociales et que vous perdez la motivation pour vous engager dans des activités que vous aimiez auparavant, il est important de reconnaître ces signes comme des indicateurs possibles que quelque chose affecte votre santé mentale. Dans ce contexte, chercher de l'aide thérapeutique peut être une façon efficace d'explorer ces sentiments et leurs causes sous-jacentes, ainsi que de retrouver le bien-être et l'engagement dans la vie. Voici comment un thérapeute peut aider lorsque vous faites face à l'isolement social et à la perte d'intérêt:

Exploration des sentiments: Un thérapeute peut offrir un espace sûr et bienveillant pour explorer les sentiments d'isolement et de perte d'intérêt. Ils vous aideront à examiner quand ces sentiments ont commencé, s'il y a des déclencheurs spécifiques et comment ils affectent différentes sphères de votre vie.

Identification des causes sous-jacentes: L'isolement social et la perte d'intérêt peuvent avoir diverses causes sous-jacentes, telles que la dépression, l'anxiété, le stress chronique, les traumatismes passés ou des changements significatifs dans la vie. Un thérapeute qualifié peut aider à identifier ces causes, ce qui permet de mieux comprendre ce qui contribue à ces sentiments.

Développement de stratégies: Un thérapeute peut travailler avec vous pour développer des stratégies efficaces pour faire face à l'isolement et retrouver de l'intérêt pour les activités. Cela peut impliquer l'identification d'activités que vous aimiez autrefois et l'exploration de moyens de les réintroduire progressivement dans votre vie.

Focus sur la connaissance de soi: La thérapie est une occasion d'explorer votre vie émotionnelle et mentale de manière plus approfondie. Cela peut vous aider à mieux comprendre vos besoins, désirs et motivations, ce qui, à son tour, peut conduire à une plus grande clarté sur ce qui provoque l'isolement et la perte d'intérêt.

Développement de compétences sociales: Si l'isolement social est lié à l'anxiété sociale ou à des difficultés d'interaction, un thérapeute peut vous aider à développer des compétences sociales saines. Cela inclut apprendre à gérer l'anxiété sociale, améliorer la communication et établir des relations significatives.

Établissement de petits objectifs: Un thérapeute peut vous aider à définir de petits objectifs atteignables pour vous réintégrer progressivement dans les activités sociales et les passe-temps que vous aimiez autrefois. Cela peut aider à réduire le sentiment de surcharge et à faciliter le processus de récupération de l'intérêt.

Soutien lors de la transition: Si vous traversez des changements majeurs dans votre vie, tels qu'un changement de carrière, une perte ou une transition vers une nouvelle phase, un thérapeute peut vous fournir un soutien émotionnel pendant cette transition et vous aider à trouver des moyens sains de faire face aux défis associés.

L'isolement social et la perte d'intérêt sont des défis que de nombreuses personnes rencontrent à un moment de leur vie. Chercher de l'aide thérapeutique offre non seulement du soutien pendant ces moments difficiles, mais peut également aider à identifier des solutions et des stratégies pour retrouver le bien-être émotionnel et la joie de s'engager dans la vie.

Comportements destructeurs

L'engagement dans des comportements destructeurs tels que l'abus de substances, l'automutilation ou d'autres comportements autodestructeurs est un signe alarmant qu'il est essentiel de chercher de l'aide immédiatement. De tels comportements peuvent avoir de graves conséquences sur la santé mentale, émotionnelle et physique, et l'orientation d'un thérapeute est cruciale pour aborder les racines de ces comportements et développer des stratégies saines d'adaptation. Voici comment un thérapeute peut aider lorsque vous êtes confronté à des comportements destructeurs:

Évaluation et compréhension: Un thérapeute qualifié évaluera l'étendue des comportements destructeurs et cherchera à comprendre les causes sous-jacentes. Cela peut impliquer d'explorer les événements traumatiques passés, les défis émotionnels non résolus et les facteurs de stress qui peuvent contribuer à ces comportements.

Identification des déclencheurs: Comprendre les déclencheurs des comportements destructeurs est essentiel pour développer des stratégies d'adaptation efficaces. Un thérapeute peut vous aider à identifier les moments, émotions ou situations qui déclenchent ces comportements, ce qui permet un meilleur autocontrôle.

Exploration des mécanismes d'adaptation inappropriés: Les comportements destructeurs surviennent souvent comme des moyens inappropriés de faire face à la douleur émotionnelle, au stress ou aux traumatismes. Un thérapeute peut vous aider à explorer des alternatives saines d'adaptation et à développer des compétences pour faire face aux défis de manière plus adaptative.

Développement de stratégies alternatives: Un thérapeute travaillera avec vous pour élaborer des stratégies alternatives d'adaptation saines et efficaces. Cela peut impliquer l'apprentissage de techniques de relaxation, de communication assertive, de gestion du stress et de création d'un réseau de soutien.

Travail sur les croyances limitantes: Souvent, les comportements destructeurs sont enracinés dans des croyances négatives sur soi-même, une faible estime de soi ou des pensées autocritiques. Un thérapeute peut vous aider à remettre en question ces croyances limitantes et à développer une perspective plus saine et positive.

Travail sur l'estime de soi et l'image de soi: Travailler à améliorer l'estime de soi et l'image de soi est essentiel pour surmonter les comportements autodestructeurs. Un thérapeute peut vous aider à développer une relation plus positive avec vous-même et à cultiver l'amour-propre.

Mise en place de stratégies de prévention: En plus de développer des stratégies d'adaptation, un thérapeute peut vous aider à élaborer un plan de prévention des rechutes. Cela implique d'anticiper les situations à risque, de développer des stratégies pour faire face à ces moments et d'établir un système de soutien pour vous aider à rester sur le bon chemin.

Travail en équipe pluridisciplinaire: Selon la gravité des comportements destructeurs, un thérapeute peut travailler en collaboration avec d'autres professionnels de la santé mentale tels que des psychiatres et des travailleurs sociaux pour s'assurer que vous recevez le soutien global nécessaire.

La recherche d'aide thérapeutique lorsque vous êtes confronté à des comportements destructeurs est un pas courageux vers la guérison et le bien-être. Un thérapeute qualifié peut offrir un environnement sûr pour explorer les causes de ces comportements, développer des stratégies saines d'adaptation et vous aider à construire une vie plus équilibrée et positive.

Pensées suicidaires

Les pensées d'automutilation ou de suicide sont un signe de détresse émotionnelle profonde et nécessitent une attention immédiate et une intervention professionnelle. Si vous faites face à des pensées suicidaires, il est essentiel de chercher de l'aide professionnelle pour assurer votre sécurité et votre bien-être. Voici comment chercher de l'aide et trouver de l'espoir lorsque vous êtes aux prises avec des pensées suicidaires:

Comprendre les pensées suicidaires: Les pensées suicidaires peuvent surgir en réponse à une douleur émotionnelle insupportable, des sentiments de désespoir, une intense solitude ou d'autres difficultés. Elles ne doivent pas être ignorées, minimisées ou traitées seules.

Recherchez de l'aide immédiatement: Lorsque vous faites face à des pensées suicidaires, il est crucial de rechercher de l'aide immédiatement. Contactez un thérapeute, un professionnel de la santé mentale, une ligne d'assistance téléphonique pour le suicide ou un médecin. N'hésitez pas à partager vos sentiments avec des amis ou des membres de votre famille en qui vous avez confiance.

Ligne d'assistance téléphonique pour le suicide: Des lignes d'assistance téléphonique pour le suicide sont disponibles pour offrir un soutien émotionnel, écouter vos sentiments et vous aider à traverser des moments de crise.

Intervention professionnelle: Un thérapeute qualifié possède l'expérience nécessaire pour évaluer la gravité des pensées suicidaires et élaborer un plan de sécurité. Ils travailleront avec vous pour comprendre les causes sous-jacentes, développer des stratégies d'adaptation et fournir un soutien continu.

Établissement d'un plan de sécurité: Un thérapeute peut vous aider à élaborer un plan de sécurité comprenant des stratégies pour faire face aux pensées suicidaires, des contacts d'urgence et des étapes à suivre en cas de crise. Ce plan est un outil précieux pour vous maintenir en sécurité en période difficile.

Soutien émotionnel: En plus de chercher de l'aide professionnelle, partager vos sentiments avec des amis et des membres de votre famille en qui vous avez confiance peut également être bénéfique. Le soutien émotionnel peut vous faire sentir moins isolé et mieux compris.

Travail en équipe multidisciplinaire: Selon la gravité des pensées suicidaires, il est possible qu'un thérapeute travaille en collaboration avec un psychiatre ou d'autres professionnels de la santé mentale pour garantir des soins complets.

Trouver de l'espoir: Bien que les pensées suicidaires puissent sembler écrasantes, il est important de se rappeler que de l'aide est disponible et que la guérison est possible. La thérapie peut vous aider à comprendre les causes sous-jacentes des pensées suicidaires, à développer des stratégies pour faire face à la douleur émotionnelle et à trouver de l'espoir pour l'avenir.

Ne luttez pas seul: En ce qui concerne les pensées suicidaires, il n'est pas nécessaire de lutter seul. Chercher de l'aide est un pas courageux vers la guérison et le bien-être émotionnel. Rappelez-vous que vous méritez du soutien et des soins, et qu'il y a des personnes prêtes à vous aider à surmonter cette période difficile.

Difficultés au travail ou dans les études

Les problèmes émotionnels ou mentaux qui affectent négativement votre performance au travail ou dans les études peuvent être difficiles et avoir un impact sur divers aspects de votre vie. Heureusement, la thérapie peut être un outil précieux pour développer des compétences en gestion du stress, en confrontation et en bien-être émotionnel. Voici comment la thérapie peut aider à surmonter ces difficultés:

Comprendre l'impact sur les responsabilités professionnelles et académiques: La pression au travail et dans les études peut être intense, et les problèmes émotionnels ou mentaux peuvent rendre ces responsabilités encore plus difficiles à gérer. Des difficultés à se concentrer, un manque de motivation, des relations tendues avec les collègues ou les professeurs et le sentiment d'être submergé peuvent être des signes que de l'aide est nécessaire.

Identification des causes sous-jacentes: Un thérapeute travaillera avec vous pour identifier les causes sous-jacentes des difficultés auxquelles vous êtes confronté. Cela peut inclure des problèmes d'estime de soi, d'anxiété, de dépression, de traumatismes passés ou d'autres préoccupations émotionnelles qui affectent votre performance.

Développement de stratégies de gestion du stress: La thérapie peut vous aider à développer des stratégies efficaces pour gérer le stress lié au travail ou aux études. Cela peut inclure des techniques de relaxation, des pratiques de pleine conscience, une organisation efficace du temps et des méthodes pour faire face à la pression.

Amélioration des compétences en communication: Si les difficultés dans les interactions avec les collègues, les supérieurs ou les camarades d'études posent problème, un thérapeute peut vous aider à développer des compétences de communication saines et assertives. Cela peut améliorer vos relations et favoriser un environnement plus positif.

Promotion du bien-être émotionnel: La thérapie vise également à améliorer votre bien-être émotionnel général. En abordant les préoccupations sous-jacentes, vous pouvez éprouver une réduction du stress et de l'anxiété, ce qui peut à son tour avoir un impact positif sur votre capacité à vous concentrer et à accomplir vos tâches.

Développement de stratégies d'adaptation: Un thérapeute peut vous aider à développer des stratégies d'adaptation saines pour faire face à des défis spécifiques dans le milieu professionnel ou académique. Cela peut inclure la résolution de conflits, des moyens de faire face à la pression et des méthodes pour équilibrer travail, études et vie personnelle.

Reconnaissance des limites saines: La thérapie peut vous aider à établir des limites saines entre le travail, les études et le temps personnel. Apprendre à privilégier l'auto-soin et à séparer le travail des moments de repos peut être essentiel pour améliorer votre bien-être général.

Travailler vers le succès: La thérapie ne permet pas seulement de surmonter les difficultés actuelles, mais aussi de jeter les bases d'un succès continu au travail et dans les études. En apprenant à faire face aux défis émotionnels et mentaux, vous serez mieux préparé à affronter les obstacles futurs.

N'hésitez pas à demander de l'aide: Si des problèmes émotionnels ou mentaux ont un impact négatif sur votre performance au travail ou dans les études, n'hésitez pas à demander de l'aide. Un thérapeute qualifié peut offrir des conseils, du soutien et des outils pratiques pour vous aider à surmonter les difficultés et à atteindre vos objectifs professionnels et académiques.

L'auto-évaluation honnête est un aspect vital pour reconnaître quand une assistance professionnelle est nécessaire. Demandez-vous comment vous vous êtes senti récemment, comment vos pensées ont affecté votre bien-être, comment vos émotions ont influencé vos actions et comment vous interagissez avec les autres. La prise de conscience de soi vous permet d'identifier les modèles, les tendances et les changements importants dans votre santé mentale.

De plus, soyez attentif aux commentaires de vos amis proches et de votre famille. Parfois, ceux qui nous entourent peuvent remarquer des changements subtils ou des comportements préoccupants que nous ne percevons pas clairement.

Reconnaître quand il est nécessaire de rechercher de l'aide professionnelle est un acte de conscience de soi et d'auto-soin. Il est essentiel de se rappeler que chercher de l'aide n'est pas un signe de faiblesse, mais plutôt une démonstration de force et de courage. Lorsque vous réalisez que votre santé mentale et émotionnelle est mise à l'épreuve, faire ce pas peut faire la différence entre affronter ces défis de manière saine et efficace ou permettre qu'ils s'aggravent.

Approches thérapeutiques efficaces

En reconnaissant le besoin d'une aide professionnelle, il est important de comprendre les différentes approches thérapeutiques disponibles afin de choisir celle qui correspond le mieux à vos besoins et préférences. Chaque approche thérapeutique a ses propres techniques et méthodes pour aborder les problèmes émotionnels et mentaux. Voici les approches thérapeutiques les plus courantes:

Thérapie cognitivo-comportementale (TCC)

La thérapie cognitivo-comportementale est une approche thérapeutique largement utilisée, reconnue pour son efficacité dans le traitement d'une variété de défis émotionnels et mentaux. Elle se concentre sur le travail avec les schémas de pensée et de comportement qui peuvent contribuer à des problèmes tels que l'anxiété, la dépression, les phobies et les troubles alimentaires. La TCC repose sur des principes fondamentaux visant à favoriser des changements pratiques et tangibles dans la vie de l'individu.

Identification de schémas de pensée déformés: Un pilier de la TCC est l'identification de schémas de pensée déformés, appelés "distorsions cognitives". Ceux-ci sont des modes de pensée qui peuvent conduire à des interprétations négatives et exagérées de la réalité. Le thérapeute vous aide à reconnaître ces schémas et à remettre en question leur validité, permettant une réévaluation plus réaliste des situations.

Développement de stratégies de restructuration cognitive: Une fois que les distorsions cognitives ont été identifiées, le thérapeute travaille avec vous pour développer des stratégies de restructuration cognitive. Cela implique de remplacer les schémas de pensée négatifs par des pensées plus réalistes et positives. Ce changement dans la manière de penser contribue à réduire les symptômes tels que l'anxiété et la dépression, favorisant ainsi une perspective plus équilibrée.

Exposition progressive et désensibilisation: La TCC utilise également des techniques d'exposition progressive et de désensibilisation pour traiter les phobies et les anxiétés spécifiques. Ces techniques impliquent une exposition contrôlée et graduelle aux stimuli qui provoquent de l'anxiété, vous permettant de développer une plus grande tolérance et maîtrise des réactions émotionnelles.

Entraînement aux compétences d'adaptation: En plus de travailler sur les schémas de pensée, la TCC se concentre également sur le développement de compétences d'adaptation efficaces. Cela implique d'apprendre des stratégies pratiques pour faire face aux situations stressantes ou déclencheuses d'anxiété. En pratiquant ces compétences, vous gagnez en confiance dans votre capacité à relever les défis et à gérer les émotions difficiles.

Mise en avant du présent et des solutions orientées: La TCC est une approche axée sur le présent et la résolution de problèmes. Bien que les expériences passées puissent être explorées, l'accent principal est mis sur le développement de stratégies pour faire face aux défis actuels. Le thérapeute travaille avec vous pour définir des objectifs réalisables et créer un plan d'action concret pour les atteindre.

Collaboration active entre le thérapeute et le client: La TCC implique une collaboration active entre le thérapeute et le client. Le thérapeute agit comme un guide et un partenaire dans le voyage de la connaissance de soi et du changement. Ensemble, vous identifiez les objectifs, suivez les progrès et ajustez les stratégies selon les besoins.

La TCC est une approche hautement structurée et axée sur les résultats. Ses principes pratiques et ses outils spécifiques en font un choix populaire pour de nombreux individus qui souhaitent surmonter les défis émotionnels et comportementaux. Le thérapeute travaillera avec vous pour développer les compétences nécessaires pour faire face aux problèmes de manière efficace, favorisant ainsi une meilleure qualité de vie et un bien-être mental.

Thérapie psychodynamique

La thérapie psychodynamique est une approche thérapeutique qui se concentre sur l'exploration des influences du passé, des expériences de vie et de l'inconscient sur le comportement et les sentiments actuels. Cette approche repose sur la prémisse que les expériences vécues tout au long de la vie, en particulier dans l'enfance, ont un impact durable sur les émotions, les pensées et les comportements d'un individu. La thérapie psychodynamique cherche à mettre en lumière ces influences cachées pour favoriser la prise de conscience de soi et la résolution des conflits internes.

Exploration de l'inconscient: L'une des caractéristiques distinctives de la thérapie psychodynamique est l'exploration de l'inconscient. On croit que de nombreux aspects de notre esprit, y compris les désirs, les traumatismes et les souvenirs refoulés, sont présents au niveau inconscient. Le thérapeute travaille avec vous pour faire émerger ces éléments cachés, permettant ainsi une compréhension plus approfondie des motivations et des schémas de comportement.

Modèles de relations et conflits internes: La thérapie psychodynamique se concentre également sur l'examen des modèles de relations, passés et présents. Les relations significatives, telles que celles avec les parents ou les soignants pendant l'enfance, peuvent avoir un impact durable sur les interactions sociales et les relations à l'âge adulte. Le thérapeute vous aide à identifier les modèles de relations répétitifs et à explorer comment ces modèles peuvent être liés à des conflits internes non résolus.

Résolution de traumatismes et de conflits non résolus: Les événements traumatiques ou les conflits non résolus du passé peuvent influencer négativement la santé mentale et émotionnelle d'un individu. Dans la thérapie psychodynamique, le thérapeute offre un espace sûr pour explorer ces événements et les sentiments qui y sont associés. La résolution des traumatismes et des conflits non résolus peut entraîner un soulagement significatif des symptômes émotionnels et comportementaux.

Connaissance de soi et changement personnel: La thérapie psychodynamique valorise le processus de connaissance de soi comme moyen de favoriser le changement personnel. En comprenant les motifs sous-jacents aux comportements et aux émotions, vous pouvez développer une meilleure prise de conscience de vous-même et de vos réactions. Cette prise de conscience peut ouvrir la voie à l'adoption de nouvelles perspectives et de comportements plus sains.

Durée et intensité de la thérapie: La thérapie psychodynamique est souvent plus longue que certaines autres approches thérapeutiques. Cela est dû à l'exploration des couches les plus profondes de la psyché et à la construction d'une relation thérapeutique solide au fil du temps. Les séances peuvent être plus intensives, permettant une exploration approfondie de questions complexes.

La thérapie psychodynamique est une approche qui vise non seulement à traiter les symptômes, mais aussi à approfondir la compréhension de soi et des influences qui ont façonné votre vie. En explorant le passé et les processus internes, vous pouvez trouver de la clarté, de la résolution et un regain de conscience de soi et d'acceptation de soi.

Thérapie d'acceptation et d'engagement (ACT)

La thérapie d'acceptation et d'engagement se distingue par son accent sur l'acceptation des pensées et des émotions difficiles tout en orientant les actions vers des valeurs personnelles et significatives. Cette approche reconnaît que lutter contre les pensées négatives ou essayer de contrôler les émotions inconfortables entraîne souvent plus de souffrance. Au lieu de cela, l'ACT encourage l'acceptation de ces pensées et sentiments en tant que partie naturelle de l'expérience humaine.

Acceptation et pleine conscience: La base de l'ACT est la pratique de l'acceptation et de la pleine conscience. Cela implique d'apprendre à observer les pensées et les émotions sans jugement, en leur permettant de venir et de partir sans réagir de manière intense. Plutôt que d'essayer de réprimer ou d'éviter les pensées négatives, vous apprenez à interagir avec elles de manière plus compatissante et non réactive.

Engagement envers les valeurs: En plus de l'acceptation, l'ACT met l'accent sur l'importance de s'engager dans des actions qui sont alignées sur vos valeurs personnelles. Cela signifie identifier quelles sont vos valeurs centrales et définir des objectifs et des actions conformes à ces valeurs. S'engager dans des actions basées sur les valeurs est un moyen de créer une vie significative et riche, même face à des défis émotionnels.

Désenclavement cognitif: Un autre élément central de l'ACT est le désenclavement cognitif, qui consiste à se détacher des pensées et à les considérer comme des événements mentaux, plutôt que comme des faits concrets. Cela vous permet de vous éloigner des récits et des schémas de pensée négatifs qui peuvent contribuer à la souffrance. Le désenclavement cognitif aide à établir une relation plus saine avec vos pensées, en leur donnant moins de pouvoir sur vos émotions et vos actions.

Le moi observateur: L'ACT introduit également la notion de "moi observateur", qui est la partie de vous qui peut observer vos pensées, émotions et sensations physiques d'un point de vue impartial. Cette partie du moi n'est pas impliquée dans la lutte contre les pensées, elle observe simplement. Cette séparation entre l'observateur et la pensée aide à cultiver une relation plus flexible et compatissante avec votre expérience interne.

Vivre pleinement dans l'instant présent: La pratique de la pleine conscience dans l'ACT implique également de vivre pleinement dans l'instant présent, au lieu de s'inquiéter du passé ou du futur. Cela aide à réduire le rumination et l'anxiété, vous permettant de vous engager plus pleinement dans les activités quotidiennes.

La thérapie d'acceptation et d'engagement est une approche novatrice visant à accroître la flexibilité psychologique et à promouvoir une vie riche et significative, même au milieu de pensées et d'émotions difficiles. En acceptant votre expérience et en vous engageant dans des actions qui vous tiennent à cœur, vous pouvez jeter des bases solides pour faire face aux défis de la vie de manière plus saine et constructive.

Thérapie Interpersonnelle (TIP)

La thérapie interpersonnelle est une approche thérapeutique axée sur les relations interpersonnelles et l'amélioration des compétences en communication et en interaction sociale. Elle reconnaît l'influence profonde que les relations ont sur notre santé mentale et émotionnelle et cherche à aider les individus à comprendre et à résoudre les défis qui peuvent survenir dans leurs interactions avec les autres. La TIP est particulièrement utile pour faire face aux conflits relationnels, améliorer la qualité des interactions sociales et développer des relations saines et satisfaisantes.

Objectifs de la thérapie interpersonnelle: La thérapie interpersonnelle vise à aborder des problèmes spécifiques liés aux relations et à la communication, en mettant l'accent sur quatre domaines principaux:

Deuil: La TIP peut être utilisée pour aider les personnes qui font face à la perte de leurs proches. Elle peut aider à comprendre les émotions associées au deuil et à s'adapter à cette nouvelle réalité.

Rôle et transitions de vie: Les changements de rôle ou les transitions importantes dans la vie, tels que le mariage, le divorce, la retraite ou les changements d'emploi, peuvent entraîner du stress et des défis interpersonnels. La TIP aide à naviguer à travers ces transitions de manière saine.

Conflits interpersonnels: Les problèmes de communication, les malentendus et les conflits dans les relations peuvent avoir un impact significatif sur le bien-être émotionnel. La TIP fournit des outils pour résoudre ces conflits de manière constructive.

Isolement social: Les sentiments d'isolement et de solitude peuvent avoir un impact négatif sur la santé mentale. La TIP aide à développer des compétences sociales et des stratégies pour améliorer les liens interpersonnels.

Processus thérapeutique: Au cours des séances de thérapie interpersonnelle, le thérapeute travaille en étroite collaboration avec la personne pour identifier les schémas de relation, de communication et de conflit. Le thérapeute aide le client à explorer comment ces schémas peuvent contribuer au stress émotionnel ou à la difficulté à établir des relations saines.

Compétences en communication: La thérapie vise à améliorer les compétences en communication de la personne, en l'aidant à exprimer ses émotions et ses besoins de manière claire et assertive. Cela peut impliquer le développement de stratégies pour gérer les malentendus, les désaccords et les situations difficiles de manière constructive.

Résolution des conflits: La TIP enseigne des stratégies efficaces de résolution des conflits, qui consistent à écouter activement, à comprendre les perspectives des autres et à travailler ensemble pour trouver des solutions bénéfiques pour toutes les parties impliquées.

Construction de relations saines: En plus de résoudre des problèmes spécifiques, la thérapie interpersonnelle vise également à aider les individus à construire des relations saines et gratifiantes. Cela implique de développer de l'empathie, de la compréhension et du respect mutuel, ainsi que de créer des liens émotionnels forts.

La thérapie interpersonnelle est une approche efficace pour ceux qui cherchent à améliorer leurs compétences en communication, à résoudre les conflits et à créer des relations plus satisfaisantes. En comprenant comment vos interactions sociales affectent votre santé mentale, vous pouvez acquérir les outils nécessaires pour établir des connexions significatives et positives avec les autres.

Thérapie familiale

La thérapie familiale est une approche thérapeutique impliquant les membres de la famille lors de séances thérapeutiques dans le but d'améliorer la communication, de résoudre les conflits et de favoriser des relations saines. Elle reconnaît que les dynamiques familiales ont un impact profond sur la santé mentale de chaque individu et vise à travailler en collaboration avec tous les membres de la famille pour créer un environnement plus harmonieux et fonctionnel.

Objectifs de la thérapie familiale: La thérapie familiale a plusieurs objectifs importants, notamment:

Amélioration de la communication: La thérapie vise à améliorer la communication entre les membres de la famille. Cela implique d'apprendre à écouter activement, à exprimer les émotions de manière saine et à respecter les points de vue des autres.

Résolution des conflits: La thérapie familiale offre un espace sécurisé pour aborder et résoudre les conflits qui peuvent survenir au sein de la famille. Les thérapeutes aident les membres à comprendre les origines des conflits et à travailler ensemble pour trouver des solutions constructives.

Promotion des relations saines: La thérapie vise à promouvoir des relations saines et un soutien mutuel entre les membres de la famille. Cela implique de développer l'empathie, la compréhension et le respect mutuel.

Adaptation aux changements: Les changements dans la dynamique familiale, tels que la naissance d'un enfant, le mariage, le divorce ou le décès d'un être cher, peuvent être difficiles. La thérapie familiale aide la famille à s'adapter à ces changements de manière saine.

Reconnaissance des schémas familiaux: La thérapie aide les membres de la famille à reconnaître les schémas de comportement et d'interaction qui peuvent contribuer aux conflits ou à la dysfonction. Cela leur permet d'identifier des moyens de rompre avec ces schémas négatifs.

Processus thérapeutique: Pendant les séances de thérapie familiale, les membres de la famille sont encouragés à partager leurs pensées, leurs sentiments et leurs perspectives. Le thérapeute facilite la communication entre les membres et aide à identifier les domaines de conflit et les points de tension. L'accent est mis sur la collaboration et le respect, créant un environnement où chacun se sent entendu et valorisé.

Approches thérapeutiques en thérapie familiale: Il existe plusieurs approches thérapeutiques qui peuvent être utilisées en thérapie familiale, notamment:

Thérapie systémique: Cette approche se concentre sur les interactions et les dynamiques familiales en tant que système complexe. Elle explore comment les actions d'un membre de la famille affectent les autres et comment les changements chez un membre peuvent influencer l'ensemble du système.

Thérapie structurelle: Cette approche vise à réorganiser la structure familiale pour promouvoir des relations saines et fonctionnelles. Elle aide à définir des rôles et des limites clairs au sein de la famille.

Thérapie narrative: Cette approche explore les histoires individuelles et collectives de la famille, aidant à réécrire les récits négatifs et à promouvoir une vision plus positive et émancipatrice.

La thérapie familiale est un puissant outil pour résoudre les conflits, améliorer la communication et favoriser des relations saines au sein de la famille. Elle offre un espace sûr pour explorer des questions complexes et travailler ensemble à construire un environnement de soutien et de compréhension mutuelle.

Thérapie de groupe

La thérapie de groupe est une approche thérapeutique impliquant la participation de plusieurs personnes confrontées à des défis émotionnels et mentaux similaires. Sous la direction d'un thérapeute formé, les participants se réunissent régulièrement pour partager des expériences, discuter de leurs problèmes et se soutenir mutuellement dans le processus d'autoguérison et de croissance personnelle. Cette approche offre une série d'avantages uniques qui peuvent être particulièrement efficaces pour traiter des problèmes spécifiques.

Avantages de la thérapie de groupe: La thérapie de groupe offre plusieurs avantages précieux:

Partage d'expériences: Participer à un groupe thérapeutique offre l'occasion de partager ses propres expériences et d'écouter les histoires des autres. Cela aide à normaliser les sentiments et les défis, car souvent les gens réalisent qu'ils ne sont pas seuls dans leurs luttes.

Soutien entre pairs: Le groupe offre un environnement de soutien où les membres peuvent se rapporter les uns aux autres et se soutenir mutuellement. Le soutien de personnes traversant des situations similaires peut être extrêmement réconfortant et renforçant.

Diversité des perspectives: La thérapie de groupe rassemble des personnes d'horizons, d'expériences et de perspectives différentes. Cela enrichit la discussion et permet aux membres de voir leurs problèmes sous un nouvel angle, offrant des perspectives uniques et des solutions potentielles.

Apprentissage social: En observant comment les autres font face à leurs problèmes, vous pouvez apprendre de nouvelles stratégies d'adaptation, des compétences en communication et des façons saines de faire face aux défis.

Développement de compétences sociales: Pour ceux qui luttent contre l'anxiété sociale, la thérapie de groupe offre un environnement sûr pour pratiquer et développer des compétences sociales.

Économie de coûts et de temps: La thérapie de groupe est généralement plus abordable que la thérapie individuelle, en faisant une option financièrement viable pour beaucoup de gens. De plus, elle permet également de gagner du temps, car plusieurs personnes peuvent être prises en charge en même temps.

Efficacité de la thérapie de groupe: La thérapie de groupe s'est avérée efficace pour toute une gamme de problèmes, y compris la dépression, l'anxiété, les troubles alimentaires, l'abus de substances, le stress post-traumatique, et bien plus encore. Cependant, son efficacité dépend de la dynamique du groupe, de l'orientation du thérapeute et de l'engagement des membres à partager et à participer activement.

Confidentialité et respect: La thérapie de groupe se déroule dans un environnement confidentiel et sécurisé, où les membres sont encouragés à respecter la vie privée les uns des autres et à maintenir ce qui est partagé pendant les séances. Cela crée un espace de confiance et permet aux membres de s'ouvrir sans craindre d'être jugés.

Choisir la thérapie de groupe: Lors du choix de participer à la thérapie de groupe, il est important de rechercher un thérapeute formé et expérimenté qui peut faciliter les séances de manière efficace. De plus, il est essentiel de trouver un groupe abordant les problèmes spécifiques auxquels vous êtes confronté et composé de personnes avec lesquelles vous vous sentez à l'aise.

La thérapie de groupe offre une opportunité unique de croissance personnelle, de soutien mutuel et d'apprentissage social. En partageant des expériences et en apprenant des autres, les participants peuvent développer des compétences pour faire face aux défis émotionnels et mentaux de manière saine et efficace.

Thérapie holistique

La thérapie holistique est une approche thérapeutique qui reconnaît l'interconnexion entre le corps, l'esprit, les émotions et l'esprit en tant qu'ensemble intégré. Contrairement aux approches thérapeutiques traditionnelles qui se concentrent principalement sur l'esprit, la thérapie holistique cherche à équilibrer tous les aspects de l'être humain pour favoriser le bien-être général. Cette approche intègre des pratiques créatives et expressives telles que l'art-thérapie, la musicothérapie et la danse-thérapie pour faciliter l'auto-expression, la prise de conscience de soi et l'exploration émotionnelle.

Principes de la thérapie holistique: La thérapie holistique est basée sur plusieurs principes fondamentaux:

Vision intégrée: Elle reconnaît que le corps, l'esprit, les émotions et l'esprit sont interconnectés et s'influencent mutuellement. Tout déséquilibre dans un domaine peut affecter l'ensemble.

Approche personnalisée: Chaque individu est unique, et la thérapie holistique s'adapte aux besoins et préférences de chacun. Il n'y a pas d'approche unique qui fonctionne pour tous.

Concentration sur la cause profonde: Au lieu de traiter uniquement les symptômes superficiels, la thérapie holistique cherche à identifier et à traiter les causes sous-jacentes des problèmes émotionnels et mentaux.

Auto-guérison et autodécouverte: Elle croit que chaque personne possède une capacité innée d'auto-guérison et que la thérapie est un moyen de faciliter ce processus en favorisant la découverte de soi et la connaissance de soi.

Accent sur la prévention: En plus de traiter les problèmes existants, la thérapie holistique met l'accent sur la prévention en promouvant un mode de vie sain et des pratiques durables pour le bien-être à long terme.

Art-thérapie: L'art-thérapie est une forme de thérapie holistique qui utilise diverses formes d'expression artistique, telles que la peinture, le dessin, la sculpture et le collage, pour aider les individus à s'exprimer et à explorer leurs émotions et leurs pensées internes. En participant à des processus créatifs, les participants peuvent accéder à des sentiments qu'il peut être difficile d'exprimer verbalement. L'art-thérapie offre un moyen sûr de libérer les émotions, de résoudre les conflits internes et de favoriser la prise de conscience de soi.

Musicothérapie: La musicothérapie est une autre pratique holistique qui utilise la musique, les sons et les rythmes comme outils thérapeutiques. La musique a le pouvoir d'évoquer des émotions profondes et peut être utilisée pour aider à exprimer des sentiments, à soulager le stress, à améliorer l'humeur et à favoriser la connexion avec son moi intérieur. La musicothérapie peut impliquer de jouer d'instruments, de chanter, de composer des chansons ou simplement d'écouter de la musique sélectionnée par le thérapeute.

Danse-thérapie: La danse-thérapie implique le mouvement expressif en tant que forme de thérapie. Danser permet aux individus d'exprimer leurs émotions, de libérer des tensions physiques et émotionnelles, et de développer une plus grande conscience corporelle. La danse-thérapie peut être particulièrement efficace pour les personnes ayant des difficultés à communiquer verbalement ou cherchant un moyen plus dynamique d'explorer leurs émotions.

Avantages de la thérapie holistique: La thérapie holistique offre une série d'avantages:

Auto-expression: Les pratiques créatives permettent aux individus de s'exprimer de manière non verbale, souvent en accédant à des émotions profondes.

Connaissance de soi: En explorant la créativité, les participants peuvent acquérir des connaissances sur leurs propres pensées, sentiments et schémas comportementaux.

Libération émotionnelle: La thérapie holistique offre une issue sûre pour libérer des émotions refoulées ou intenses.

Bien-être général: En abordant toutes les dimensions de l'être, la thérapie holistique favorise un sentiment général de bien-être et d'équilibre.

Croissance personnelle: En facilitant l'auto-guérison, la thérapie holistique soutient la croissance personnelle et la transformation.

La thérapie holistique est une approche puissante pour ceux qui veulent explorer leur créativité, favoriser la prise de conscience de soi et tendre vers un état de bien-être et d'équilibre plus profond.

Lors du choix d'une approche thérapeutique, il est important de prendre en considération vos besoins individuels, vos préférences et vos objectifs. Quelle que soit l'approche que vous choisissez, la thérapie offre un espace sûr pour explorer vos sentiments, développer des compétences d'adaptation et œuvrer vers votre bien-être mental et émotionnel.

Travailler en partenariat avec un thérapeute

Chercher de l'aide professionnelle est une démarche courageuse et positive vers votre bien-être. En collaborant avec un thérapeute, vous pouvez maximiser les avantages du traitement et faire des progrès significatifs. Voici des façons de travailler en partenariat avec un thérapeute:

Établir une relation de confiance

La relation entre le patient et le thérapeute est l'un des aspects les plus importants de la thérapie. Une relation basée sur la confiance, le respect et l'empathie est essentielle pour le succès du traitement. Voici les points essentiels à prendre en compte lors de l'établissement de cette relation:

Choisir le bon thérapeute: Choisir le bon thérapeute est une étape cruciale pour garantir une expérience thérapeutique positive et efficace. La relation thérapeutique est un partenariat qui peut avoir un impact significatif sur votre parcours d'autosoins et de croissance personnelle. Des éléments importants à prendre en compte lors du choix du bon thérapeute:

Compatibilité: Il est crucial de choisir un thérapeute avec lequel vous vous sentez à l'aise. L'empathie et le sentiment de connexion sont essentiels pour créer un environnement thérapeutique sûr.

Spécialisation: Considérez les domaines de spécialisation du thérapeute. Selon vos besoins, il peut être bénéfique de choisir un thérapeute ayant de l'expérience dans le traitement de problèmes spécifiques tels que l'anxiété, la dépression, les traumatismes, les relations, etc.

Style thérapeutique: Les différents thérapeutes ont des approches et des styles thérapeutiques variés. Certains sont plus directs, tandis que d'autres préfèrent une approche plus réflexive. Renseignez-vous sur les styles et approches pour en trouver un qui résonne avec vous.

Construction de la relation: La relation thérapeutique est l'un des piliers les plus importants du succès de la thérapie. C'est un lien spécial basé sur la confiance, l'empathie et la collaboration entre vous et le thérapeute. La construction de cette relation solide est essentielle pour créer un environnement sûr où vous pouvez explorer vos sentiments, défis et objectifs. Voici les aspects clés de la construction de la relation thérapeutique:

Communication ouverte: Dès le début, il est important d'établir une communication ouverte et honnête avec le thérapeute. Cela implique de partager vos sentiments, vos pensées et vos attentes concernant la thérapie.

Confiance graduelle: La confiance se construit avec le temps. À mesure que vous et le thérapeute développez une relation plus solide, vous vous sentirez plus à l'aise pour partager des questions plus profondes.

Respect mutuel: Le patient et le thérapeute doivent se respecter mutuellement. Cela implique d'écouter attentivement, de faire preuve d'empathie et de respecter les perspectives individuelles.

Limites claires: Établissez des limites claires sur ce que vous êtes à l'aise de partager et de discuter pendant les séances. Cela contribue à créer un espace sûr et prévisible.

L'importance de l'empathie: L'empathie est une qualité fondamentale qui joue un rôle crucial dans la relation thérapeutique. Avoir un thérapeute empathique peut faire toute la différence dans le processus d'autosoins et de croissance personnelle. L'empathie est la capacité de comprendre et de se connecter émotionnellement aux sentiments et aux expériences du patient. L'importance de l'empathie dans la thérapie:

Démonstration d'empathie: Un thérapeute empathique montre une compréhension et une considération authentiques pour les émotions et les expériences du patient. L'empathie crée un environnement où le patient se sent écouté et compris.

Validation des émotions: L'empathie implique également de valider les émotions du patient, même si elles peuvent sembler difficiles ou inconfortables. Cela aide le patient à se sentir accepté et compris.

L'évolution de la relation thérapeutique: La relation thérapeutique n'est pas statique, mais un processus dynamique qui évolue avec le temps. À mesure que vous travaillez avec votre thérapeute pour relever les défis émotionnels et poursuivre votre croissance personnelle, la relation thérapeutique connaît également des changements et des développements. Voici des éléments importants de l'évolution de la relation thérapeutique:

Feedback constant: Pendant le processus thérapeutique, il est utile de fournir des commentaires au thérapeute sur ce que vous ressentez par rapport au traitement et à la relation. Cela aide à ajuster l'approche si nécessaire.

Changements et défis: À mesure que la thérapie progresse, il est possible que vous rencontriez des défis émotionnels. Une relation de confiance solide vous permet d'explorer ces défis en toute sécurité.

Une relation thérapeutique saine et positive est une collaboration entre le patient et le thérapeute. Lorsqu'il y a confiance, respect et empathie mutuelle, le processus thérapeutique peut devenir un puissant voyage vers la connaissance de soi, la croissance personnelle et le bien-être émotionnel. Si à un moment donné vous avez le sentiment que la relation thérapeutique ne fonctionne pas, il est important d'en discuter avec le thérapeute ou de envisager de chercher un autre professionnel qui réponde mieux à vos besoins.

Définir des objectifs clairs

Définir des objectifs clairs est une étape fondamentale du processus thérapeutique. En discutant et en établissant vos objectifs et attentes avec votre thérapeute, vous orientez non seulement le traitement, mais vous créez également un chemin tangible pour atteindre la croissance personnelle et améliorer votre bien-être. Voici des façons de définir des objectifs clairs en thérapie:

L'importance des objectifs: Établir des objectifs en thérapie offre une direction claire pour le processus. Cela aide à la fois vous et le thérapeute à comprendre ce que vous souhaitez accomplir et ce qui est significatif pour vous. Les objectifs fournissent une orientation pour les séances thérapeutiques et guident les discussions et les activités qui ont lieu pendant le traitement.

Types d'objectifs: Les objectifs thérapeutiques peuvent varier largement en fonction de vos besoins et de vos objectifs. Ils peuvent viser à réduire des symptômes spécifiques, à améliorer les relations, à développer des compétences d'adaptation, à gagner en confiance en soi ou à explorer des domaines de connaissance de soi. L'important est que les objectifs soient personnels et pertinents pour vous.

Objectifs réalistes et mesurables: Il est important de définir des objectifs réalistes et mesurables. Cela signifie que les objectifs doivent être réalisables dans le cadre du traitement et formulés de manière à ce que votre progression puisse être évaluée. Les objectifs mesurables peuvent être quantifiés, tels que "réduire la fréquence des attaques d'anxiété de 50% en trois mois".

Discussion avec le thérapeute: Lors de la définition des objectifs, il est essentiel d'en discuter avec votre thérapeute. Ils peuvent vous aider à affiner vos objectifs en les rendant plus spécifiques et atteignables. De plus, le thérapeute peut offrir des perspectives sur la façon dont vos objectifs sont liés aux défis que vous rencontrez et peut collaborer à la création d'un plan de traitement répondant au mieux à vos besoins.

Évaluation et ajustement: Au fur et à mesure que le traitement progresse, il est important d'évaluer régulièrement la progression par rapport aux objectifs fixés. Le thérapeute et vous pouvez passer en revue ensemble vos progrès vers vos objectifs et discuter des ajustements éventuellement nécessaires au plan de traitement. Cette évaluation continue garantit que le traitement est aligné sur vos besoins en constante évolution.

Célébration des réalisations: Lorsque vous atteignez vos objectifs tout au long du traitement, célébrez vos réalisations, même si elles sont modestes. Le parcours thérapeutique peut être exigeant, et reconnaître les progrès que vous avez accomplis contribue à maintenir votre motivation et votre confiance en vous. La célébration renforce également l'importance de définir des objectifs clairs et de travailler pour les atteindre.

En résumé, définir des objectifs clairs en thérapie est une approche stratégique qui peut augmenter l'efficacité du traitement. En partageant vos objectifs et attentes avec votre thérapeute, vous créez un partenariat collaboratif pour favoriser la croissance personnelle, le bien-être émotionnel et la réalisation d'objectifs significatifs.

Communiquez ouvertement

La communication ouverte joue un rôle fondamental dans le processus thérapeutique. En étant ouvert et honnête au sujet de vos pensées, de vos sentiments et de vos expériences, vous créez un environnement de confiance et de collaboration avec votre thérapeute. Cela facilite la compréhension mutuelle, l'exploration des défis et le développement de stratégies d'adaptation saines. Voici comment communiquer ouvertement en thérapie:

L'importance de la communication: La thérapie est un espace sûr pour exprimer vos pensées et vos sentiments sans jugement. En communiquant ouvertement, vous permettez à votre thérapeute de comprendre pleinement vos expériences, ce qui, à son tour, les aide à vous offrir des conseils plus efficaces. Communiquer ouvertement vous aide également à explorer en profondeur vos émotions, à identifier les schémas de pensée et de comportement, et à travailler vers un changement positif.

Partage des expériences et des défis: Soyez honnête au sujet de vos expériences et défis. N'hésitez pas à discuter de vos sentiments, même s'ils semblent difficiles à exprimer. Cela permet au thérapeute d'avoir une vue claire de votre situation et de fournir des informations pertinentes. Lorsque vous partagez vos expériences de manière ouverte, vous donnez au thérapeute les informations nécessaires pour vous aider au mieux.

Exploration des émotions et des pensées: La communication ouverte est particulièrement précieuse lors de l'exploration des émotions et des pensées profondes. En discutant de vos sentiments les plus complexes, vous pouvez mieux comprendre leurs causes et les schémas qui peuvent influencer votre vie. Cela ouvre la voie à la prise de conscience de soi et à la compréhension de la façon dont vos émotions influent sur vos actions et vos décisions.

Développement de stratégies d'adaptation: En communiquant ouvertement sur vos préoccupations et défis, vous permettez au thérapeute de collaborer avec vous pour créer des stratégies d'adaptation saines. Ces stratégies peuvent inclure des techniques de gestion du stress, des moyens de faire face à l'anxiété, le développement de compétences en communication, et bien plus encore. En fonction des informations que vous partagez, le thérapeute peut personnaliser les approches thérapeutiques pour répondre à vos besoins.

Surmonter les obstacles à la communication: Il est normal de rencontrer des obstacles à une communication ouverte. Il peut y avoir des sentiments de honte, de peur du jugement ou de difficulté à exprimer des émotions. Il est important de se rappeler que le thérapeute est là pour vous soutenir et comprendre vos difficultés. À mesure que vous vous sentirez plus à l'aise, la communication aura tendance à couler de manière plus naturelle.

Construction de la relation thérapeutique: La communication ouverte contribue également à la construction d'une relation thérapeutique solide. Plus vous partagez, plus le thérapeute comprend vos besoins et vos préoccupations, ce qui leur permet de s'ajuster au traitement selon les besoins. Cette relation de confiance facilite l'exploration en profondeur et le développement de changements positifs.

En résumé, la communication ouverte est un pilier essentiel de la thérapie. En partageant vos pensées, vos sentiments et vos expériences, vous tirez le meilleur parti du processus thérapeutique, collaborant avec votre thérapeute pour promouvoir la compréhension, la croissance personnelle et le développement de compétences pour faire face aux défis de la vie.

Participez activement

Participer activement aux séances thérapeutiques est essentiel pour obtenir les meilleurs résultats de la thérapie. Cela implique de l'engagement, de l'implication et une action continue pour appliquer ce qui a été appris lors des séances. L'importance de la participation active à la thérapie:

Engagement dans le processus: S'engager dans le processus thérapeutique est la première étape pour une participation active. Cela signifie être prêt à consacrer du temps et de l'énergie à la thérapie, en assistant régulièrement aux séances et en donnant la priorité à votre croissance personnelle. Plus vous vous engagez dans le processus, plus vous pouvez en récolter les bénéfices.

Implication lors des séances: Participer activement aux séances signifie s'impliquer de manière significative lors des interactions avec le thérapeute. Cela implique de partager vos expériences, émotions et pensées de manière ouverte et honnête. N'hésitez pas à poser des questions, à exprimer des doutes ou à chercher des clarifications. Plus vous vous impliquez, plus les conseils du thérapeute peuvent être pertinents et personnalisés.

Réalisation des tâches entre les séances: Souvent, les thérapeutes vous donneront des tâches et des exercices à effectuer entre les séances. Cela aide à appliquer ce que vous avez appris en thérapie dans votre vie quotidienne. Accomplir ces tâches est un moyen efficace d'intérioriser de nouvelles compétences et pratiques, vous permettant d'observer des progrès concrets au fil du temps.

Pratique des stratégies apprises: La thérapie implique souvent l'apprentissage de stratégies et de compétences pour faire face aux défis émotionnels et mentaux. La participation active inclut la mise en pratique de ces stratégies dans la vie réelle. Que ce soit des techniques de relaxation, des compétences en communication ou des exercices de gestion du stress, l'application pratique de ces stratégies aide à consolider l'apprentissage.

Exploration approfondie et autodécouverte: Participer activement à la thérapie permet une exploration approfondie et une autodécouverte. En participant aux discussions et aux réflexions, vous pouvez identifier les schémas de pensée, les émotions sous-jacentes et les causes de comportements spécifiques. Cela offre une vision plus claire de vous-même et ouvre la voie au changement positif.

Construction de la résilience et de l'autonomie: Participer activement à la thérapie aide également à construire la résilience émotionnelle et l'autonomie. En appliquant les stratégies apprises et en faisant face aux défis, vous développez des compétences pour faire face de manière constructive aux situations difficiles. Cela peut se traduire par une plus grande confiance dans vos compétences d'adaptation.

Importance du progrès graduel: Il est important de se rappeler que le progrès en thérapie peut être graduel. La participation active implique de persévérer même lorsque les résultats ne sont pas immédiatement évidents. Le thérapeute est là pour offrir soutien, orientation et encouragement tout au long du chemin.

En résumé, la participation active à la thérapie est un élément crucial pour le succès du traitement. En vous engageant, en vous impliquant lors des séances, en accomplissant les tâches et en pratiquant les stratégies apprises, vous créez un chemin solide vers la croissance personnelle, le changement positif et le développement de compétences durables pour faire face aux défis de la vie.

Posez des questions et partagez vos doutes

Poser des questions et partager vos doutes pendant le processus thérapeutique est une partie essentielle de la construction d'une relation de confiance avec votre thérapeute et de votre propre croissance personnelle. L'importance de poser des questions et de partager des doutes en thérapie:

Promouvoir la compréhension: Poser des questions à votre thérapeute est un moyen d'obtenir une compréhension plus approfondie des concepts discutés lors des séances. Si un concept ou une stratégie n'est pas clair pour vous, poser des questions peut aider à éclaircir les informations, en veillant à ce que vous soyez aligné sur ce qui est abordé.

Développer une relation de confiance: Partager vos doutes et vos préoccupations avec votre thérapeute contribue à établir une relation de confiance mutuelle. Cela montre au thérapeute que vous êtes engagé dans le processus et que vous appréciez sa perspective. Cet échange ouvert permet également au thérapeute de mieux comprendre vos besoins individuels.

Explorer les émotions et les schémas de pensée: En partageant vos doutes et vos inconforts, vous pouvez explorer les émotions et les schémas de pensée sous-jacents. Cela offre une opportunité au thérapeute d'aider à identifier les schémas qui peuvent contribuer à vos défis émotionnels et comportementaux, permettant de les aborder de manière efficace.

Améliorer l'adaptation de la thérapie: La thérapie est un processus collaboratif, et votre thérapeute est là pour vous aider de la meilleure façon possible. Partager vos doutes aide le thérapeute à ajuster l'approche thérapeutique selon vos besoins individuels. Cela peut impliquer d'expliquer les concepts différemment ou d'adapter les stratégies pour mieux vous servir.

Éliminer les malentendus: Des malentendus peuvent survenir pendant les séances thérapeutiques. Si quelque chose ne semble pas correct ou si vous avez interprété quelque chose différemment, poser des questions et partager des doutes peut aider à éclaircir toute confusion. Cela évite que des malentendus non résolus n'affectent votre expérience thérapeutique.

Renforcer l'autonomie: En posant des questions et en partageant des doutes, vous renforcez votre autonomie dans le processus thérapeutique. Cela montre que vous êtes activement engagé dans votre propre parcours de croissance et que vous êtes prêt à explorer et à comprendre les informations présentées.

Développer des compétences en communication: Partager des doutes et poser des questions est une occasion de développer des compétences en communication saines. Cela peut se refléter dans d'autres domaines de votre vie, améliorant votre capacité à exprimer vos pensées et vos émotions de manière efficace.

N'hésitez pas à être honnête: Rappelez-vous que le thérapeute est là pour vous soutenir, et il n'y a pas de mauvaises questions ou de préoccupations insignifiantes. La thérapie est un espace sûr pour explorer toutes les dimensions de votre être, et votre participation active à ce processus contribue de manière significative au succès de la thérapie et à votre bien-être émotionnel et mental.

Appliquez ce que vous apprenez

La thérapie ne se limite pas aux séances que vous avez avec le thérapeute. Pour que le processus thérapeutique soit vraiment efficace et entraîne des changements durables, il est essentiel d'appliquer les stratégies et compétences apprises dans votre vie quotidienne. L'importance d'appliquer ce que vous apprenez en thérapie:

Transformer la connaissance en action: Lors des séances thérapeutiques, vous acquérez des idées, des stratégies et des outils pour faire face aux défis émotionnels et comportementaux. Cependant, ces informations n'auront un impact réel que si elles sont appliquées dans votre vie quotidienne. Transformer la connaissance en action est ce qui favorise réellement le changement et la croissance.

Développer des habitudes saines: En appliquant les stratégies apprises, vous développez en réalité des habitudes saines qui contribuent à votre bien-être émotionnel et mental. En pratiquant de manière constante ces habitudes, vous façonnez votre esprit et vos émotions de manière positive, ce qui peut conduire à des résultats positifs à long terme.

Intégration dans la vie quotidienne: La thérapie est plus qu'un événement isolé. Il s'agit d'intégrer les leçons apprises et les outils acquis dans votre routine quotidienne. Cela peut inclure l'application de techniques de gestion du stress, une communication plus efficace, la résolution de conflits ou toute autre compétence pertinente pour vos défis spécifiques.

La constance est la clé: La constance dans l'application des stratégies est essentielle. Les changements ne se produisent pas du jour au lendemain, mais avec un effort continu et une pratique constante. Plus vous pratiquerez les compétences apprises, plus elles deviendront naturellement partie intégrante de votre approche générale pour faire face à la vie.

Surmonter les obstacles: Appliquer ce que vous apprenez en thérapie implique également de surmonter les obstacles qui peuvent se présenter. Parfois, il peut être difficile d'apporter des changements dans votre vie, surtout lorsque vous êtes confronté à des situations stressantes ou à d'anciennes dynamiques. Le thérapeute peut aider à développer des stratégies pour surmonter ces obstacles et continuer à progresser.

Réflexion et apprentissage continu: L'application de ce que vous apprenez implique également la réflexion et l'apprentissage continu. Au fur et à mesure que vous expérimentez les stratégies dans la pratique, vous pouvez réaliser ce qui fonctionne le mieux pour vous et où des ajustements peuvent être nécessaires. Cette réflexion et cette adaptation continues sont essentielles pour une croissance constante.

Suivez votre propre rythme: Chaque personne a son propre rythme de progression. Ne vous comparez pas aux autres ou ne vous sentez pas pressé de faire des changements rapides. L'important est que vous vous efforciez constamment d'appliquer ce que vous avez appris, même si c'est un pas à la fois.

Célébrez les réussites: En appliquant les stratégies et en constatant les résultats positifs dans votre vie, célébrez ces réussites, aussi petites soient-elles. Cela renforce votre motivation pour continuer à appliquer ce que vous avez appris et renforce l'idée que vous progressez vers votre bien-être émotionnel et mental.

Soyez patient

Le parcours thérapeutique est un chemin de découverte de soi, de croissance et de transformation. Tout comme tout processus de changement, cela demande du temps, de l'effort et de la patience. La patience pendant le processus thérapeutique:

Comprendre la nature du processus: La thérapie n'est pas une solution rapide, mais plutôt un processus graduel et continu. Il faut souvent du temps pour explorer des questions profondes, démêler des schémas de pensée et de comportement profondément enracinés, et mettre en œuvre des changements significatifs. Comprendre que la croissance prend du temps est essentiel pour maintenir des attentes réalistes.

Respecter votre propre rythme: Chaque personne a son propre rythme de progression. Certaines questions peuvent être résolues plus rapidement, tandis que d'autres peuvent nécessiter plus de temps et d'exploration. Il est fondamental de respecter votre propre rythme et de ne pas vous comparer aux autres. Chaque pas vers la croissance est valable, peu importe à quel point il peut sembler petit.

Les changements graduels sont durables: Parfois, les changements rapides peuvent sembler tentants, mais les changements graduels ont tendance à être plus durables et significatifs. Travailler de manière constante au fil du temps pour comprendre et aborder les défis émotionnels et mentaux crée des bases solides pour un bien-être durable. La patience vous permet de construire une transformation authentique.

L'exploration en profondeur prend du temps: À mesure que vous approfondissez vos expériences, croyances et schémas, vous pouvez découvrir des couches plus profondes de vous-même. Ce processus d'exploration prend du temps pour comprendre la complexité de vos émotions, pensées et comportements. Être patient avec vous-même pendant que vous parcourez ce voyage est crucial.

Célébrez les petites victoires: Tout au long du processus thérapeutique, il y aura des moments de progrès et de réussites, aussi petits soient-ils. Il est important de célébrer ces petites victoires, car elles représentent des avancées vers vos objectifs. Reconnaître et valoriser chaque pas positif contribue à maintenir votre motivation et votre confiance.

Cultiver la tolérance à l'inconfort: La patience est également liée à la capacité de tolérer l'inconfort émotionnel qui peut survenir pendant le processus thérapeutique. Parfois, faire face à certains aspects de soi-même ou confronter des situations passées peut être difficile et douloureux. Être patient avec vous-même dans ces moments difficiles est essentiel pour grandir et surmonter les obstacles.

Voir le progrès: Bien qu'il puisse être difficile de percevoir des changements immédiats, avec le temps, il est possible de voir le progrès que vous avez réalisé. Tenir un journal ou enregistrer vos réflexions et apprentissages tout au long des séances thérapeutiques peut aider à suivre votre croissance au fil du temps. Cela peut être une source de motivation et d'inspiration.

Cultiver la résilience: La patience est liée à la résilience, la capacité de persister malgré les défis. Cultiver la patience dans le processus thérapeutique aide à développer une résilience émotionnelle et mentale qui sera précieuse dans de nombreux aspects de la vie.

Appréciez le voyage: Se rappeler d'apprécier le voyage est fondamental. Le processus thérapeutique est une occasion d'auto-exploration, de croissance et de connaissance de soi. En embrassant le voyage avec patience, vous investissez en vous-même et dans votre propre bien-être émotionnel et mental.

Surveillez votre progrès

La thérapie est un processus dynamique et continu impliquant auto-exploration, apprentissage et croissance personnelle. Surveiller votre progrès tout au long de ce processus est essentiel pour évaluer l'impact de la thérapie sur votre vie et ajuster les approches si nécessaire. Voici quelques façons de surveiller et célébrer votre progrès en thérapie:

L'importance de la surveillance du progrès: Surveiller le progrès en thérapie aide à garder un suivi clair des changements que vous expérimentez. Cela vous offre non seulement un aperçu objectif de votre développement, mais permet également à vous et à votre thérapeute d'évaluer l'efficacité des approches thérapeutiques et d'apporter des ajustements si nécessaire.

Établissement de jalons et d'objectifs: Au début de la thérapie, il est utile d'établir des jalons et des objectifs clairs. Ces objectifs peuvent être de grandes réalisations que vous souhaitez atteindre ou de petites étapes contribuant à votre croissance. Établir des jalons aide à orienter le traitement et procure un sentiment d'accomplissement au fur et à mesure que vous les atteignez.

Évaluation régulière avec le thérapeute: Programmer régulièrement des évaluations avec votre thérapeute est un moyen efficace de surveiller votre progrès. Lors de ces évaluations, vous et votre thérapeute pouvez discuter des changements que vous avez remarqués, des défis que vous avez rencontrés et de la manière dont les stratégies discutées pendant les séances sont appliquées dans la vie quotidienne. Cela vous permet d'ajuster votre plan de traitement si nécessaire.

Tenue d'un journal de progrès: Tenir un journal de progrès peut être un outil précieux. Notez vos réflexions après chaque séance thérapeutique, vos idées, les stratégies que vous avez essayées et les sentiments que vous avez éprouvés. Cela vous aide non seulement à suivre votre progrès, mais vous permet également d'observer les tendances et les changements au fil du temps.

Célébration des petites victoires: Célébrer les victoires, même les petites, fait partie intégrante du processus thérapeutique. Parfois, le progrès peut sembler subtil, mais chaque pas vers la croissance mérite d'être reconnu. La célébration des victoires renforce votre motivation, améliore votre estime de vous et renforce la valeur du travail que vous accomplissez.

Ajustement des objectifs et des stratégies: En surveillant votre progrès, vous pouvez réaliser que certains objectifs doivent être ajustés ou que certaines stratégies ne fonctionnent pas comme prévu. C'est normal et fait partie du processus d'apprentissage. Communiquer ces découvertes à votre thérapeute vous permettra de travailler ensemble pour adapter votre plan de traitement.

Reconnaissance du changement interne: Tout le progrès n'est pas toujours visible de l'extérieur. Souvent, les changements internes, tels qu'un changement de perspective, une meilleure compréhension émotionnelle ou une plus grande capacité à faire face aux défis, sont tout aussi précieux. Soyez attentif à ces changements subtils et reconnaissez leur impact positif sur votre vie.

Apprentissage continu: La surveillance du progrès est un rappel constant que le parcours thérapeutique est une opportunité d'apprentissage continu. En vous engageant à vous comprendre et à développer des compétences pour faire face aux défis, chaque nouvelle idée et découverte contribue à votre croissance personnelle.

Appréciez le voyage de la croissance: En vous rappelant d'apprécier chaque étape du voyage de la croissance, vous nourrissez votre résilience, votre connaissance de soi et votre bien-être émotionnel. En surveillant votre progrès et en célébrant vos victoires, vous investissez en vous-même et dans votre développement continu.

Maintenez la cohérence

La cohérence joue un rôle fondamental dans l'efficacité de la thérapie. Maintenir un engagement régulier lors des séances thérapeutiques et suivre le plan de traitement établi avec le thérapeute sont des éléments essentiels pour obtenir des résultats positifs et durables. L'importance de la cohérence dans la thérapie:

Établir une routine thérapeutique: En s'engageant dans des séances thérapeutiques régulières, vous créez une routine qui favorise l'autosoins et l'exploration émotionnelle. Avoir un horaire fixe pour les séances aide à intégrer la thérapie dans votre vie quotidienne et garantit que vous prenez le temps de vous concentrer sur votre bien-être mental.

Approfondir l'auto-exploration: La cohérence vous permet d'approfondir votre auto-exploration et de travailler sur des questions plus profondes au fil du temps. À mesure que vous établissez une relation de confiance avec le thérapeute et vous familiarisez avec le processus thérapeutique, vous vous sentirez plus à l'aise pour partager des pensées et des sentiments plus complexes.

Construire un partenariat thérapeutique: La cohérence dans la fréquence des séances contribue à établir un partenariat solide entre vous et le thérapeute. Ce partenariat repose sur la confiance mutuelle, la communication ouverte et la compréhension réciproque. Plus vous vous engagez de manière cohérente dans la thérapie, plus le processus de travail vers votre croissance personnelle sera efficace.

Consistance et renforcement des compétences: La thérapie implique souvent l'apprentissage et la pratique de nouvelles compétences pour faire face aux défis émotionnels et mentaux. La cohérence dans le suivi du plan de traitement vous permet de pratiquer ces compétences de manière systématique et régulière. Avec le temps, ces compétences deviennent plus naturelles et s'intègrent dans votre quotidien.

Prévention des régressions: Maintenir la cohérence dans la thérapie aide à prévenir les régressions. Le travail thérapeutique est un processus graduel, et interrompre ou sauter des séances peut entraver le progrès que vous avez déjà accompli. La continuité dans les séances contribue à maintenir l'élan et à construire une croissance cohérente.

Engagement envers l'autosoins: En maintenant la cohérence dans la thérapie, vous vous engagez dans un précieux autosoins. Prioriser vos séances thérapeutiques montre l'importance que vous accordez à votre bien-être mental et émotionnel. Cela envoie un message puissant montrant que vous êtes prêt à investir en vous-même.

Soutien continu: La cohérence dans la thérapie offre un soutien continu lorsque vous faites face à des défis et recherchez des changements positifs. En partageant vos expériences et en réfléchissant sur vos progrès, le thérapeute peut fournir des orientations, des idées et des stratégies pour vous aider à naviguer dans des situations difficiles.

Cultiver la résilience: La pratique constante pour faire face aux défis émotionnels lors des séances thérapeutiques aide à cultiver la résilience. La résilience est la capacité de faire face aux adversités de manière saine et adaptative. En vous engageant de manière cohérente dans la thérapie, vous renforcez votre capacité à faire face aux hauts et aux bas de la vie.

Investir dans votre bien-être: Gardez à l'esprit que la cohérence dans la thérapie est un investissement précieux dans votre propre bien-être. En créant une routine thérapeutique, vous vous engagez dans un processus de croissance personnelle continu et durable. Chaque séance est une occasion d'apprendre, de grandir et de renforcer votre santé mentale.

Soyez ouvert aux changements

Le parcours thérapeutique est une opportunité de croissance et de transformation personnelle. Tout au long de ce processus, il est essentiel d'être ouvert aux changements et prêt à adapter les approches thérapeutiques et les objectifs pour mieux répondre à vos besoins en constante évolution. L'importance de la flexibilité et de l'adaptabilité en thérapie:

Évolution personnelle et changement: L'être humain est en constante évolution, avec des expériences, des pensées et des émotions qui peuvent changer au fil du temps. La thérapie offre un espace pour explorer et comprendre ces changements personnels. Il est normal que vos perspectives, priorités et défis évoluent à mesure que vous grandissez.

Affiner les approches thérapeutiques: À mesure que vous gagnez en connaissance de soi et en compréhension de vos besoins, vous pouvez découvrir quelles approches thérapeutiques sont les plus efficaces pour vous et lesquelles peuvent nécessiter des ajustements. Le thérapeute est là pour collaborer avec vous dans l'évaluation continue de ce qui fonctionne le mieux et apporter les ajustements nécessaires.

Évolution des objectifs: Les objectifs thérapeutiques peuvent évoluer à mesure que vous progressez. Ce qui peut commencer comme un objectif initial peut se transformer en quelque chose de plus profond et de plus vaste à mesure que vous plongez plus profondément dans vos questions. Il est important de communiquer au thérapeute comment vos objectifs évoluent pour que le traitement reste aligné sur vos aspirations.

Flexibilité face aux changements de circonstances: Les circonstances externes, comme les événements de la vie, peuvent également affecter vos besoins thérapeutiques. Par exemple, un changement significatif dans votre vie, comme une transition d'emploi ou une relation importante, peut influencer les domaines que vous souhaitez explorer en thérapie. Être flexible vous permet d'ajuster la focalisation thérapeutique en fonction de ces changements.

Adaptation aux découvertes internes: La thérapie conduit souvent à la découverte d'idées et de schémas internes qui peuvent nécessiter des ajustements à votre plan thérapeutique. À mesure que vous explorez plus en profondeur vos émotions, vos pensées et vos relations, il peut être nécessaire d'adapter les stratégies pour faire face aux nouveaux défis qui se présentent.

Croissance à travers le changement: Être ouvert aux changements en thérapie ne reflète pas seulement votre croissance personnelle, mais la favorise également. La volonté d'embrasser les changements thérapeutiques peut vous aider à développer des compétences d'adaptation, de résilience et de conscience de soi, qui sont précieuses non seulement dans le contexte thérapeutique, mais dans tous les aspects de la vie.

Communication ouverte avec le thérapeute: La flexibilité en thérapie dépend d'une communication ouverte avec le thérapeute. En partageant vos réflexions, besoins et préoccupations, vous donnez au thérapeute l'occasion d'ajuster le traitement en fonction de vos changements. Une communication constante et honnête est essentielle pour garantir que vous tirez le meilleur parti de la thérapie.

Apprécier le processus de changement: Soyez conscient que le changement est une partie naturelle du processus thérapeutique et de la croissance personnelle. Au lieu de résister au changement, essayez de l'embrasser comme une opportunité d'apprendre, de grandir et de vous transformer. À travers cette approche, vous pouvez tirer le meilleur parti de votre parcours thérapeutique et récolter les avantages de vous adapter à vos besoins en constante évolution.

Chercher de l'aide professionnelle est une étape précieuse vers l'amélioration du bien-être mental et émotionnel. Sachez que vous n'êtes pas seul dans ce voyage et que le soutien d'un thérapeute qualifié peut fournir des idées, des outils et des ressources pour relever les défis, surmonter les obstacles et cultiver une vie plus saine et plus satisfaisante.

14
CONSTRUIRE UM AVENIR BRILLANT

Chaque nouveau jour est une opportunité pour recommencer et créer une vie remplie de bonheur.

Le parcours de l'autoguérison et de la croissance personnelle est un chemin parsemé de défis, de découvertes et de croissance. En surmontant les obstacles et en repoussant vos limites, il est essentiel de porter votre regard vers l'avenir. Dans ce chapitre, nous explorerons comment visualiser un futur positif et partager votre histoire avec ceux qui traversent des défis similaires.

Visualiser un futur positif: Établissement d'objectifs à long terme

Le voyage d'autosoins et de croissance personnelle est une marche continue, remplie d'opportunités pour construire un futur positif et significatif. Visualiser ce futur est une étape cruciale pour diriger vos énergies et vos efforts vers des objectifs à long terme reflétant vos valeurs et aspirations les plus profondes.

En réfléchissant sur l'avenir, il est important de considérer vos objectifs dans divers domaines de la vie, tels que la carrière, les relations, la santé et le bien-être émotionnel. Établir des objectifs spécifiques et mesurables peut vous fournir un cadre clair pour votre voyage. Ces objectifs inspirent non seulement vos actions actuelles, mais fournissent également un sentiment de direction et de but.

Identification de vos objectifs à long terme

Établir des objectifs à long terme est une partie essentielle de la construction d'un futur positif et significatif. Ces objectifs fournissent un itinéraire pour votre voyage et aident à diriger vos efforts vers ce qui est le plus important pour vous. Voici comment identifier et développer vos objectifs à long terme:

Réfléchissez sur différents domaines de la vie: Commencez par considérer tous les domaines importants de votre vie, tels que la carrière, les relations, la santé, le développement personnel et la spiritualité. Chacun de ces domaines contribue à votre bonheur et à votre bien-être global. En réfléchissant sur chacun d'eux, vous pouvez identifier quels aspects sont les plus significatifs pour vous et méritent votre attention.

Demandez-vous où vous voulez être: Visualisez-vous dans cinq, dix ou vingt ans. Demandez-vous: qu'aimeriez-vous avoir accompli à ce moment-là? Comment vous voyez-vous vivre votre vie? Considérez tous les aspects, des réalisations professionnelles aux relations saines, en passant par la bonne santé et le bien-être émotionnel.

Définissez des objectifs clairs et spécifiques: Vos objectifs doivent être clairs, spécifiques et mesurables. Au lieu de dire "je veux être plus heureux", définissez quelque chose de plus tangible, comme "je veux consacrer plus de temps à des activités qui me procurent de la joie, comme la peinture et les promenades dans la nature".

Priorisez vos objectifs: Tous les domaines de la vie n'auront pas des objectifs d'égale importance. Certains peuvent être plus urgents, tandis que d'autres peuvent être des aspirations à long terme. Classez vos objectifs par ordre de priorité afin de vous concentrer d'abord sur les domaines les plus cruciaux.

Soyez ouvert aux révisions: À mesure que vous évoluez et grandissez, vos objectifs peuvent aussi évoluer. Soyez ouvert à l'ajustement de vos objectifs à mesure que votre vie change et que de nouvelles opportunités se présentent. Cela ne signifie pas que vous abandonnez ; vous vous adaptez simplement aux changements de la vie.

Rêvez grand, mais restez réaliste: Rêver grand est encourageant, mais assurez-vous que vos objectifs sont réalistes et atteignables. Si vos objectifs sont trop ambitieux, il peut être difficile de maintenir la motivation lorsque le progrès est lent. En même temps, n'ayez pas peur de rêver au-delà de ce que vous croyez possible.

Évaluez vos motivations: En définissant vos objectifs, réfléchissez à pourquoi ces objectifs sont importants pour vous. Assurez-vous qu'ils sont alignés avec vos valeurs et vos désirs réels, plutôt que d'être influencés par les attentes des autres.

Rappelez-vous que vos objectifs à long terme sont personnels et uniques à vous. Ils représentent ce que vous valorisez et ce que vous souhaitez accomplir dans votre parcours de vie. En identifiant soigneusement ces objectifs, vous créerez une carte pour votre avenir brillant et inspirant.

Rendre les objectifs tangibles et réalistes

La transformation des objectifs à long terme en réalisations concrètes et réalisables nécessite une planification minutieuse et une approche stratégique. En rendant vos objectifs tangibles et réalistes, vous augmentez vos chances de réussite et évitez de vous sentir dépassé. Voici des directives pour vous aider dans ce processus:

Divisez-les en étapes plus petites: Un objectif important peut sembler intimidant et difficile à atteindre. Au lieu de cela, divisez-le en étapes plus petites et plus gérables. Chaque étape représente un pas vers la réalisation de l'objectif final. Cela rend le processus plus accessible et vous permet de suivre votre progression de manière plus efficace.

Établissez des jalons intermédiaires: En chemin vers la réalisation de votre objectif à long terme, fixez des jalons intermédiaires. Ces jalons représentent des points de contrôle indiquant votre progression. Ils offrent également des occasions de célébrer les succès partiels et de maintenir la motivation.

Accordez la priorité aux étapes importantes: Toutes les étapes n'ont pas la même importance. Identifiez les étapes qui ont un impact significatif sur la progression vers votre objectif. Se concentrer sur les étapes importantes aide à optimiser vos efforts et vos ressources.

Fixez des délais réalistes: Attribuez des délais réalistes à chaque étape et jalon intermédiaire. Des délais bien définis encouragent l'action et vous maintiennent sur la bonne voie. Cependant, assurez-vous que les délais sont atteignables, en tenant compte de vos responsabilités quotidiennes et autres obligations.

Ajustez si nécessaire: À mesure que vous travaillez vers vos objectifs, il peut être nécessaire d'ajuster les étapes, les délais ou même l'objectif lui-même. La flexibilité est importante car elle vous permet de vous adapter aux changements et aux défis qui peuvent survenir.

Soyez réaliste sur le temps et les ressources: Tenez compte du temps et des ressources que vous avez disponibles pour consacrer à la réalisation de vos objectifs. Assurez-vous que vos objectifs s'inscrivent dans votre vie actuelle, en tenant compte de vos obligations personnelles et professionnelles.

Célébrez les petits progrès: À mesure que vous atteignez chaque étape ou jalon intermédiaire, célébrez les petits progrès. Cela renforce non seulement votre motivation, mais renforce également votre conviction que vous êtes sur la bonne voie pour atteindre votre objectif à long terme.

Rendre vos objectifs tangibles et réalistes est une approche stratégique qui rend la poursuite de votre avenir brillant plus accessible et motivante. En morcelant votre parcours en étapes plus petites et réalisables, vous construisez un chemin solide vers le succès.

Créer un plan d'action

Élaborer un plan d'action détaillé est essentiel pour concrétiser vos objectifs à long terme. Un plan bien conçu fournit la structure nécessaire pour diriger vos efforts de manière efficace et suivre votre progression. Voici étape par étape comment créer un plan d'action solide:

Définissez votre objectif à long terme: Commencez par identifier clairement l'objectif à long terme que vous souhaitez atteindre. Assurez-vous que l'objectif est spécifique, mesurable, atteignable, pertinent et temporellement défini (SMART).

Identifiez les étapes nécessaires: Divisez votre objectif à long terme en étapes plus petites et plus gérables. Chaque étape représente un pas concret vers la réalisation de l'objectif final.

Énumérez les étapes spécifiques: Pour chaque étape, énumérez les étapes spécifiques que vous devez entreprendre. Ces étapes doivent être des actions concrètes et réalisables vous rapprochant de votre objectif.

Définissez des délais réalistes: Attribuez des délais à chaque étape et étape. Assurez-vous que les délais sont réalistes et réalisables. Des délais bien définis encouragent l'action et vous aident à rester concentré.

Donnez la priorité aux étapes: Identifiez quelles étapes sont cruciales pour progresser vers votre objectif. Cela vous aide à concentrer vos efforts sur les domaines les plus impactants.

Suivez votre progression: Mettez en place un moyen de suivre la progression de chaque étape et étape. Cela peut se faire via un journal, une application d'organisation ou un tableau. Suivre votre progression vous aide à maintenir votre motivation.

Ajustez et adaptez au besoin: En suivant votre plan d'action, vous pouvez rencontrer des défis inattendus ou des opportunités pour des ajustements. Soyez prêt à adapter votre plan selon les besoins pour faire face aux changements de circonstances.

Célébrez les succès partiels: À mesure que vous accomplissez des étapes et des étapes, célébrez vos succès partiels. Reconnaissez vos réalisations, même si elles sont petites, et utilisez ces moments pour maintenir votre motivation.

Gardez de la flexibilité: Bien qu'un plan d'action fournisse une structure, n'oubliez pas que la flexibilité est essentielle. Parfois, les choses ne se passent pas comme prévu, et être prêt à ajuster et à adapter votre plan est une compétence précieuse.

En créant un plan d'action clair et détaillé, vous faites des pas concrets vers la réalisation de vos objectifs à long terme. Gardez à l'esprit que le processus de planification lui-même est une partie importante du voyage de croissance personnelle et de développement personnel.

Visualisation créative et affirmations positives

La visualisation créative et les affirmations positives sont des pratiques puissantes qui peuvent stimuler votre progression vers vos objectifs à long terme et renforcer votre mentalité positive. Ces techniques peuvent aider à façonner votre perspective et à accroître votre confiance dans la réalisation des objectifs que vous vous êtes fixés.

Visualisation créative: La visualisation créative implique la création mentale vivide d'images de votre avenir réussi. En imaginant ces scènes, vous activez votre esprit pour qu'il s'aligne sur vos aspirations, ce qui peut avoir un impact positif sur vos actions et décisions quotidiennes. Voici les étapes pour pratiquer la visualisation créative:

Choisissez un moment calme: Trouvez un endroit calme où vous pouvez vous concentrer sans distractions.

Fermez les yeux: Fermez les yeux pour diriger votre attention vers votre imagination interne.

Imaginez des détails vivants: Imaginez-vous atteignant vos objectifs à long terme. Visualisez les scénarios, les émotions et les détails du succès avec le maximum de clarté possible.

Faites appel à vos sens: Essayez d'impliquer tous vos sens dans la visualisation. Comment vous vous sentiriez, quel son vous entendriez, quelles odeurs vous percevriez et quelle serait l'expérience.

Pratiquez régulièrement: Réservez chaque jour du temps pour pratiquer la visualisation créative. Plus vous pratiquerez, plus elle deviendra efficace.

Affirmations positives: Les affirmations positives sont des déclarations que vous vous répétez pour renforcer votre confiance et votre croyance en vos capacités. En utilisant des affirmations positives, vous façonnez votre mentalité et remplacez les pensées négatives par des pensées constructives. Voici comment créer et utiliser des affirmations positives:

Soyez spécifique: Créez des affirmations directement liées à vos objectifs et aux domaines que vous souhaitez renforcer.

Soyez présent et positif: Formulez vos affirmations au présent et dans un langage positif. Par exemple, au lieu de dire "Je vais réussir", dites "Je réussis".

Utilisez des affirmations d'affirmation de soi: Renforcez votre confiance en vous en utilisant des affirmations qui mettent en avant vos qualités et vos forces personnelles.

Répétez régulièrement: Répétez vos affirmations quotidiennement, de préférence plusieurs fois par jour. Vous pouvez les dire à voix haute ou mentalement.

Croyez en vos affirmations: Pendant que vous répétez les affirmations, croyez sincèrement en ce que vous dites. Cette conviction augmente l'efficacité des affirmations.

Personnalisez vos affirmations: Adaptez vos affirmations selon les besoins à mesure que vous progressez et atteignez de nouvelles étapes.

Tant la visualisation créative que les affirmations positives sont des outils puissants pour cultiver une mentalité positive, renforcer la confiance en vous et maintenir votre concentration sur vos objectifs à long terme. En incorporant ces pratiques dans votre routine, vous renforcez votre détermination et augmentez vos chances de réussite.

Vos objectifs n'ont pas besoin d'être grands ou ambitieux pour être significatifs. De petits pas réguliers peuvent également conduire à des résultats significatifs au fil du temps. En définissant des objectifs réalistes et réalisables, vous cultivez un sentiment de but et de direction dans votre vie. Sachez que l'important est le progrès continu, non la perfection instantanée. Gardez votre vision d'un avenir positif et travaillez assidûment pour l'atteindre, en n'oubliant pas de célébrer chaque étape franchie en cours de route.

Partager votre histoire: Comment votre parcours peut inspirer et aider les autres

L'expérience de prendre soin de soi et de se développer personnellement est un chemin que vous n'avez pas à parcourir seul. Partager votre histoire peut être un moyen puissant d'inspirer et d'aider les autres dans leurs propres parcours. Vos expériences, les défis surmontés et les réalisations peuvent servir de source d'orientation et d'encouragement pour ceux qui font face à des défis similaires. En partageant votre histoire, considérez les points suivants:

Soyez authentique

En partageant votre parcours de soins personnels et de croissance personnelle, l'authenticité est un outil puissant qui peut créer des liens profonds et significatifs avec les autres. Être authentique, c'est être vrai avec soi-même et avec les autres, en partageant à la fois les parties difficiles et les réussites de votre parcours. Voici comment cultiver l'authenticité en partageant votre histoire:

Honorez vos expériences: Reconnaissez et acceptez vos expériences, qu'elles soient difficiles ou inspirantes. N'ayez pas peur de partager les moments où vous avez lutté, douté de vous-même ou fait face à des adversités. En le faisant, vous montrez que vous êtes humain et que le parcours de croissance comporte des hauts et des bas.

Partagez les luttes et les triomphes: Soyez honnête au sujet des défis que vous avez rencontrés tout au long de votre parcours. Cela met en lumière votre authenticité et offre aux autres l'occasion de se rapporter à leurs propres difficultés. En partageant les victoires que vous avez remportées, vous inspirez les autres à croire en leur propre potentiel de dépassement.

Construisez des ponts d'empathie: L'authenticité crée un pont d'empathie entre vous et ceux qui écoutent votre histoire. En partageant vos expériences authentiques, vous permettez aux autres de s'identifier à vos sentiments et situations. Cela crée un sentiment de connexion et d'appartenance, montrant que personne n'est seul dans ses luttes.

Inspirez la vulnérabilité: En étant authentique, vous encouragez également la vulnérabilité chez les autres. Lorsque les gens voient que vous êtes prêt à partager vos propres luttes, ils peuvent se sentir plus à l'aise pour parler de leurs propres expériences. Cela crée un environnement de soutien et de compréhension mutuelle.

Créez un espace d'acceptation: Votre authenticité contribue à créer un espace d'acceptation et de non-jugement. En montrant vos propres imperfections et vulnérabilités, vous envoyez le message que tout le monde a des défis et que ces expériences ne définissent pas la valeur d'une personne.

Sachez que l'authenticité ne signifie pas nécessairement partager chaque détail intime de votre vie. Vous avez le contrôle sur ce que vous souhaitez partager et dans quelle mesure. La clé est de rester fidèle à vous-même et aux autres, en créant un espace de connexion et d'inspiration qui peut réellement faire une différence dans la vie de ceux qui écoutent votre histoire.

Centrage sur la croissance

Lorsque vous partagez votre expérience d'auto-soin et de croissance personnelle, il est essentiel de mettre l'accent sur les moments d'apprentissage et de croissance que vous avez vécus tout au long du chemin. En mettant en avant comment vous avez fait face aux obstacles et aux défis, vous offrez des idées précieuses sur la manière de transformer les adversités en opportunités de développement personnel. Voici des façons d'orienter le focus vers la croissance:

Partagez des histoires surmontant les obstacles: En partageant vos luttes et comment vous les avez surmontées, vous montrez que faire face aux défis fait partie de l'histoire humaine. Partagez des histoires spécifiques où vous avez dû trouver des solutions créatives, persister face à l'adversité ou sortir de votre zone de confort pour atteindre vos objectifs.

Mettez en avant la résilience: Parlez de comment vous avez construit de la résilience tout au long de votre parcours. Expliquez comment chaque défi a été une occasion d'apprendre à faire face aux difficultés de manière plus efficace et saine. En montrant comment vous vous êtes adapté et avez grandi face à l'adversité, vous inspirez les autres à développer leur propre résilience.

Réfléchissez sur les leçons apprises: Partagez les leçons précieuses que vous avez apprises au fil de votre parcours. Ces leçons peuvent inclure des perspectives sur vous-même, sur le monde qui vous entoure et sur l'importance de l'auto-soin et de la croissance personnelle. En transmettant ces leçons, vous aidez les autres à réfléchir à leurs propres expériences et à trouver du sens dans leurs parcours.

Inspirez un changement de perspective: En mettant en avant votre croissance personnelle, vous inspirez un changement de perspective chez ceux qui écoutent votre histoire. Les gens peuvent commencer à voir les défis comme des opportunités d'évoluer et d'élargir leur vision du monde. En partageant comment vous avez transformé des situations difficiles en opportunités d'apprentissage, vous motivez les autres à faire de même.

Montrez que le progrès est possible: Votre focus sur la croissance démontre que, même face à des circonstances difficiles, il est possible de progresser et d'évoluer. Cela donne de l'espoir à ceux qui font face à leurs propres luttes, montrant que, quelles que soient les circonstances actuelles, le développement personnel est atteignable.

Partager des histoires de croissance personnelle n'inspire pas seulement, mais normalise aussi l'idée que nous sommes tous confrontés à des défis et que nous avons tous le potentiel de grandir avec eux. En se concentrant sur la croissance, vous créez un cadre positif et inspirant pour votre parcours, encourageant les autres à embrasser leurs propres opportunités d'apprentissage et d'évolution.

Célébrez les victoires

Partager vos réalisations, quel que soit leur taille, est une part essentielle de votre partage d'expérience en matière d'auto-soin et de croissance personnelle. Célébrer vos victoires reconnaît non seulement les progrès que vous avez accomplis, mais envoie également un message puissant qu'il est possible de surmonter les obstacles et d'atteindre des objectifs importants. Voici des façons de célébrer vos victoires et inspirer la confiance chez les autres:

Reconnaître les progrès: Lorsque vous partagez vos victoires, ne sous-estimez pas l'importance de ce que vous avez accompli. Chaque pas vers votre objectif est un progrès précieux. Soyez clair sur les étapes que vous avez prises pour atteindre cette réussite et comment elles ont contribué à votre croissance personnelle.

Mettre en avant les leçons apprises: Lorsque vous partagez vos victoires, expliquez les leçons que vous avez apprises en cours de route. Cela enrichit non seulement votre récit, mais offre également des perspectives précieuses à ceux qui écoutent. Vos expériences peuvent offrir des orientations et de l'inspiration à ceux qui font face à des défis similaires.

Inspirer la confiance en soi: En partageant vos victoires, vous encouragez les autres à croire en leur propre capacité à surmonter les difficultés et à atteindre leurs objectifs. Vos réalisations montrent que l'effort, le dévouement et la résilience peuvent conduire à des résultats positifs. Cela peut contribuer à renforcer la confiance en soi de ceux qui luttent.

Partager les émotions impliquées: En partageant vos victoires, partagez également les émotions que vous avez éprouvées en atteignant cette étape. Cela rend votre histoire plus personnelle et captivante, permettant aux autres de se connecter à vos expériences de manière plus profonde. Exprimer vos émotions humanise également votre parcours et le rend plus accessible.

Normaliser le succès: En partageant vos victoires, vous normalisez le succès comme faisant partie d'un parcours de croissance. Cela aide à contrer l'idée que le progrès personnel est linéaire et sans obstacles. En montrant que vous avez également rencontré des défis, vous inspirez les autres à poursuivre leurs propres victoires avec patience et détermination.

Encourager la célébration de petites victoires: Partager des victoires ne doit pas seulement être lié à des jalons majeurs. Encouragez également la célébration de petites victoires en cours de route. Cela renforce l'importance de reconnaître et de valoriser chaque étape dans le processus de croissance personnelle.

En partageant vos réalisations, vous célébrez non seulement vos propres progrès, mais renforcez également la communauté qui vous entoure. Vos victoires inspirent et permettent aux autres d'embrasser leurs propres parcours personnels avec espoir, détermination et confiance en leur potentiel.

Fournissez un soutien

En partageant votre expérience d'auto-soins et de croissance personnelle, l'une des façons les plus percutantes d'aider les autres est d'offrir un soutien authentique et des conseils basés sur vos expériences. Soyez un auditeur attentif et empathique face aux luttes et défis que d'autres peuvent rencontrer. Voici des façons d'offrir un soutien de manière efficace:

Soyez un auditeur empathique: Lorsque quelqu'un partage ses propres luttes et défis inspirés par votre histoire, pratiquez l'empathie. Écoutez attentivement, montrez de la compréhension et validez les émotions de la personne. Cela contribue à créer un espace sûr où les gens se sentent à l'aise pour partager.

Partagez des conseils basés sur l'expérience: Offrir des conseils pratiques et perspicaces peut être une manière puissante d'aider les autres. Utilisez vos propres expériences comme base pour fournir des conseils. Partagez comment vous avez fait face à des situations similaires, les stratégies qui ont fonctionné pour vous et les ressources qui ont été utiles dans votre parcours.

Faites preuve de patience et de compréhension: Sachez que chaque personne est en chemin unique. Faites preuve de patience et de compréhension tout en offrant du soutien. Évitez les jugements et soyez prêt à écouter les perspectives individuelles de chaque personne.

Favorisez une approche non directive: Lors de l'offre de soutien, évitez de donner des conseils trop directs. Au lieu de cela, encouragez la réflexion et l'autodécouverte en posant des questions qui permettent aux gens d'explorer leurs propres solutions et de prendre des décisions éclairées.

Partagez des ressources utiles: Fournir un soutien implique de fournir des ressources précieuses qui peuvent aider les autres dans leur parcours. Cela peut inclure des livres, des articles, des sites Web, des groupes de soutien ou des professionnels offrant une assistance spécialisée.

N'oubliez pas l'importance de l'espace personnel: En offrant du soutien, respectez l'espace personnel et les limites de la personne. Tout le monde ne sera pas prêt à accepter des conseils ou des orientations, et cela est tout à fait compréhensible. Soyez disponible pour soutenir, mais permettez aux gens de décider quand et comment demander de l'aide.

Montrez le voyage en cours: Partagez comment l'expérience d'auto-soins et de croissance personnelle est continue et pleine de hauts et de bas. Cela contribue à normaliser les défis auxquels les autres pourraient être confrontés et les encourage à persévérer dans leurs propres efforts.

Offrir du soutien est une façon puissante de créer des liens significatifs et d'aider les autres à relever leurs propres défis. En partageant des conseils et des perspectives basés sur votre expérience, vous pouvez faire une différence positive dans la vie de ceux qui recherchent conseils et inspiration.

Respectez vos limites

En partageant votre expérience d'auto-soins et de croissance personnelle, il est fondamental de se rappeler que vous avez un contrôle total sur ce que vous partagez et jusqu'où vous souhaitez vous ouvrir. Respecter vos propres limites est crucial pour vous assurer de partager de manière saine et consciente. Voici des directives sur la façon de respecter vos limites lorsque vous partagez votre histoire:

Connaissance de soi et réflexion: Avant de partager votre histoire, prenez le temps de vous connaître et de réfléchir à ce que vous êtes à l'aise de partager. Identifiez quelles parties de votre parcours vous êtes prêt à divulguer et quels sujets peuvent être plus sensibles ou personnels.

Honorez vos sentiments: Prenez conscience que vos sentiments et émotions sont valides. Si vous vous sentez mal à l'aise ou anxieux à l'idée de partager certains détails, il est important d'honorer ces sentiments. Ne vous sentez pas obligé de partager quelque chose qui ne correspond pas à votre bien-être émotionnel.

Définissez vos limites à l'avance: Avant de partager votre histoire, définissez clairement quelles sont vos limites. Décidez jusqu'où vous êtes prêt à aller en parlant de certains événements ou expériences. Cela vous aidera à communiquer vos limites de manière assertive si des questions ou des curiosités surgissent.

Soyez sélectif dans vos mots: Lorsque vous partagez, choisissez vos mots avec soin. Vous pouvez choisir d'être plus général dans certains aspects de votre histoire, en gardant les détails les plus intimes pour vous. Trouver un équilibre entre l'authenticité et la vie privée est fondamental.

Reconnaissez vos objectifs: Demandez-vous pourquoi vous partagez votre histoire. Cela peut être pour inspirer les autres, offrir du soutien, sensibiliser ou pour votre propre guérison. Gardez vos objectifs à l'esprit lorsque vous décidez de ce que vous souhaitez partager.

Soyez prêt pour les questions et réactions: En partageant votre histoire, soyez prêt pour les questions, réactions et commentaires des autres. Certaines personnes peuvent poser des questions curieuses ou exprimer de l'intérêt, tandis que d'autres peuvent réagir de manière inattendue. Soyez prêt à définir des limites si une question dépasse vos limites personnelles.

N'oubliez pas votre droit de changer d'avis: Si vous commencez à partager quelque chose et que vous réalisez que vous ne vous sentez pas à l'aise, comprenez que vous avez le droit de changer d'avis à tout moment. Il est tout à fait acceptable de décider de ne plus partager certains détails si cela ne vous semble pas juste.

Partager votre parcours est un moyen d'avoir un impact positif sur la vie des autres, en offrant de l'espoir, de l'inspiration et du soutien. En partageant vos expériences, vous contribuez non seulement au parcours des autres, mais renforcez également votre propre croissance et reconnaissance des transformations que vous avez accomplies.

Sachez que l'expérience d'auto-soins et de croissance personnelle n'a pas de point final définitif. C'est un parcours continu d'auto-exploration, de découverte de soi et d'évolution. Chaque pas que vous faites vers votre futur lumineux est un témoignage du pouvoir de transformation qui réside en vous. Continuer à prendre soin de vous et à chercher un avenir positif est un acte d'amour-propre qui en vaut la peine.

CONCLUSION

Dans "Combattre la Dépression", nous avons exploré le parcours de surmontement et la quête du bonheur intérieur. Tout au long des chapitres, vous avez été présenté à une variété de stratégies, de techniques et d'approches qui peuvent vous aider à faire face aux défis de la dépression et à cheminer vers la guérison et le bien-être émotionnel.

Alors que nous arrivons à la fin de ce livre, je tiens à exprimer mon profond respect et mon admiration pour vous. Faire face à la dépression demande du courage, de la persévérance et la recherche constante de solutions pour améliorer votre qualité de vie. Sachez que vous n'êtes pas seul dans ce voyage et qu'il existe de nombreuses ressources, du soutien et des stratégies disponibles pour vous aider à trouver le chemin de la guérison et du bien-être émotionnel.

Le chemin vers le bonheur intérieur est continu et précieux. Ce n'est pas seulement une destination, mais plutôt une trajectoire de croissance, d'autodécouverte et de transformation. Continuez à explorer, à apprendre et à évoluer, car chaque pas que vous faites vous rapproche d'une vie plus significative et gratifiante.

Maintenant, plus que jamais, il est temps d'appliquer ce que vous avez appris. Commencez lentement en incorporant les techniques et les stratégies qui résonnent avec vous dans votre routine quotidienne. Soyez doux avec vous-même, car le chemin vers la guérison de la dépression n'est pas linéaire. Il y aura des hauts et des bas, mais chaque pas que vous faites vers l'amélioration est une victoire en soi.

Ce livre n'est que le début. Restez ouvert à de nouvelles expériences, à de nouveaux apprentissages et à de nouveaux défis. Sachez que vous avez en vous la capacité de surmonter les obstacles et de créer un avenir brillant. N'oubliez jamais que vous êtes résilient et digne d'amour, de bonheur et de bien-être.

Je vous laisse avec le vœu sincère de paix, de joie et d'accomplissement dans votre voyage. Que vous trouviez la force d'affronter les défis, la sagesse de chercher de l'aide lorsque c'est nécessaire et le courage d'accueillir chaque nouveau départ avec optimisme et espoir.

Avec gratitude,

Leonardo Tavares

À PROPOS DE L'AUTEUR

Leonardo Tavares porte en lui non seulement le fardeau de la vie, mais aussi la sagesse conquise en affrontant les tempêtes qu'elle a apportées. Veuf et père dévoué d'une charmante jeune fille, il a compris que le voyage de l'existence est une tapisserie tissée de hauts et de bas, une symphonie de moments qui sculptent notre essence.

Avec une vitalité qui transcende sa jeunesse, Leonardo a affronté des défis redoutables, navigué à travers des phases difficiles et fait face à des jours sombres. Bien que la douleur ait été sa compagne le long de son chemin, il a transformé ces expériences en marches qui l'ont propulsé vers un niveau de sérénité et de résilience.

Auteur d'œuvres remarquables d'auto-assistance, tels que les livres "Anxiété, Inc.", "Combattre la Dépression", "Faire Face à l'Échec", "Guérir la Dépendance Émotionnelle", "Quel est Mon Objectif?", "Surmonter la Rupture", "Survivre au Deuil", "Trouver l'Amour de Votre Vie" et "Vaincre le Burn-Out", il a trouvé dans l'écriture le moyen de partager ses leçons de vie et de transmettre la force qu'il a découverte en lui. À travers son écriture claire et précise, Leonardo aide ses lecteurs à trouver la force, le courage et l'espoir en des moments de profonde tristesse.

Aidez d'autres personnes en partageant ses œuvres.

SOURCES

Abramson, L. Y., Metalsky, G. I., & Alloy, L. B. (1989). Hopelessness and depression: A cognitive model. Psychological Review, 96(2), 358-372.

American Psychiatric Association. (2022). Diagnostic and statistical manual of mental disorders (DSM-5-TR) (5th ed., rev.). Washington, DC: American Psychiatric Association.

Beck, A. T., Rush, A. J., Shaw, B. F., & Emery, G. (1979). Cognitive therapy of depression. New York, NY: Guilford Press.

Berman, M. E., & Brown, G. K. (2010). The neurocircuitry of major depressive disorder. Neuropsychopharmacology, 35(1), 169-192.

Brewin, C. R., Andrews, B., & Valentine, J. D. (2000). Meta-analysis of risk factors for posttraumatic stress disorder in adults. Journal of Consulting and Clinical Psychology, 68(5), 748-766.

Burcusa, S. J., & Hammen, C. L. (2004). The role of stress and interpersonal factors in the onset and course of depression. Annual Review of Clinical Psychology, 1(1), 243-268.

Carney, R. M., Freedland, K. E., Rich, M. W., & Jaffe, A. S. (2004). Depression as a risk factor for coronary heart disease: A meta-analysis of prospective observational studies. Journal of the American Medical Association, 291(21), 2372-2379.

Cuijpers, P., van Straten, A., Andersson, G., & van Oppen, P. (2008). Psychological treatment of adult depression: A meta-analysis of comparative outcome studies. Journal of Consulting and Clinical Psychology, 76(6), 909-922.

Derubeis, R. J., Gelfand, L. A., Tang, T. Z., & Simons, A. D. (2008). Cognitive therapy versus medication for depression: Treatment outcomes and neural mechanisms. Annual Review of Clinical Psychology, 4(1), 431-459.

Fava, M. (2003). Major depression. New England Journal of Medicine, 349(10), 946-956.

Garber, J., & Hollon, S. D. (2010). The role of stress in the etiology and maintenance of depression. Annual Review of Clinical Psychology, 6(1), 289-312.

Gotlib, I. H., & Hammen, C. L. (2009). Depression in women: A cognitive perspective. Annual Review of Clinical Psychology, 5(1), 137-169.

Hammen, C. L., & Rudolph, K. D. (2006). Risk factors for depression in children and adolescents: A developmental psychopathology perspective. In D. Cicchetti & D. J. Cohen (Eds.), Developmental psychopathology: Vol. 2. Risk, disorder, and adaptation (2nd ed., pp. 549-593). Hoboken, NJ: Wiley.

Kessler, R. C., Berglund, P., Demler, O., Jin, R., Merikangas, K. R., & Walters, E. E. (2005). Lifetime prevalence and age-of-onset distributions of DSM-IV disorders in the National Comorbidity Survey Replication (NCS-R). Archives of General Psychiatry, 62(6), 593-602.

National Institute of Mental Health. (2022). Depression. Bethesda, MD: National Institutes of Health.

World Health Organization. (2021). Depression. Geneva, Switzerland: World Health Organization.

LEONARDO TAVARES

Combattre
la dépression

www.ingramcontent.com/pod-product-compliance
Lightning Source LLC
LaVergne TN
LVHW091704070526
838199LV00050B/2274